# 领导力的本源与未来

## 领导力生成的动力学原理

章 凯／著

THE ROOTS AND FUTURE OF
# LEADERSHIP
THE PRINCIPLES OF LEADERSHIP DYNAMICS

中国人民大学出版社
·北京·

中国人民大学科学研究基金重大项目（22XNL014）

# 领导理论的新发展

王重鸣 *

　　我十分欣喜地读到章凯教授 15 年磨一剑，所撰写出版的我国领导学研究著作《领导力的本源与未来——领导力生成的动力学原理》。章老师在系统综述相关研究文献的基础上，结合自己独特的思考、研究、分析和检验，创新性提出了一套新的领导理论——领导协同论。从领导力的本质与概念解析和理论视角分析出发，通过对领导理论构建的哲学思考，形成领导力生成的底层逻辑：基于经典动机理论的动力学和基于自组织目标系统理论的创新学，形成基于组织—员工目标融合的动力学机制，乃至与组织社会结构相衔接的变革转型。这一全新的领导协同论，为领导实践与未来发展提供了重要的理论指导！

　　心理学、管理学、社会学和更广范围的有关领导研究历经了多个发展阶段：从领导特质研究起步，领导风格分析助力，领导者与岗位职权、下属关系和任务结构间的权变分析，领导者与下属之间个性与胜任度的交换关系解读，到近期有关创业创新领导、变革转型领导、女性领导和职业经理领导等胜任特征的多种领导力模式研究。2020 年以来，我们针对变局转型、数智科技和绿创可持续发展等新定位，提出元领导力框架与新质领导力开发策略。领导理论日益注重领导力的内涵、机理和开发。章凯教授《领导力的本

　　* 王重鸣，浙江大学文科资深教授，国际应用心理学会会士。现任浙江大学全球创业研究中心主任、人力资源与战略发展研究中心主任、管理学院博士生导师。浙江省特级专家，浙江省行为科学学会理事长。国务院学位委员会工商管理学科评议组成员，国家自然科学基金委员会管理科学部工商管理学科评审组专家，全国工商管理专业学位研究生教育指导委员会委员。

源与未来》成为这一新发展中的新作品，值得大家仔细阅读、主动参考和广泛应用。

本书第一篇的第1、2、3章以大量篇幅回顾与叙述了国内外特别是国际上有关领导行为方面的文献，指出了目前"西方主流"管理学文献对理论理解的多方面局限性。事实上，从全球有关人力资源、组织行为与领导力相关研究的新趋势来看，越来越多新研究采用积极的、正向的、鼓舞的和负责任的新视角。无论是学者还是管理者都不再拘泥于原有的较多围绕领导行为的消极观、负向视角、背离群众甚至是"亲组织非伦理式"的领导行为研究，我们太需要集中精力、聚集能量、整合力量，为以数智科创绿色发展为底色的新实践提供领导理论，特别是聚焦于中国高质量发展领导力实践的新视角、新理论、新方法和新方案了！章凯教授的领导协同论正是这样一种持续的努力与尝试！

有关领导行为研究和领导力分析在国际上有广博的研究文献和多种视角，中国40多年的改革开放实践也提出了一系列前人未曾遇到或体会到的实践问题、创新模式、评价方法和开发方略。我们需要把领导力乃至组织行为和各类管理的研究与理论创新站位，嵌入到中国管理的创新实践和产业发展的前沿阵地上来，特别是积极探究和构建更加适合于中国新发展国情的领导理论。这里所说的并非所谓"国外与本土领导行为之区别"，而是超越传统理解的领导者、下属、任务、组织、文化等新特征且扎根于中国最新管理实践的新一代领导理论创新和能力开发研究及应用。章凯教授全面分析以往国内外领导研究文献，提出了采用整合观和构建理论原型，结合深入研究优秀企业领导实践，以提出领导力底层逻辑的重要性。

本书第二篇的第4、5、6章聚焦领导力生成的动力学视角与机制，分析了经典动机理论（特别是自我决定理论）和自组织目标系统理论（特别是目标融合论），并以海尔"人单合一"管理实践和德明公司"组织—员工目标融合"工作实践加以辅证。在此基础上，本书第三篇的第7、8、9章则围绕"共生共荣"、"共享愿景"和社会结构，具体引用三项实证研究辅以相关案例加以验证，进而总结出领导力的动力机制，进一步深化了领导协同论的研究依据。本书第四篇的第 10 章完整总结和提炼研究结论，系统阐述新的领导理论——领导协同论，成为全书"画龙点睛"的精彩篇章。

我们在总结 40 年组织行为与领导力研究，特别是国家级重点项目一系列创新成果的基础上，提出了领导能力的元理论——包含动力、活力和张力三要素特征的元领导力框架，作为众多领导行为与领导力类型的底层逻辑，强调领导力的内驱性基准（动力）、动能性联结（活力）和开发性拓展（张力），并进一步实施领导力的"高阶领导策略"。章凯教授的新作也在领导力元理论方面做出了新的尝试，为我国领导理论的发展与应用提供了重要的参照。面向新质领导力开发的战略任务，我为章凯教授的领导协同论点赞！

2024 年 5 月于杭州

# 如何走出领导理论的迷宫

李凯城 *

　　管理是人类最基本的实践活动之一。因为重要，所以古今中外的思想家、实干家从各种不同角度加以研究，提出过许多重要思想，形成了诸多学说学派。管理学研究领域历来是观点纷呈，各成体系，相互争辩，莫衷一是，常常给初学者带来极大困惑。为此，20 世纪 60 年代西方学者就有"管理理论丛林"之说。

　　如果说管理理论像丛林，那专门研究对人如何管理的领导理论简直可以用迷宫来形容。从领导思想、领导理论、领导科学，到领导方法、领导艺术、领导哲学，各种学说学派不计其数。有西方学者统计，仅关于领导力的定义就有 800 多种，研究领导问题的经典著作达 4 000 本之多。理论研究的这种状况，对于那些真正想通过学习提高领导本领的管理者来说，其迷惘和无奈可想而知。

　　怎样才能走出领导理论的迷宫？笔者认为，至少要做三件事：一是对已有的领导理论进行全面系统的梳理，既要指出各种学说学派的贡献及局限，又要找到现有理论的整体不足，明确下一步的研究方向；二是从领导概念的界定等基本问题、底层逻辑入手，综合各种研究成果，构建起相对完整的思

---

　　* 李凯城，中国红色管理学的倡导者与杰出研究者，中国管理科学学会副会长、领导力专业委员会主任，中国领导科学研究会学术委员会副主任。曾任中国人民解放军总参谋部政治部研究室主任、中国人民解放军总参谋部政治部办公室副秘书长等职，大校军衔。著有《领军之道》《向毛泽东学管理》《红色领导力》《信仰与人生》等著作，曾在中央电视台主讲"从毛泽东领军之道看企业管理"系列讲座。

想体系，为学习者探索领导规律指出一条正路；三是在此基础上，开发出好学好用、能够帮助领导者解决实际工作难题的系列方法和工具。

读了章凯教授的书稿后，笔者认为本书可谓帮助人们走出领导理论迷宫的一部力作。

章凯教授的研究是从领导力的本质及概念界定破题的。在分析比较了当下流行的各种领导力定义后，作者提出，领导作为一种管理实践，是一种更加积极和人性化的影响员工的方式。因而"领导力是感召和激励追随者形成和努力实现共同目标的能力"。从这一定义出发，作者重点分析了领导力与领导素质、领导效能以及领导力与权力之间的联系与区别，澄清了在领导力理解方面存在的模糊认识，从而使自己的立论一开始就有明确的逻辑起点。

厘清领导力概念后，作者着手分析了领导力的来源，分别从领导者、领导者与下属的关系、组织愿景、下属认同与追随以及自组织涌现等角度，对有关领导力来源的各种观点进行了全面梳理。通过梳理和研究，作者提出以往领导理论研究之所以出现误区，重要原因是对科学理论的特征存在误读，根子还在科学哲学中。为此，作者进一步分析了科学理论的本质特征，对领导力是否存在普适性理论等深层次问题提出了自己的见解，从而使领导理论的梳理上升到哲学层面。对所有想通过学习理论提升领导力的读者来说，这种由浅入深、层层递进的剖析，其启发作用和实用价值都不言而喻。

近年来一些西方学者也在梳理领导学理论，出版过若干有影响的研究论著。与之比较，章凯教授的研究有三点超越：一是更加系统化理论化，不是简单地介绍学说学派，而是将其中真正有价值的理论观点与领导力研究的基本问题联系起来；二是不仅介绍了西方有影响的学术观点，而且将近些年中国学者的研究成果补充进来；三是跳出了具体问题分析，将研究视域上升到科学哲学的高度。所有尝试过对领导理论进行梳理的学者，恐怕都不难掂量出做到这几点有多么不易。

从领导力的定义出发，本书强调"动机是个体行为的驱动者、组织者以及维系者，理解领导过程首先必须要理解个体的工作动机"。为此，作者着手对现有的动机理论进行了全面系统的分析，逐一肯定了各种动机理论的可取之处，同时指出了其局限与不足。这也是一项极有意义的研究，其工作量之大可想而知。

在大量分析与研究的基础上，作者提出了自己的核心观点——领导协同论。这一理论包括目标融合论和社会结构论双重架构。从微观层面看，目标融合是领导力生成的心理基础和理论根基。心理目标是个体内心涌现出来的，具有自我实现倾向和相对稳定的未来状态，是工作动机形成的心理基础。在组织管理中，领导者应当通过提出共同目标和完善激励机制，促进组织与成员目标融合，激发员工自我驱动，为实现共同目标做出不懈的适应性努力。从宏观层面看，组织目标、领导者目标和员工目标三者相互作用形成的组织社会结构，是组织领导力涌现的社会基础，在领导力生成中起核心作用，其最高境界和理想状态是"万众一心、同心同德"。本书的后半部分主要围绕这两层的理论框架展开。

理论研究的价值在独创，独创的难点在建构思想体系。对此，章凯教授有清醒认识："在领导学领域，小型理论和领导构念众多，每一种理论的生长潜力都十分有限，对领导实践的指导意义也很有限。"本书力图避免这种盲人摸象式的研究取向，旨在构建相对完整的思想体系，创建一种新的理论范式，努力帮助读者走出领导理论的迷宫。本书的最大价值在这里，容易引出歧义之处可能也在这里。例如，书中运用复杂适应系统理论、耗散结构论、协同学、混沌理论以及奇异吸引子、相空间等复杂性科学理论和概念研究和讲述个人目标理论，对缺少相应学科知识的读者来说，不太容易准确理解；作为领导协同论理论基础的目标动力学原理，本身需要进一步检验和发展；等等。虽然如此，但笔者相信，所有了解领导学研究现状的学者都清楚，能够提出这么一套构思，需要作者具备多深的理论功底、多强的概括能力。

理论研究的最终目的是指导实践。在这方面，本书也有可圈可点之处。例如，根据理论研究成果，分析和讨论了未来领导实践的发展方向和领导力开发的基本思路；依照严格的科学方法，总结提炼出相应的方法工具——领导力量表，包括组织—员工目标融合量表、共同愿景属性量表、愿景型领导行为量表、理想统领型结构量表等。这是国内许多领导力研究论著比较少见的，应属本书的亮点之一。虽然笔者没有试用过，尚无法对这些量表的信度、效度和实用性给出评价，但这种研究取向值得充分肯定。

总之，这是一本文献分析与哲学反思相结合、理论推导与实证检验相结合、理论创新与领导实践研究相结合的好书，不仅值得读，而且有保存价值。相信所有认真研读本书的读者都会有同感。

2024 年 4 月于北京

# 领导理论的新逻辑与新整合

陈晓萍 *

领导力是一个令人着迷的话题。大到人类历史的进程、世界的和平、国家的兴衰，小到企业的存亡、家族的起落，甚至团队的成败，都和其领导者的领导力有着至关重要的联系。显然，身在领导岗位的人不一定有领导力。在承认这个悲哀事实的前提下，领导力究竟是什么呢？

这是本书专注讨论的话题。中国人民大学商学院的章凯教授（后称作者），在回顾了组织管理学领域近一百年来积累的五花八门的所谓领导理论之后，从哲学和科学的角度分析批判了这些理论的非理论性，并指出有的理论——如领导特质理论和领导行为理论——的逻辑起点都残缺不全。为什么呢？

作者将领导力定义为领导者通过一系列社会过程让被领导者自愿追随去努力实现共同目标的能力。领导特质理论强调的是只要领导者具有一些静态的特点，比如谦逊、道德、高智商情商，就具有领导力了；而领导行为理论（坦率地说，目前管理学界的大部分领导理论属于此列）认为领导者只要出现某些行为，比如仁慈、威严、任务导向等，领导力就展现出来了。作者在批判的基础上，进行了构建自己的领导力模型的探索。我比较欣赏的重要观

---

\* 陈晓萍，美国华盛顿大学福斯特商学院菲利普·康迪特工商管理讲席教授，美国管理学会会士、美国心理学会会士、工业与组织心理学协会会士、中国管理研究国际学会（IACMR）第二任主席及其会刊《管理与组织评论》现任主编。曾任美国华盛顿大学福斯特商学院副院长、国际权威英文期刊 *Organizational Behavior and Human Decision Processes* 主编。在决策、领导力、跨文化管理等研究领域造诣深厚，研究成果发表于全球众多顶级的管理学和心理学期刊。

点有几个。

首先，作者强调领导理论的底层逻辑应该是激发组织中他人的动机。而动机激发的前提是了解其动机结构，从组织行为学研究多年的动机理论可以窥见一斑，如需要理论、目标理论、自我概念理论、自我决定理论、自我调节理论，以及作者本人在之前一本书中提出的自组织目标理论。把领导理论和动机理论联系起来为讨论领导力搭建了桥梁，把主体和客体的地位拉平，从理念上颠覆了长期以来把领导放在上位的假定。

其次，作者指出领导力的最重要展现是实现组织—员工目标的融合，即让管理者从认知和行动上改变员工与组织利益对立或脱节的状态，促使员工个体的目标可以通过贡献于组织目标的实现来达到，从而激励员工为组织做贡献。此外，从员工角度来看，要让他们意识到，失去组织这个平台，自己的个人目标也难以实现。

相应地，作者花费了很大篇幅来阐述建立组织—员工目标融合的方法，那就是建立共同的愿景，即关于组织未来的心理图景。这个愿景需要具有一些具体属性才能够有效：从组织层面来说，此愿景应有前瞻性、可实现性、社会取向性、组织协同性；对员工而言，此愿景则要有鼓舞性、简洁性、包容性、目标融合性。此外，领导者要通过沟通、讨论与员工达成共识，并构建组织制度、关系结构、管理流程等来落地愿景。在这个过程中，领导者起到的是引领和教练的作用，在员工认同并内化愿景之后，组织愿景融入员工的心理目标系统，从而形成持续的自驱力，并在一定程度上促进其人格动力的发展，从而实现愿景深入人心。

在此基础上，作者提出了领导协同论，展现领导者视角下的逻辑示意图和组织系统视角下的逻辑示意图，以此整合了以往大部分碎片化的领导理论。

本书共有十章，分成四个大篇。每一章内的阐述条理清楚，章与章之间逻辑连贯、层层推进，在最后一章达到高潮。我希望本书给大家对领导力的思考和实践带来新的启示。

**2024 年 4 月于美国西雅图**

# 前　言

　　本书研究的核心问题有两个：第一，领导力的本质是什么？第二，领导力涌现的社会心理基础和组织机制是什么，它们遵循什么原理？写作本书的目标是超越当前小型化、理论要素不全的领导理论，为认识和研究领导力创立一套解释、预测和指导实践功能健全的基础逻辑体系。希望本书能够为建构中国自主的领导学理论体系做出贡献，并有潜力促进工商企业和其他社会组织的管理进步和组织发展。

　　领导力在西方管理学界被称为"死亡谷"，形容投身于领导力研究的学者大多无功而返。正如著名领导力学者本尼斯与纳努斯在其 2003 年出版的著作《领导者》中所言："世上还从没有过这么多的人经过了这么长时间的努力却只得到了这么少的成果。关于领导力的解读很多，全都有那么一点道理，但又全都不完整，不充分"，"领导力就像爱情一样，人人都知道有这么个东西存在，但就是没有人能够说清楚它是怎么一回事"。与此类似，大师级领导力学者伯恩斯于 20 世纪 70 年代曾在其著作《领袖论》中声称，"领导力是地球上见得最多却对之认识最少的现象之一"。

　　我为什么要进入这个令众多管理学研究者成就感低落的领域？说来话长，这让我回想起自己的求学与研究经历。1987 年，一位化学专业的大二学生为了探索自己的学习兴趣和未来职业方向，开始了课余自学心理学的旅程。学习和研究心理学让他着迷，这种热情持续到 37 年后的今天，只是研究的重点不断转移，先后从认知、情绪、兴趣、动机、激励、企业文化，转移到领导力。一路走来，回想自己的旅程，深感有幸生活在一个伟大的时代。1991年我师从北京师范大学心理学系张必隐教授，学习和研究教育心理学。1994年研究生毕业后，由于工作需要，我的学术兴趣从教育心理学转向管理心理学，开始研究和教授管理心理学与组织行为学课程。2000年从北京师范大学心理学系博士毕业后，我有幸来到中国人民大学工商管理学院（即现在的商学院）任教，为MBA项目讲授组织行为学课程。面对理论逻辑零散、"低矮灌木"繁荣而学科理论主干缺乏的组织行为学，我无法通透地向拥有企业管理经验的MBA学生和参加培训的管理者解释管理背后的深层逻辑，也难以系统地分析管理难题。作为一名受过专业的化学教育、掌握了系统的心理学理论和热爱科学哲学的青年管理学者，我意识到这里蕴藏着巨大的学术创新机遇。为了全面提升学科理论解释、预测和指导管理变革的能力，也为了继续提升自身的学术水平和理论教学能力，2002年6月我开始从繁忙的管理教学中减负，平衡课堂教学任务和学术发展目标，转而把更多的时间投入到组织行为学基础理论研究中。

　　幸运的是，从读研究生开始，我的研究就一直是思想和兴趣驱动的。硕博求学阶段系统深入的兴趣研究和复杂性科学的学习为我探索组织行为学理论提供了深厚的理论基础和科学方法支持。2003年2月，我的第一本学术著作《组织行为战略——管理变革的方向与动力》出版；2014年5月和2017年12月，第二本学术著作《目标动力学——动机与人格的自组织原理》中英文版本分别出版，获得了国内外同行的赞赏，并荣获教育部和北京市的优秀成果奖。这两本著作基本奠定了我的心理动力学思想和管理逻辑的根基。理论逻辑在我的大脑中不断衍生，在领悟了一些关键的领导逻辑并形成领导理论创新的突破口之后，我把研究重点转向了领导力。如何穿透迷雾重重的"领导"现象和深不可测的研究文献？这是我在2009年开始涉足领导力研究时思考的最重要的方法论问题。

　　领导力研究虽然历经百年，但是目前基本还处在四处借用理论的阶段，既没有完全搞清楚研究对象，也没有形成学科的基础逻辑，而且鱼龙混杂，是非难辨。为什么会出现这样一种发展局面？领导力有多复杂，以致揭示其"庐山真面目"变得如此艰难和似乎可望而不可即？

# 破茧突围：领导理论构建的方法论

"他山之石，可以攻玉。"在这种情况下，跨学科背景给了我很大的帮助。在我熟悉的学科中，化学是一门建立起系统理论的学科，认知心理学和教育心理学都是已经构建起可以支撑学科发展的基础逻辑的学科。然而，在研究管理学文献时，我深深地感受到管理学研究虽然非常强调理论贡献，但基本没有走在理论创新的道路上。究其原因，现有主流管理学文献对科学理论和理论开发途径的理解都是偏离理论发展轨道的。学科哲学层面的方法论不但没有建立起来，而且几乎被研究方法取代，方法论就是研究方法的观点在管理学者中大行其道。在我看来，这些是领导力研究长期以来难以往纵深发展的根源，因为当前主流的管理学研究范式所倚重的变量关系模型虽然可以是理论的一种表达形式，但是从科学哲学来看，理论在本质上不是变量或构念之间的关系，也不是由它们构成的系统，而是揭示现象赖以形成的基础、机制及其遵循的原理。由此出发，在方法论层面，构建领导理论关键是准确界定领导现象的边界，并揭示领导力的本质及其赖以形成的社会心理基础、运行机制及其背后遵循的原理。

基于对现有领导理论的深入分析，我发现其研究现状存在以下问题：第一，领导力的本质认识与概念界定混乱，突出表现为领导或领导力所代表的现象边界不清。例如，领导力和职位权力的关系混乱不清，领导与传统管理的关系混乱不清，领导力与领导效能的关系混乱不清。第二，理论基础薄弱，尚未形成学科元理论和基本逻辑。例如，领导特质理论和领导行为理论无法界定领导特质或行为的边界，愿景型领导理论难以准确解释愿景为什么会引发和保持强大的精神动力。第三，关于领导力形成的心理与社会基础的认识碎片化严重。例如，领导力是形成于领导者因素（特质与行为）、上下级关系质量、愿景与文化、下属的认同与追随，还是组织成员的自组织？理论主张五花八门。第四，整合视角的领导理论开发严重不足，缺少像样的理论体系。关注中小型理论和变量关系研究而轻视基础理论研究的实证主义范

式占据强势地位，基本屏蔽了主流管理学者开发领导力的基础逻辑和整合性
理论体系的努力。

要发展领导理论，首先必须准确界定领导现象的边界及其本质特征。为
此本书第 1 章探讨和分析了领导与领导力的关系、领导力与领导者的关系、
领导与管理的关系、领导力与职位权力的关系，以及领导力与绩效的关系，
由此提出了领导力和领导的新定义，界定了二者的边界与相互关系。本书主
张：领导是通过构建领导者与追随者的共同目标来激励追随者积极主动地为
实现具有共同意义的未来而努力的过程；领导力是感召和激励追随者形成和
努力实现共同目标的能力；领导是孕育领导力的社会过程。这样一种领导力
认识为本书深入探讨领导力的形成机制提供了新的逻辑基础。

## 寻找逻辑起点：个体心理目标

领导力是影响人形成和努力实现共同目标的能力。为什么未来目标对人
如此重要？为什么共享目标会成为领导力的核心？解答这些问题都需要科学
地理解人格动力和人性，而动机发动、组织和维持着个体行为，与人格动力
和人性有着紧密的联系。因此，为了探究领导力的底层逻辑，我们必须首先
理解人的动机，这需要有高质量的动机理论。通过分析动机的经典理论（第
4 章），我们发现这些理论在关于人类心理模型的基本假设方面都存在片面
和错误之处。就动机的目标理论而言，很难解释作为认知表征的个人目标为
什么具有动机作用，难以处理多个目标的相互作用。这些局限性使得现有的
动机理论难以胜任领导理论研究。为了更全面和深入地理解动机在领导力形
成中的关键作用，本书引入了新的理论基础——自组织目标系统理论（第 5
章），我也称之为目标动力学理论。该理论体系包括 6 个子理论，分别是人类
心理的自组织模型、心理目标的吸引子理论、心理目标系统观、情绪的目标
结构变化说、兴趣的自组织目标—信息理论、人性的"目标人"假设。其中，
心理目标的吸引子理论是首次提出，也是对目标动力学理论的重要补充。

心理目标是自组织目标系统理论中最核心的概念，它是个体内心深处涌

现出来并渴望实现的、具有自我实现倾向的未来状态。与工具性任务目标相比，它们是个人内心世界的"高阶目标"或"根目标"，趋向自我实现的动力属性是其根本特点。计划和实现工具性任务目标可以为心理目标的自我实现提供工具性价值。在此基础上，目标动力学理论认为：人格的根本特点是面向未来，人格中的心理目标系统是人格面向未来的根本原因；人在本质上是由心理目标驱动的、自主寻求意义的观念性生命。因此，理解"人"关键在于理解心理目标及其系统。我研究发现，心理目标是探讨领导力底层逻辑的起点，心理目标的属性、结构与功能决定了领导力的底层逻辑和发展方向。

由此出发，我们认为通过整合组织、领导者、员工的目标形成共同目标（或共同愿景）是组织领导力形成的关键。其理想状态或终极稳态是"万众一心、同心同德"，即组织的所有成员都把组织的目标作为自己的目标（即"万众"只有"一心"），并且在实现组织目标的过程中自觉遵循共同的理念与规范（即既"同心"又"同德"）。组织文化为领导者带领员工进入这一理想状态提供核心条件，趋向这一终极稳态的过程就是组织领导力不断发展和增强的过程。从领导力的理想状态出发，领导力形成的动力学原理和领导的核心原则就是促进组织目标与员工心理目标的相互融合，简称目标融合。因此，领导者一定要协同组织目标与员工目标，形成共同目标，使员工在为组织努力工作的同时，也能够实现其个人目标，这是领导力开发的基本途径。有利于促进这一过程的领导者人格特点、领导行为、管理文化与制度等因素都可以贡献于领导力的形成与提升；反之，阻碍或破坏这一过程的个人与组织因素都会降低或破坏领导力。由此为整合和重新构建领导理论开辟了新的逻辑起点和新的理论成长空间。

## 构建自主理论体系：领导协同论

全书的主要研究结论构成了一个全新的领导理论体系，即领导协同论。其要点请见第 10 章。

总的说来，本书的理论贡献主要表现在以下三个方面：第一，着眼于从复杂性科学理论看待组织与人，基于自组织目标系统理论这一全新的动机与人格理论，融合人的根本属性与组织复杂性的双重视角，为发展群体和组织领导力研究提供了全新的理论基础和科学方法论。第二，通过探讨领导力的本质及其生成的底层逻辑和动力机制，建构了领导协同论，开创了中国领导学派，也为领导学领域提供了第一个理论要素相对完整的领导理论体系。第三，微观层面的目标融合论（个体动机协同）和相对宏观层面的社会结构论（社会动力协同）为领导理论及其研究的进一步发展开辟了崭新与广阔的空间。具体学术贡献在第 10 章有详细分析。

发展领导理论的使命是提升理论解释、预测和指导变革领导实践的能力，更好地开发组织领导力。领导协同论为组织领导力开发提供了丰富的实践启示，详细内容请阅读第 10 章。在此需要重点强调的是，当前对大多数中国本土企业来说，首要任务是尊重人格面向未来并追求心理目标自我实现的根本特点，遵循组织—员工目标融合的原则要求，变革阻碍领导力生成的控制服从型结构，削弱和消除支持其存在的管理者基础、管理文化基础和制度基础，在此基础上有效推进组织社会结构向平等参与型结构、自主支持型结构转变，最终实现组织、领导者、团队、员工四个层面领导力的协同开发和同频共振。我相信这是中国企业成为世界一流企业的必由之路。

# 篇章结构

本书由四篇共 10 章内容构成。第一篇主要反思现有领导理论，包括第 1 章到第 3 章。本篇深入分析了领导力研究的实践对象及其边界和本质特点，梳理和分析了领导力来源相关理论发展的历史和现状，探讨了领导理论构建所需要的哲学基础和理论信念。

第二篇着力探讨领导力形成的底层逻辑，包括第 4 章到第 6 章。本篇旨在探讨领导理论构建的逻辑起点，着重基于自组织目标系统理论对领导力生成的底层逻辑进行深入的探讨。主张个体心理目标的属性与系统决定了有效领导的底层逻辑与发展方向，提出组织—员工目标融合是领导的核心原则，也是领导力生成的社会心理基础与动力机制。

第三篇主要探讨目标融合的内容和促进方式。由第 7 章、第 8 章和第 9 章构成，它们与第 1 章、第 5 章、第 6 章一起，构成了相对完整的领导理论体系。本篇首先进一步分析和研究了目标融合在员工层面和组织层面的领导内容及其关键点，然后从组织社会结构的角度探讨了员工追寻共同愿景的社会动力机制，并区分和探讨了四种组织社会结构类型及其与领导力开发的联系。

第四篇包括第 10 章，旨在总结和提炼研究结论，提出新的领导理论——领导协同论，系统阐述其主要理论观点。在此基础上，本篇全面论述了该研究成果的理论贡献，讨论了这一新的领导理论体系对企业推进组织变革和开发组织领导力的重要启示，揭示了领导实践创新的未来方向。

## 致　谢

本书的写作凝聚了很多人的关心与支持，在书稿即将付梓之际，我由衷地向他们表示感谢。

首先，诚挚感谢我的研究团队。二十多年来，我在中国人民大学商学院指导的数十位研究素质优良的研究生在接力般地支持和激励着我不断推进目标动力学理论和领导理论的研究，在此郑重感谢以下同学在不同时期以一定的方式参与了本书初稿相关章节的研究与写作：吴志豪和陈黎梅（第 1 章）、罗文豪（第 3 章）、刘永虹（第 5 章）、李朋波（第 6 章）、仝嫦哲（第 7 章）、张庆红（第 8 章）。没有他们的参与，这些章节的研究与写作很难完成。此外，已经毕业走上教研生涯的博士林丛丛、王尧、孙雨晴、武守强、杨娜、候亮、张娇娇以及尚未毕业的博士生高枫、吴志豪、申若雯、蒋天阳、王满意在文献研究、书稿校对、文献目录整理等过程中提供了大力支持与帮助，在海外任教的朱超威、刘永虹、袁颖洁三位博士虽已从中国人民大学毕业多年，但依然一如既往地支持着我的研究，有求必应，在此一并致谢！

尊敬的学术前辈王重鸣教授、李凯城主任以及学术师友陈晓萍教授获悉书稿即将出版后，欣然接受邀请为本书作序，并给予具体指导与鼓励。在此对三位资深专家的热情指导与鼓励表示衷心的感谢，并在此向他们致以崇高的敬意！三位老师亲笔写作的序言鞭策并激励着我在领导力研究的道路上继续前行。

中国人民大学出版社管理分社社长熊鲜菊女士多年来一直关心我的著作出版，为本书的出版提供了大力支持；中国人民大学出版社管理分社副编审谷广阔先生和综合编辑室訾璐颖女士对书稿进行了非常认真的审阅和文字修改，其专业水准和敬业精神令我深为感动。在此向他们致以诚挚的感谢和敬意！

本书的研究历经十余载，思想的孕育和提炼长达三十余年。感谢数十年来所有支持、关心、指导和帮助我的老师、领导、朋友、同事和学生们！在此特别感谢在我课堂上学习的 MBA、EMBA 同学以及研修班学员们的反馈和建议，教学相长，没有大批拥有丰富管理经验的学员的提问和交流，这本书稿的思想积累很难完成。他们的反馈也经常激励着我，让我感受到人民教师的伟大和光荣。

深深感谢我的家人！感谢我的夫人和女儿，是她们的充分理解和关心让我有足够的精力从事研究和教学，近些年与女儿的沟通也让我对脑科学、复杂性科学和世界一流大学的教育理念有了更多的了解；感谢兄弟们，不仅兄弟间的相互关心与支持让我感受到兄弟间的深厚情谊，而且过去十多年他们分担了照顾年迈父母的重任，也让我远在北京依然可以安心工作。

最近 15 年来，我对领导力的研究得到一些人才项目和科研项目的资助，包括教育部新世纪优秀人才支持计划、国家社会科学基金重点项目（15AJY007）、国家自然科学基金面上项目（70972128）、中国人民大学科学研究基金重大基础研究计划项目（11XNL002）等，在此一并表示感谢！我主持的国家社会科学基金重点项目的结项成果《组织领导力的社会结构理论》在 2021 年获得了"优秀"鉴定（证书号：20215312），在此诚挚感谢五位匿名鉴定专家中肯的点评和建议！本书的写作和出版得到中国人民大学科学研究基金（中央高校基本科研业务费专项资金资助）重大项目

（22XNL014）的资助，在此谨致谢意！

最后，我想把本书献给近年仙逝的父母。追思往昔，心潮难平。衷心感谢父母的养育之恩，衷心祝愿亲爱的父母在天之灵平安顺遂！

"天命之谓性，率性之谓道，修道之谓教。"本书遵循人的本质属性和组织的基本特点揭示领导力的本质和生成规律，与此思想完全吻合。在推进中华民族伟大复兴的历史进程中，管理学研究如何进一步弘扬中华民族先贤们穿越时空的优秀思想和光辉智慧，这是未来需要持续探索的问题。在此我希望有更多的中青年管理学者参与到建构中国自主管理理论体系中来，并以此促进中国社会的管理教育和实践进步；对书中难免存在的不当或错误之处，也希望读者批评指正。

个人的生命是有限的，照亮人类的思想却可以万古长青。希望本书创立的领导协同论在未来的时光岁月中不断丰富发展，并为研究者和实践者深入认识和系统开发领导力不断带来新的启迪。

章 凯

2024 年 5 月于北京

# 第一篇 对象反思

# 第三篇　动力机制

# 第四篇　总结展望

第一篇

# 对象反思

本篇旨在深入分析领导力研究的实践对象，梳理领导理论发展的历史和现状，探讨发展领导理论所需要的哲学基础。只有准确把握领导现象的边界和领导力的本质，才有可能正确理解领导力背后的原理与规律；综述领导理论文献是为了明确领导力研究存在的问题、未来方向和本研究的贡献所在；管理学研究对理论本身的认识存在误区，论述领导力研究的哲学基础旨在揭示科学理论的本质，并确立足以胜任领导规律探索的哲学基础。

第 1 章

# 领导力的本质与概念解析

今天的世界处在一个呼唤领导力的时代。为了促进民族富强与复兴，我国各类组织都需要提升领导水平，开发领导力。开发领导力也是我国加快建设一批世界一流企业的关键条件之一。放眼世界，企业面对快速变化的生存发展环境，组织中人才的重要性不断凸显，但人才管理却越来越具有挑战性。回顾管理发展史，管理观念不断更新，企业主和管理者对待员工的态度经历了五个阶段，先后把员工视为工具、成本、资源、资本和人本。20 世纪 80 年代末 90 年代初之后，越来越多的优秀企业开始把员工看作"人"，以人为中心和以人为本的管理思想和管理模式开始被国内外优秀企业学习与实践。当前知识经济快速发展，数智化建设加速融入企业的方方面面，用什么领导理论去有效指导今天企业的领导实践？这是摆在国内外企业家和领导力研究者面前的重大问题。

然而，现有领导力研究虽经百年发展，但对领导力的概念及其本质的认识仍存在很多模糊和似是而非的地方，也没有就其本源达成基本共识。在研究文献中存在形形色色的领导力定义，领导力可以称得上是一条语义学上的变色龙。知名领导力研究者本尼斯等（2008）曾写道："关于领导力的解读很多，全都有那么一点道理，但又全都不完整，不充分。这些定义彼此之间也有很多分歧，其中很多与我们眼中的模范领导者的情况相距甚远。这些定义都受到了当时的时髦理论、社会潮流、政治走向以及学术思潮的影响，而未必总能反映实际情况，甚至有些干脆就是胡扯。"因此，在研究领导力的本源问题时必须先审视、识别和抛弃那些片面的、错误的、过时的观点，放下包袱，轻装前行。

构建一个研究对象的理论，首先必须准确地识别其现象本身，划定其边界。例如，在化学家构建化学反应的理论时，如果混同物理变化和化学变化，就不可能找到统一的化学变化规律。与此同理，开发领导理论的前提是合理地划定领导现象的边界或判断标准，正确地界定领导力，清晰正确地揭示领导力的本质特征，这是构建高质量领导理论的前提。为了深入、准确地理解领导力，我们首先需要找到合适的切入点，以便准确地划定领导现象的边界与判断标准。

## 1.1　领导力的本质与概念界定

在学术界，"领导力"对应的英文单词是 leadership。在专业文献中，"leadership"有两个既相互关联又彼此不同的含义：当其指称一种影响人实现共同目标的能力时，在中文中适合翻译为"领导力"；当其指称一种社会实践或社会影响过程时，其含义更偏向于领导行为、领导方式或领导实践等，更适合翻译为"领导"或"领导实践"，可以统称为"领导过程"。"领导"在汉语口语中虽然也指在管理岗位工作的人，但从学术语言来看，表达成"领导者"（leader）更严谨。

在现有专业文献对 leadership 的界定中，有些学者强调它是一种社会过程。例如，王辉（2008）认为，"领导是影响他人的过程，是促使下属以一种有效的方式去努力工作，以实现组织共享目标的过程"。Gardner（1990）认为，领导是领导者个人（或领导团队）为实现领导者自己的目标及其追随者的共同目标，而通过说服或榜样作用激励某个群体的过程。有些学者则强调 leadership 是一种影响人的能力，例如，House（1999）主张，领导力（leadership）是"个体影响、激励和赋能他人为组织的有效性和成功做出贡献的能力（ability）"。尤克尔（2015）主张，领导是指对他人施加影响，从而使他人理解需要完成的任务以及如何完成任务，并就此达成共识的过程，同时也是促使个人和集体努力实现共同目标的过程。由此可以发现，作为社会过程的"领导"孕育着作为影响力的"领导力"。

"领导过程"和"领导力"是什么关系？一些研究者把二者混为一体，不加区分，认为领导过程就是领导力，领导力也就是领导过程，它们都是leadership。事实上，这种观点是在同一个"leadership"的符号中混同了两类不同的客观对象。我们认为，领导过程和领导力二者是表里关系，虽然二者都源自 leadership，但领导过程是"表"，领导力是"里"（藏居于内属里，形见于外属表），只有促进领导力形成的社会过程才配称为"领导过程"。因此，领导过程是促进领导力生成的社会过程。离开领导力谈"领导"或"领导行为"，完全忽略其背后的影响方式及其产生的社会心理影响，可能是在谈论缺失"领导力灵魂"的社会影响过程，由此就会衍生出大量的错误认识。基于上述认识，在本书中，"领导"一词作主语时都是指领导过程或领导实践（将在下文详细分析）。但考虑汉语表达习惯，"领导"作定语用时（例如"领导理论"）主要指领导力或修饰可以促进领导力生成的对象，例如"领导行为"等。

现实组织中管理者影响下属方式的复杂性和多样性是阻碍人们正确认识领导力的重要因素。例如，近年来文献中出现的"辱虐管理"是否属于领导范畴？权力是否属于领导力？如果在管理学界和企业界讨论这两个问题，答案往往会莫衷一是。严谨的逻辑推理如果没有正确的逻辑前提，结论必然出错。在领导学领域，相比某些理论，我们调查发现，在绝大多数情况下，未受污染的人心体验对判断管理命题对错具有更加可靠的价值。究其缘由，是因为领导过程是一种影响人心及其体验的过程。

判断一个理论或概念定义是否正确的标准是什么？从科学哲学来看，关键看它是否揭示了所关注现象的本质特征，以及是否有利于创造一套逻辑来完整地解释和预测相关事实和现象，并在一定条件下改变之。同时，研究事物的本质也需要一定的方法论。事物的本质属性蕴含在具体个案中，我们发现，事物的本质在临界条件下往往更容易显露出来。例如，水是由分子构成的，这一特性在蒸汽状态下更容易观察到。因此，探究事物的本质属性需要研究事物处于临界条件的状态，而不是研究该类事物的一般状态，因为事物的一般状态往往混合了多种因素的作用或混同了多种现象，很难分辨不同现象或不同因素的作用。例如在领导力研究中，混同领导力与领导者、混同领导力与权力是常见的两类理论偏见。遵循此理，研究领导力的本质和规律，寻本求源，最好去考察长期杰出的领导者及其领导实践。

本尼斯等（Bennis et al.，2003）曾访谈研究了90位卓越首席执行官（CEO）与公共事业组织的领导者，如果看这些人的个性或行为或实践方式，除了他们的职务（最高领导者）和几乎全都同自己的原配生活在一起这两点基本相同外，他们的成功似乎并没有什么明显的共同模式。他们个性差异很大，行为方式各异，甚至连他们的管理风格也没有什么共同之处。本尼斯与其合作者对调研的数据研究了大约两年之久，一心想要知道关于领导力的事实中是否有一个内在核心，或领导行为之精髓。最后他们终于发现有四大主题逐渐显现出来，这就是他们发现的变革型组织中领导者常用的四项策略。（1）通过愿景唤起专注：有远见的领导者在任职初期非常重视方向的选择，会在心中勾画出一个具有可能性的、理想中的组织未来图景，即愿景，并把组织中所有人的注意力都集中到这上面来。（2）通过沟通赋予意义：人类对不同的事物赋予了不同的重要性，并将它编织成意义之网来维系自己，本尼斯等将这些意义之网称为社会结构（social architecture），认为设计和管理社会结构是领导者的中心任务之一。也有一些学者把这种社会结构称为文化。（3）通过定位取得信任：组织定位是组织在大环境中设计、确立以及维系的一个小的生存环境，使之与组织拥有的资源和能力相适应；通过定位确立位置，保持航向，把希望有所作为的人同需要由人来做的事情组织到一起，从而促进信任感的建立和组织的和谐发展。（4）自我调整：领导者结合组织实际进行创造性学习，管理"集体自我"，通过学习提高组织的生存能力。应该说，这一研究结论蕴含着深刻的洞见和智慧。

此外，弗莱特（Mary P. Follett）说，最为成功的领导者能够看到尚未变成现实的图景，他能够看到在自己当前的图景中孕育生发，但却仍未露头的东西……最重要的是，他要让周围人感觉这不是他个人要达到的目的，而是大家的共同目的，出自整个团体的愿望和行动（Bennis et al.，2003）。

Kotter 等（1992）深入调查了高效领导者的行动策略，发现包括四种：（1）创造出变革的需求，通过制造危机感，激起追随者的关注，使他们充满动力；（2）建立方向性的愿景，领导者通过建立包括追随者需求的、令人信服的愿景，挑战现状，并使其他人投入到这一挑战中来；（3）就愿景进行广泛的沟通，包括鼓励公开的讨论，使用挑战手段来刺激动机的产生和对愿景的支持，通过领导者自己的行为来展示愿景包含的价值观；（4）鼓励下属管理者采取领导者行动来实现愿景，即对追随者授权，甚至鼓励追随者转变为领导者。

关于魅力型领导的研究也得出了相似的结论。研究发现，企业组织的魅力型领导者努力描绘鼓舞人心的愿景，并对组织所处的外部环境和员工的心理需求保持敏感，积极与下属沟通这一愿景，而且愿意为了组织的未来做出必要的自我牺牲（Conger et al.，1997）。Burns（1978）发现，变革型领导者会找到追随者的内在动机，努力去满足他们更高的需求，全面而整体地关注追随者，因此二者间就形成了相互激励与提高的关系，使得追随者转变成领导者。关于魅力型人格的研究发现，领导者的魅力型人格由领袖才智、公德世范和仁爱情怀三种成分组成（Zhang et al.，2013）。

领导力研究的 GLOBE 项目在考察了全球 62 个国家 825 个组织中的领导者后发现，无论是在哪个国家，变革型领导的许多因素都与有效领导相关联。该研究项目发现全球适用的领导力要素有：愿景、前瞻性、提供鼓励、值得信任、活力、积极性、主动性。这一结论非常重要，因为它对权变的观点提出了挑战，后者认为领导风格需要适应文化差异。该项目的早期成果还显示，在所有参与该项目的国家中，人们都希望有一个积极向上、能鼓舞人心和士气、拥有远见卓识的杰出领导者。这类领导者追求卓越，擅长塑造团队，善于沟通和协调，同时为人正直（Den Hartog et al.，1999）。

上述研究结果蕴含着一个领导事实：领导是引导和激励追随者形成和努力实现共同目标，让追随者相信通过共同努力会创造出一个更加美好的未来。这一过程包含五个基本要素：领导者、追随者、构建共同目标、追随者自我驱动、努力实现共同目标的行动。其中"共同目标"（即共同愿景）占据核心地位。这些研究揭示了领导者影响员工的一种更加积极的方式，即通过融合组织目标、领导者目标与员工个人目标，形成共同目标，从而增强员工对美好未来的向往和对组织目标的认同与内化，激励员工自我驱动，为实现共同目标做出不懈的适应性努力。

现有的权威领导文献对领导的界定也突出了共同目标的重要作用。例如，尤克尔（2015）认为，领导是指对他人施加影响，从而使他人理解需要完成的任务以及如何完成任务，并就此达成共识的过程，同时也是促使个人和集体努力实现共同目标的过程。王辉（2008）认为，"领导是影响他人的过程，是促使下属以一种有效的方式去努力工作，以实现组织共享目标的过程"。Gardner（1990）主张，领导是领导者个人或团队为实现领导者自己及其追随者的共同目标，而通过说服或榜样作用激励某个群体的过程。

由此可以看出，领导作为一种管理实践，是一种更加积极和人性化地影响员工的方式，而不是领导者影响员工的全部方式。具体说来，领导是通过构建领导者和追随者的共同目标来激励追随者积极主动地为实现未来目标而努力的过程。领导过程是一个凝心聚力的社会过程，而不是一个要求员工服从并控制员工行为、使他们仅仅按照领导者意志和目标行事的过程。基于上述对领导本质的认识，我们认为领导力是感召和激励追随者形成和努力实现共同目标的能力。由此也可以看出，在领导过程中，领导者的德行（包含私德与公德两个方面）是十分重要的，古人说"厚德载物"也是此理。这一推论得到古今中外大量研究的支持。

## 1.2　领导力与领导素质、领导效能的区别

基于上文的分析，领导力在本质上是感召和激励一定的利益相关者形成和努力实现共同目标的能力，其中蕴含着五个基本要素的相互作用。而在过往领导力研究中，存在两种有所偏颇的观点：一是从领导者特质或行为的视角出发，将领导力看成是领导者自身的能力（领导素质），把领导力仅仅归于领导者个人；二是从产生影响的结果出发，将领导力视为领导者或领导实

践的影响效果，即等同于领导效能，用影响效果来指代领导力本身。实际上领导力和领导者的领导素质以及领导效能都有着本质区别，彼此之间绝非简单等同的关系。

首先，领导素质指的是领导者的优秀品质、心智模式、能力、动机、价值观、行为方式等，具体表现如领导者诚信公正的品质、高瞻远瞩的心智模式、知人善任的能力和关爱员工的行为等。领导特质理论即假设某些人天生具有其他人所不具备的某些特质，这些特质就是他们领导力的体现。

无疑，领导素质对生成领导力能够起到一定的积极影响，但这并不意味着领导素质总是指向领导力，更不意味着领导素质本身就是领导力。领导素质所强调的领导者的特质及行为仅着眼于领导者这一环，仅是影响领导力形成的多个因素之一，认为领导素质就是领导力的观点片面夸大了领导者的个人因素在领导力生成中的作用。领导力本质上强调多个因素的共同作用，尤其体现为领导者和追随者之间的互动关系，带有较强的动力和过程属性，绝非领导者单方面的特质和行为就能生成。例如，Owens 和 Hekman（2012）在研究中指出，领导的谦卑尽管是一种美德且能带来较为积极的作用，但其发挥作用仍需满足一定的情境条件，不能直接将其等同为积极的领导力。由此可见，虽然领导素质在一定情境下能有效地提升领导力，但领导素质和领导力之间存在本质区别，不可以把领导力简单地等同为领导素质。

其次，在现代领导力研究中，主流文献还往往把领导效能看作领导力，美其名曰领导力是影响力，这其实是一种误解，混淆了领导力与领导效能。一方面，领导效能关注的是领导的效果，可以用员工的态度、行为以及组织绩效等指标来衡量。Derue 等（2011）提出，可以从内容、分析水平和评价对象三个维度对领导效能进行概念化。领导效能着眼于管理实践的最终结果，一定程度上反映出领导者能否带领追随者实现组织目标，但这并不意味着领导效能总是领导力的体现，更不意味着领导效能本身就是领导力。因为员工的态度、行为以及组织绩效都是多变量的函数，尤其是组织绩效，受外部环境和资源情况等因素的影响很大，具有很大的不确定性。另一方面，领导力作为影响人形成和努力实现共同目标的能力，必然会着眼于提升组织效能。例如全球新冠疫情流行期间，很多行业的企业业绩是负增长，甚至是严重亏损，而与抗疫相关的医药行业的公司业绩暴涨，虽然把这些业绩变化完全归因于领导力不符合事实，但领导力高的公司会更加前瞻性地处理公司即将面临的危机或机遇。因此，领导力往往是提升领导效能的必要条件，而非充分条件，不可把二者等同。

综上所述，领导力与领导素质、领导效能之间虽有因果联系，但存在本质区别。领导力这一概念强调感召和激励人形成和努力实现共同目标的能力，领导素质着眼于领导者自身的特质和行为，领导效能强调管理实践的最终结果，三者同时都受到情境因素（包括追随者、组织因素和组织外部环境因素）的影响。所以，把领导素质或领导效能等同于领导力的观点存在逻辑偏差。

当代领导力研究中的三种领导理论也为我们理解领导力同领导素质、领导效能之间的区别提供了依据，它们分别是领导者—成员交换理论、魅力型关系理论以及复杂性领导理论。

首先，领导者—成员交换理论（leader-member exchange，简称"LMX理论"）认为，领导力形成于领导者与下属之间的对偶关系质量，领导者通过与下属之间形成独特的、基于信任和情感的关系来对下属施加影响（Graen et al., 1987）。LMX理论的核心命题是有效的领导过程有赖于领导者和下属双方构建起高质量的社会交换关系，并从这种关系中获得相应益处（Graen et al., 1995）。LMX理论的一个前提假设是领导力存在于领导者与下属之间的关系质量中。而交换关系质量的高低建立在领导者与下属的相容性以及下属的能力和可靠性的基础上（Yukl, 2013），因此领导者与每一位下属的关系质量都是独特的。

LMX理论的提出为认识领导力引进了关系视角，也帮助我们进一步区分了领导力与领导素质、领导效能的关系。一方面，LMX理论对于领导力的认识强调了三大要素，分别是领导者、追随者，以及社会交换关系（Graen et al., 1995），这与仅仅强调领导素质的领导力观点有着本质的区别。虽然LMX理论所提到的交换关系质量是由领导者主导的，但是下属也在自己与领导者的交换关系构建中扮演着重要角色。从 LMX 理论的观点来看，领导素质并不代表领导力，只是影响领导力形成的一类因素。另一方面，LMX 理论强调的是领导者与下属之间的互动关系，虽然领导者与下属之间高质量的交换关系更有可能带来好的领导效能（Graen et al.，1995），但是这一高质量的领导关系本身并不属于领导效能。研究也表明高交换质量能否带来好的领导效能还取决于一些情境因素，例如下属的组织认同（van Knippenberg，2011）。所以从 LMX 理论的观点来看，高质量的领导者—成员关系并不必然带来好的领导效能，领导效能也不是领导力本身。

其次，魅力型关系理论认为，领导魅力在本质上形成于领导者与追随者之间的魅力型关系，魅力型领导（charismatic leadership）是魅力型关系得以形成与维持的过程（Howell et al.，2005）。在这一过程中，领导者通过展现特定的魅力型特质（例如自信心、成就导向、权力需要等）、能力（例如社会技能、情感技能等）或者行为（例如愿景沟通等），与追随者进行互动，进而形成魅力型关系（Howell et al.，2005）。通过形成这一紧密联系，作为一种异乎寻常的影响力，魅力在魅力型领导过程中得以涌现，进而影响追随者的感知、情绪、态度与行为。因此，领导魅力也不等于领导者的魅力型人格，而是形成于领导者与追随者的魅力型关系之中（Klein et al.，1995；Zhang et al.，2013），并由此促使追随者对组织的价值观和目标展现出强烈的认同感与承诺感，驱动他们从关心个人利益转向关心集体利益，并愿意为实现组织使命而做出自我牺牲（House et al.，1993；Howell et al.，2005）。

魅力型关系理论有助于我们更好地理解领导力与领导者素质以及领导效能之间的区别。一方面，魅力存在于领导者与追随者形成的魅力型关系之中，而并非存在于领导者某些魅力型的个人特质、能力以及行为等领导素质之中。虽然这些领导素质有助于领导者与追随者形成并维持魅力型关系，由此促进魅力的涌现，进而对追随者产生影响（Conger et al.，1998；House et al.，1991），然而这些素质本身并不是魅力，而只是促进魅力型关系建立和魅力涌现的必要不充分条件（Zhang et al.，2013）。另一方面，魅力型领导理论强调领导者与追随者通过互动形成魅力型关系，并认为这一关系会促使下属为了集体利益而放弃个人利益（House et al.，1993）。虽然魅力型关系对追随者的这一影响能够为提升领导效能提供基础，但是这并不意味着魅力型关系一定会带来特定的领导效能。在某些条件下，魅力型领导可能难以带来积极成果，甚至可能会产生一些消极结果，进而降低领导效能。例如，对于那些信奉个人主义并且自我概念极为清晰的下属而言，魅力型领导可能难以对其产生较大的影响（Howell et al.，2005）。此外，魅力型关系还可能导致追随者对领导者的盲目崇拜，促使他们对领导者的决策全盘接受而不加质疑，进而为领导者的绝对权威和权力滥用提供基础，由此可能给组织带来消极影响（Howell et al.，2005）。

最后，在知名领导学者尤尔－拜因（Uhl-Bien）等看来，20世纪的领导模式基本是自上而下的（top-down）官僚范式的产物，这些领导模式更适用于应对工业经济时代的技术性挑战，而不太适用于应对知识经济时代特有的适应性挑战（Uhl-Bien et al.，2007）。Uhl-Bien等（2007）基于复杂性科学的复杂适应系统（complex adaptive systems，CAS）理论提出了复杂性领导理论（complexity leadership theory）。该理论认为，组织作为复杂适应系统，处于其中的领导是指一种涌现于行动者复杂互动之中的、能带来适应性结果（包括学习能力、创新和适应性）的动态过程。复杂性领导理论主张，领导力不是来自某种固定职位或法定权威，而是涌现于组织成员的互动之中（Uhl-Bien et al.，2007）。因此，复杂性领导理论是一种适应性领导理论（Uhl-Bien et al.，2018），它可以帮助我们理解领导者和追随者如何通过共同努力，在高度关联的复杂社会系统中有目的地产生适应性（Uhl-Bien，2021）。由此可见，复杂性领导理论并非如同现有的大部分领导理论，将组织结果过度归因于个别领导者的行动和作用，它不强调领导者自身和个别领导者的行动，而是强调多个个体在领导力形成中的作用以及相互影响的社会环境（Tourish，2018）。复杂性领导理论关注的焦点是各行动者之间的动态复杂互动过程，以及如何从个体互动中涌现出组织层面的适应性结果。例如，Lichtenstein等（2009）认为，从涌现的视角看，领导力涌现于整个组织之中。

复杂性领导的涌现观点也有助于区分领导力同领导素质、领导效能之间的关系。复杂性领导理论主张领导力涌现于成员的互动之中（Uhl-Bien et al.，2007），强调系统过程而不只是个人素质在领导力形成中的作用。因此，从复杂性领导理论的视角来看，领导者的领导素质并非等同于领导力；通过自组织过程涌现出来的领导力会形成领导效能，也不等于领导效能本身。

## 1.3　领导力与权力的本质区别与相互联系

领导力和权力（power）如影随形，二者之间是什么关系？这是认识领导力的本质时必须解决的重要理论问题。有趣的是，我们在两次由管理学教师参加的会议调查中发现，在组织与管理领域的学者中，赞同"权力属于领导力"的学者占有一定的比例，而且这一比例远高于非组织管理领域的学者，更高于企业管理者和员工。是专业学者的判断正确率更高，还是相关专业背景污染了一些学者的认知？这一问题最终还是要回归现象层面，并通过严谨可靠的理论逻辑来解决。

权力是社会科学的基础概念，长期以来，众多学者从不同的理论视角出发对权力进行了不同的界定，构建了多种权力理论。如果不面对社会实践和现象的本质进行研究，而只在现有理论和相关文献中打转，在学术讨论中各取所需，那么权力研究只能作茧自缚，难以发展。

一个理论概念得以成立的关键是它凝练了一类有共同本质特点的事实和现象。权力到底代表着什么独特的社会事实和现象？在组织理论和组织行为学研究中，权力是指一个人把自己的意志强加在他人行为之上的能力，这种能力的发挥强调他人的服从（吉尔布雷斯，1988）；或者说，权力是影响他人（包括个体或群体）的行为，以使他人按照影响者的意愿行事的相对能力（Sturm et al.，2015）。权力来源于人们对资源或获取资源途径的依赖。如果一方相对于另一方拥有更多对对方所需资源或获取资源途径的控制力，就将拥有更大的权力；并且这一资源依赖性也是相对的，其强弱取决于对方对此资源的需要程度以及是否有其他可替代资源或可选途径（Emerson，1962；Keltner et al.，2003）。

使用权力是影响者为了达到自身目的，利用他人对自己所掌控资源的依赖影响他人行为的过程，在此过程中，使用权力的人一般不考虑他人的意愿或目标，有时还会有意违背他人意愿或阻碍他人目标的实现，因此权力强调服从。而领导力是感召和激励追随者形成和努力实现共同目标的能力，强调通过相互尊重和目标融合形成共同目标，以激励追随者主动地为实现共同目标做出努力。可见，权力和领导力在影响动机方面存在根本的差别，运用权力和领导是两种不同的影响人的方式。因此，严格说来，不可将纯粹基于权力的管理行为纳入领导或领导行为的范畴（章凯 等，2022）。

具体说来，第一，从主体影响他人的动机来看，权力强调通过影响他人行为，使其按照影响者的意愿行事。因此，权力运用的预期目的在于实现权力主体的愿望，进而满足权力主体自身的利益，而被影响者只是权力主体实现其个人目标的路径或工具（Gruenfeld et al.，2008）。与此相反，领导力强调通过影响个体或群体以实现共同目标，而非局限于领导者的个人目标（尤克尔，2015）。第二，从二者的来源和影响效果来看，由于权力产生于对资源的控制以及他人对资源的依赖，因此权力有助于促使他人服从。但是由于权力的影响只注重权力主体的个人意愿，而不强调尊重他人的意愿，因此他人对权力主体的服从通常只是出于获取所需资源这一工具性目的，而非心悦诚服，所以并不会表现出太多的自驱力和主动性，甚至还会产生消极的认知或情绪体验，进而对其工作态度和行为等其他结果产生消极影响，而且，权力也会损害双方的关系（Magee et al.，2013）。而领导力来源于领导者—追随者的社会交换和共同目标，领导过程聚焦于形成和努力实现共同目标，其前提是尊重被影响者的意愿，培养和激发追随者对未来的积极预期。因此，领导力会增加他人积极的认知感受和情绪情感体验，增强其自我驱动力，由此对个体结果以及领导者—下属关系带来广泛的积极影响（尤克尔，2015）。Burns（1978）发现，变革型领导者会找到追随者的内在动机，努力去满足他们更高的需求，全面而整体地关注追随者，由此就形成了相互激励与共同提高的关系，使得追随者转变成领导者，而领导者又可能转变为道德高尚的代理人。

　　当然，权力和领导力之间也存在一定的联系。首先，使用权力和发挥领导力在主体上可以是同一个人，并作用于同一个影响对象，在传统企业或权力距离较大的文化中，权力和领导力常常交织在一起。其次，形成权力的资源可以被领导者用来提升领导力，例如，有效授权就是一条重要的提升领导力的途径。关于授权领导效应的元分析显示（张建平 等，2021）：领导授权赋能与员工的工作满意度、组织承诺和主观幸福感显著正相关，与离职倾向、工作倦怠、工作压力显著负相关，与个体（团队）绩效及其各维度显著正相关，与反生产行为显著负相关；在东西方差异上，领导授权赋能与个体（团队）绩效、个体（团队）任务绩效的相关性均属东亚样本更强、欧美样本更弱，而与个体（团队）创新绩效、个体（团队）关系绩效之间无显著差异。这说明，东亚地区的员工更渴望领导授权赋能。当然，有效授权也需要有约束条件，否则也可能导致消极效果（王宏蕾 等，2019）。再次，权力可以为发挥领导力提供合法性。如果在没有获得职位权力的前提下发挥个人影响力，就有可能遇到违法或违规的问题。最后，由于人存在自主、胜任、关系、成长等基本需要（Deci et al.，2000），如果管理者过度使用权力，肆意利用他人对自己所掌控资源的依赖，要求他人绝对服从，就会导致他人的基本需求无法得到满足，从而破坏领导力的形成。虽然与此同时也可能形成超强的控制力，但这只是有效领导的假象，其本质还是对员工的控制。正是由于这些联系，在历史上有很多人（包括研究者）把权力纳入领导力的范畴。其实，我们发现，如果不把领导力和权力这两种不同的影响人的能力及其背后的影响方式区分开来，就难以形成对领导和领导力的正确认识，更不可能形成对领导力的共识。

　　把握领导力和权力的本质区别和内在联系对正确理解管理实践及其发展方向有着重要的帮助。戈沙尔（S. Ghoshal）和巴特利特（C. Bartlett）在20世纪90年代通过研究一批跨国公司发现，为了重新塑造员工行为，不仅要注重改变个人行为，更要注重改变组织内的管理行为背景，他们发现了两类几乎完全不同的管理行为背景，即传统公司腐蚀性的管理行为背景和自我更新企业的管理行为背景（戈沙尔 等，2008）。

美国西屋公司的管理历史为研究传统公司腐蚀性的管理行为背景及其对员工行为的有害影响提供了一个恰当而经典的案例。从20世纪80年代初到90年代中叶，西屋公司曾三次宣布在改革中取得胜利，但每次都是在站起后又重新摔倒。在寻求公司复兴的漫长岁月中，它艰难地取得改革的胜利，又不断陷入失败的深渊。戈沙尔和巴特利特研究发现，西屋公司的变革不能获得持久成功的原因很多，但公司僵化的根源在于它的管理行为背景因素，这一因素表面对其有益，但实际上却对员工的工作行为产生了腐蚀性的影响。戈沙尔和巴特利特研究发现，这种腐蚀性的管理行为背景的核心特征有四个要素：服从、控制、限制、契约（见图1-1），这也是西方传统公司典型的管理行为背景。

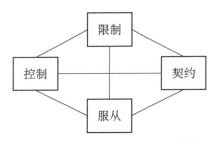

**图 1-1　传统公司的管理行为背景**

传统公司管理行为背景的第一个要素是服从。它曾对保证组织的统一和企业行动的一致立下了汗马功劳。但顽固的传统做法和官僚阶层对异议的拒不容纳阻止了员工对过时的政策提出质疑，也妨碍了对管理指令展开有意义的辩论。最终，不是政策本身而是他们对员工日常行为的影响使得这些公司很难察觉到企业困境的早期预警信号，也很难在问题变成灾难前予以改正。在一个用权力和命令压制异议的企业环境里，中高层管理者极少倾听员工的建言和心声。

传统公司管理行为背景的第二个要素是控制。它是一个曾经促使许多公司在成立初期迅速有效地扩大经营的组织特征。这一带有典型的等级关系特性并且根深蒂固的规范随着事业部制组织结构的引进被大大加强了。然而，控制最后容易导致企业内部人际关系的退化，使一线经理因受到过多的干预而趋于保守。

传统公司管理行为背景的第三个要素是限制。在一个扩张机遇超出大多数公司财力的环境中，限制有利于防止多种经营变得无法管理或任意浪费企业资源。但如果战略限制成了禁区，经营限制成了发展障碍，一线经理们变得不愿冒险，抵制创新，公司就会远离曾经促进组织发展的创新精神。

传统公司管理行为背景的第四个要素是公司和员工间关系的性质——契约关系。员工和雇主之间的契约关系最初起到了限定工作要求和使两者关系变得清晰、稳定的作用，但由于工作报酬差别的扩大和分配的不公平产生了怨恨，不断增多的解雇又令人更加恐惧，员工们开始疏远自己所在的公司，他们越来越觉得自己像一个通过工作获取经济报酬的打工仔，而不是一个社会团体的成员。

戈沙尔等（2008）认为，在一个创新、快速反应、灵活和学习成为竞争优势重要来源的环境中，由服从、控制、限制和契约构成的管理行为背景就会演变成债务包袱而不是资产。

分析成功的、自我更新企业的管理，戈沙尔和巴特利特也总结出它们的管理行为背景的四个共同特征：纪律、支持、拓展和信任（见图 1-2）。与服从、控制、限制和契约不同，这些因素不依靠管理权力关系或管理政策影响行为，相反，每一项都与公司当前的经营活动融为一体，并反映在公司日常生活的各个方面。

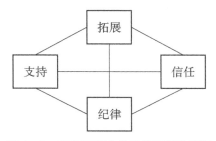

图 1-2　自我更新企业的管理行为背景

自我更新企业管理行为背景的第一个特征是纪律。用纪律代替服从，这是自我更新企业管理行为背景的突出特征。纪律不仅仅是要求员工服从领导者或与政策保持一致，更是一种深入人心的规范，使员工凭借诺言和责任心工作。

自我更新企业管理行为背景的第二个特征是支持。在自我更新企业中，如果纪律代替了服从，支持便代替了控制，因为上级支持下级本身就是一项纪律。在支持性的上下级关系中，上司与下属间的关系被定义为训练、帮助和引导。

自我更新企业管理行为背景的第三个特征是拓展，即拓展自我。这是鼓励人们提高个人抱负、提高对自己和别人的期望值的因素。与限定眼光、制约行为相比，拓展自我鼓励人们为更远大的而不是更渺小的目标而奋斗，并从中分享自己所创造的价值。

自我更新企业管理行为背景的第四个特征是信任。信任是授权管理的基础，人们的相互信任建立在相互判断和相互承诺的基础上。戈沙尔和巴特利特认为，信任在公司组织过程中表现为透明度和公开性，同时又为这种透明、公开和建立在管理行为中的公平感所加强。

戈沙尔和巴特利特认为，自我更新企业管理行为背景的这四个共同特征不是孤立的，也不是一成不变的。拓展的突出特点是驱使人们不断地为更高的目标奋斗，与纪律——必须遵守诺言的潜在规范——结合在一起，就形成了一个充满活力又有压力的环境。支持与信任则创造了一种强烈要求员工相互负责与团结协作的组织文化。正是由于这四个因素相互作用、相互促进，才产生了整个企业动态的自我更新过程。

管理行为背景是基于管理层的行为风格和管理层主导制定的管理政策形成的，戈沙尔和巴特利特所揭示的两种管理行为背景实际上也代表了两类本质不同的管理风格。传统公司管理行为背景的核心是以公司中高层管理者为中心的权力性影响，关键是要求员工服从并对其进行控制，本质是权力至上或以权力为中心。这一管理模式与人的基本需要相背离，极少有普通员工会喜欢和认可这类管理行为背景。但员工会普遍喜欢自我更新企业的管理行为背景，因为纪律、支持、拓展和信任可以较好地满足人们自主、胜任、关系、成长等基本需要。自我更新企业的管理行为背景的核心是以员工为中心的信任关系和支持型、授权型领导，其本质是形成了领导力。

# 1.4　结　语

理论创新一般来自挑战共识和开疆拓土，这两者对于处于"丛林状态"的领导理论的发展都很重要。在领导理论研究中，挑战共识更加基础，其重要性也更加突出。事实上，在领导理论的演变历程中，从领导的特质理论到行为理论、关系理论，再到愿景型领导（visionary leadership）、共享式领导（shared leadership）以及复杂性领导等新型领导理论，每一次转变都是对领导理论共识的挑战，都为认识和研究领导力开辟了新的天地，对领导的理解在整体上也得到了深化和提升。从历史来看，如果没有挑战共识的研究，领导力研究就难以更好地开疆拓土，也不可能有领导理论的新生。

总结上述分析，可以得出结论：领导力是感召和激励追随者形成和努力实现共同目标的能力；领导是通过构建领导者和追随者的共同目标来激励追随者积极主动地为实现未来目标而努力的过程；领导过程与领导力是表里关系，领导过程是"表"，领导力是"里"，领导是孕育领导力的社会过程。由此可以得出两个推论：

第一，领导力不等于领导素质，也不等于领导效能，领导力、领导素质、领导效能三者的关系如图 1-3 所示。

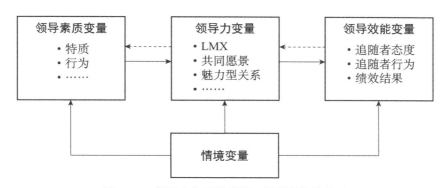

图 1-3　领导力与领导素质、领导效能的关系

　　第二，领导力和权力都是管理者影响下属的能力，二者既有一定联系，又有本质区别，存在一种相生相克的阴阳关系（见图 1-4）：拥有高水平的领导力有利于帮助人获得权力；一个人拥有权力也有利于发挥其领导力；一个人极致地使用权力会破坏其领导力，但可能会催生出新的领导者；拥有权力能够为个体发挥领导力提供合法性。在理论上把领导力与权力区分开来，有利于划清领导过程和领导力的边界，也有利于澄清权力现象的边界，从而为发展领导理论提供新的逻辑基础。

图 1-4　领导力与权力的关系

　　在中国本土企业中存在一种夸大权力作用的倾向。甚至一些研究者也主张在领导过程中要恩威并施，认为恩威并施能够带来更好的工作绩效（侯楠 等，2019）。但关于家长式领导作用效果的一项元分析（刘豆豆 等，2021）显示：低威权领导且高仁慈、高德行的领导行为组态对任务绩效和组织公民行为的预测能力最强；高威权领导且低仁慈、低德行的领导行为组态对反生产绩效的预测能力最强。管理者到底该如何处理权力与领导力的关系？这一问题的答案恐怕不言自明。

　　我们认为，从本质看，研究领导力，发展领导理论，需要同时考虑人性和文化因素，既要理解领导实践的文化性、情境性、艺术性，也要努力揭示不同文化情境背后领导力形成的规律性。只有同时准确把握人性和文化在领导力生成中的作用，才能既避免过分夸大情境文化的作用和过度强调有效领导的情境性，又避免无视文化情境对领导过程的影响，从而更好地促进领导理论和领导实践的健康发展。

# 第 2 章

# 领导力来源的理论视角分析

　　科学的领导理论需要同时回答两个基本问题：第一，如何领导？或者说有效的领导过程包括哪些要素？这是领导实践问题。第二，领导力的本质和形成机制是什么？为什么某种领导方式会产生领导力？这是领导力的本源和形成规律问题。一些学者把 leadership 界定成活动、行为或过程（Rauch et al.，1984；Yukl，2013；王辉，2008），另一些学者则把 leadership 界定成一种影响能力（Moore，1927；House，1999；Schein，1992）。其实这两种不同的定义是在回答领导力研究的上述两个不同层面的问题。对于领导学科的发展来说，虽然解答前者能够为探索后者提供基础，但解答后者比解答前者更加基本和重要，因为不能很好地回答后者，也就不可能真正地回答前者。如何领导？这一过程具有很强的艺术性、情境性；而领导力的本质和形成机制是什么？这一问题的答案会具有更强的规律性、科学性，对领导力开发具有更强的指导意义。只有科学地回答了领导力的本质及其形成机制问题，才能深入地解释和有效地创新领导实践。因此，在我们看来，领导学是一门研究领导力的本质、形成规律及其在组织中的实现途径和运作方式的科学。

　　领导者如果只学习成功的领导经验，而不知其底层逻辑，往往会导致低效的模仿或"东施效颦"，难以形成理论自觉和进行实践创新。如果领导者不能正确地回答领导力的本质与来源问题，那么就会导致任何领导理论（例如领导的特质理论、行为理论、关系理论，共享式领导理论等）都可能正确，从而出现莫衷一是的困境。如今，在领导学领域，小型理论和领导构念众多，每一种理论的生长潜力都十分有限，对领导实践的指导意义也很有限，核心原因在于相关文献对领导力的本质与来源问题的回答依然处在盲人摸象阶段。本书旨在系统探索领导力的本源问题，为有效预测和创新领导实践提供有约束力的逻辑前提。

第 1 章已经澄清了领导力的本质问题，本章将对领导力来源相关理论视角进行系统梳理和分析，以便为后文探讨领导力的形成机制与规律提供文献基础。回顾文献，关于领导力的来源在现有领导理论中主要有五种观点，即基于领导者的观点、基于领导者与下属关系的观点、基于组织愿景（理想）的观点、基于下属认同与追随的观点以及基于自组织涌现的观点。

需要说明的是，研究领导力来源问题是考察领导力生成的心理、行为与社会基础及其形成机制，而非考察影响领导力的前因变量。虽然二者存在交集，但前者具有规律性，后者只是编织变量关系网络，具有现象性。后者远比前者范围宽广，而且更加纷繁复杂。本章将首先介绍五种领导力来源观点，然后分析相关文献存在的问题和未来研究方向。

## 2.1　领导力来源观点之一：领导者

领导力从哪里来？在基于英雄主义和自上而下单向影响占主流的西方领导理论范式中，这一问题似乎是不需要考虑和研究的，三十年前如果问这样的问题也是不合时宜的。目前直接以领导力形成作为研究主题的文献很少。但是，我们用心回顾主流领导文献后还是发现，其实这个问题一直存在于领导理论的发展历程中，领导理论的演变与对此问题的假设密切相关，只是以往主流领导理论的研究者没有直面它。

早期的领导理论主张领导力来自领导者，尤其是领导者个人的某些特质或（和）行为。大量实证文献甚至直接把领导力变量视为领导者个人的特质或（和）行为。这是领导力来源的第一种观点，即基于领导者的观点。当时这一主张似乎是不言自明的。在西方，领导力研究开始的很长一段时间里，研究者主要关注领导者个人，尤其是关注男性领导者（Avolio et al.,

2009）。最早的领导理论——"伟人理论"——就主张领导者总是天生具有某些带着英雄气质的特征、力量和影响，他们掌握着一切事情，通过天生的特性、素质和能力对下属施加影响（达夫特，2008）。领导的特质理论与行为理论在领导力来源问题上进一步发展了这一主张，假设领导者具有某些特质或某种行为风格，他们就有了领导力。问题是：为什么那些特质或行为风格能够生成领导力？为什么领导力不是来源于其他特质或行为风格？对这一问题很少有人问津。领导的权变理论也没有改变领导力来源于领导者的基本理念，只是将领导力扩展到对情境的适应性，在研究领导方式的选择和领导效能时考虑到情境因素的影响，例如，追随者的个性、工作环境、下属的任务特性以及外部环境等。这些理论有一个共同的隐含假设：领导力来自领导者。具体表现是：很多研究把领导力等同于领导者的人格特质，把领导行为等同于管理者行为。这一基本假设可谓影响深远。

在领导特质方面，中西方情境下研究出的领导特质存在共通之处。席酉民（2000）发现领导者与非领导者的区别体现在动力、领导的渴望、诚实与正直、自信力、认知能力、商业知识六个方面；这与西方学者 Robert（2000）得出的六类领导特质基本类似，这六类特质是主动性、影响他人的愿望、诚实与正直、自信、命令、工作相关的技能。与西方领导特质研究稍有不同的是，中国情境下的领导特质研究特别关注领导者的道德品质（曹仰锋 等，2010；李超平 等，2005；凌文辁 等，1987）。

作为一种新的领导特质，领导者情绪智力对领导效能的影响最近二十多年吸引了越来越多的研究关注。情绪智力最早由 Salovey 等（1990）提出，指个体监控自己及他人的情绪和情感，并识别和利用这些信息来指导自己的思想和行为的能力。研究发现，领导者情绪智力对提高领导效能有正向影响（Affandi et al.，2013；Herbst et al.，2008；Kerr et al.，2006；刘小禹，2013；刘益 等，2007；容琰 等，2015）。吕鸿江等（2018）的元分析显示：领导者情绪智力与领导效能之间存在中等程度的正相关关系，领导者情绪智力的提高有助于提升领导效能；同时情境因素（领导层级、组织类型、文化差异）对二者的关系具有显著的调节作用。其中，高层领导者的情绪智力对领导效能的影响明显高于中层和基层领导者；相较于营利性组织，非营利性组织中的领导者情绪智力对领导效能的影响更高；东方文化背景下的领导者情绪智力对领导效能的影响显著高于西方文化背景下。

在领导行为方面，西方文献中的领导行为类型不断增加，例如关心生产与关心人的领导、变革型和交易型领导、本真型（诚实型）领导、伦理型和道德型领导、目标导向的领导、支持型和授权型领导等。李超平等（2005）在本土情境中探索变革型领导的结构时，发现中国的变革型领导包含愿景激励、领导魅力、个性化关怀和德行垂范四个维度，德行垂范是中国情境下的特殊维度，其主要内容包括奉献精神、以身作则、牺牲自我利益、言行一致、说到做到、严格要求自己等。孙春玲等（2015）发现，在中国文化情境下，德行垂范维度比智力激发更容易提升员工的心理授权水平。

在中国本土领导行为的研究中，家长式领导最具有代表性。家长式领导这一概念源于台湾学者对于大量华人家族企业的观察（郑伯埙，1995）。郑伯埙等（2000）以华人家族企业为调查研究对象，发现家长式领导是一种三元领导模式：威权领导、仁慈领导和德行领导。家长式领导中仁慈领导和德行领导的效用得到了大量实证研究的支持，但威权领导与仁慈领导、德行领导间一般都存在显著的负相关关系，其作用效果具有广泛的争议性（刘豆豆 等，2021）。随着相关研究的发展，目前家长式领导在理论上遇到两大挑战：第一，威权领导的本质是什么？与领导力的关系如何？第二，家长式领导是中国文化特有的吗？

事实上，西方学者提出的所有领导行为在中国企业中都存在。因此，从领导理论和实践的发展来看，我们对领导方式与民族文化的关系需要持有更加开放的态度。例如，陈国权等（2009）研究发现领导行为包括关系导向、任务导向和变革导向（强调创新、变革等）三个方面；张文慧等（2013）提出了中国企业战略型领导的三元模型：理念塑造、制度规范和人情整合。这些领导行为都不是中国企业特有的。

也有一些研究探讨了领导者特质与行为之间的关系。例如，Peterson 等（2009）研究了一些积极的心理特质（希望、乐观、韧性等）对于 CEO 变革型领导的预测作用，并得到了实证数据的支持。类似地，De Hoogh 等（2008）研究发现社会责任感高的领导者更多地表现出道德型领导行为，而更少地表现出专制型领导行为等。

## 2.2　领导力来源观点之二：领导者与下属关系

领导力仅仅来自领导者的观点在理论和实践方面都遇到了很大的挑战。从 20 世纪 70 年代末期开始，一部分学者将领导力研究聚焦到领导者与下属的关系层面。关系视角的领导理论把领导者与下属的关系作为领导力形成的基础（Brower et al.，2000；Graen et al.，1995；Gottfredson et al.，2020；Uhl-Bien，2006；Yammarino et al.，1998），从而创立了以关系为基础的领导理论。这些研究隐含着领导力来源的另一种假设：领导力不是产生于领导者，而是形成于领导者与下属的关系。这是领导力来源的第二种观点，即基于领导者与下属关系的观点。这种领导理论否认了领导是领导者单向影响追随者行为的观点，主张领导是一种社会互动过程，人与人之间的关系被看作领导力形成最重要的因素（达夫特，2008）。

Hollander 等（1969）较早提出了关系领导模型，认为领导是一个包含了影响关系的过程，领导者和追随者之间发生着一种互惠式的交易关系。Uhl-Bien（2006）从社会过程的角度对领导和组织进行分析，对领导中的关系进行了新的阐述。她认为，关系领导理论（relational leadership theory）可以探索领导与组织的社会过程，并通过这一过程，构建和建立起临时的秩序和变革（例如新的价值观、态度、方法、行为等）；领导力中的关系并不局限于层级关系或角色，关系发生在整个组织中；关系领导通过关系互动来识别，并对社会秩序和社会行为的方向产生影响。在 Uhl-Bien（2006）看来，关系领导理论主要讨论以下问题：（1）关系作为结果变量时，领导者—下属关系如何经由社会互动产生，这个过程与信任、情感、认同等因素有关；（2）关系作为一种社会建构过程时，关系的互动如何影响社会秩序的产生和出现。

　　也有一些学者从关系的角度来考察组织的领导或管理活动。第一，关系建构主义（relational constructionism）的研究。例如，Hosking（1988）认为，"在考察领导时，仅理解领导者所做的是不够的，必须关注那些在组织过程中对互动和关系的结构有影响的主体"；Dachler（1992）认为，与关注某些特定内容（例如领导行为、员工激励等）相比，领导力、管理和组织研究更应该在社会过程的方向上得到发展，因为目前研究中所关注的那些特定内容并不能反映客观、真实的组织事实。第二，Drath（2001）和 Murrell（1997）的关系领导研究。Drath（2001）认为，领导并不是领导者主导的影响过程，而是组织成员间的一种"关系"对话过程，组织成员借此增强责任心从而更加投入并学会更多知识。Murrell（1997）则将领导视为一种责任的共担，"领导是一种社会活动，大家共同建造一艘船向着共同的目标前进"，他所描述的领导超越了只包含领导者或仅仅关注领导者和追随者的交换关系的情况。

　　除此以外，关系领导思想也渗透到很多研究中。例如，服务型领导的核心是领导者激励他人先于自己，优先满足其追随者的需求（Bragger et al.，2020）。服务型领导充分反映了"关系"这一独特视角的内涵。在这一领导概念中，领导者与下属之间是伙伴关系而非单纯的上下级关系，同时领导者的身份反映的是下级对上级的信任关系。领导者通过提供服务来帮助下属实现成长，并在这种互动中获得员工的信任和认可，从而建立起自身的领导力。在 Barbuto 等（2006）的定义中，服务型领导的五个维度都体现了领导者与下属之间的互动关系，即利他主义、情绪抚慰、智慧、说服引导以及社会责任感。服务型领导强调领导者应该重视与下属之间的互动关系，并提供服务帮助员工开发其在工作中的潜力。已有实证研究也说明服务型领导有助于提升领导者与下属之间的互动关系质量（Newman et al.，2017；朱玥 等，2015）。

　　此外，对支持型领导、领导信任、变革型领导等的理论研究，也都在一定程度上体现出领导的关系视角。同时，研究也表明，在上下级互动中，信任、心理契约、互惠等都是重要的关系要素（Henderson et al.，2008；Kim et al., 2020；Miao et al., 2019）。在新魅力型领导的研究中，有一些学者避免了聚焦于自上而下单向影响的倾向，不再将魅力视为领导者所特有的特质或行为，而将魅力视为一种由领导者和下属群体在不断的互动中所形成的良好关系（Gardner et al., 1998；Howell et al., 2005；Zhang et al., 2013）。

关系是领导力形成的重要基础，这一观点已经在上述很多研究中得以体现。关系作为联系领导者与追随者的纽带，一头联系着领导者，从而可以从关系构建的视角将领导者的特质与行为纳入关系理论的框架；另一头联系着追随者，从而也可以将下属的追随动机与行为纳入关系研究的范畴。近些年来，追随、下属对领导的认同等下属视角的领导理论研究开始兴起，与此不无关系。但目前基于关系的领导理论同这一发展方向还有相当距离，既没有整合下属视角的研究，也没有很好地探讨关系构建的动力过程。

聚焦于关系的领导研究在文献中出现得最多的是领导者—成员交换理论，即 LMX 理论（Graen et al., 1995）。该理论描述了领导者与单个下属之间的角色塑造过程，它关注的是领导者和单个下属之间的关系（Cogliser et al., 2000）。LMX 理论的基本假设是：领导者同每个下属发展一种独特的交换关系；关系质量的好坏会影响领导者和成员的重要结果变量（Gerstner et al., 1997）；如果领导者和下属能发展出有效的对双方均有正向影响的交换关系，领导力就会产生（Uhl-Bien，2006）。如何解释 LMX 现象？目前有三种观点，即角色扮演观点、社会交换观点和互惠连续体观点（任孝鹏 等，2005）。其中，社会交换观点占主流地位。

国内很多研究者对 LMX 进行了相关实证研究（李秀娟 等，2006；马力 等，2007；王辉 等，2005；王辉 等，2004；吴志明 等，2006；张端民，2017），基本得到了与国外相似的研究结果，发现领导者—成员交换关系质量对领导有效性有着重要影响。张银普等（2020）的一项元分析发现，LMX 与下属的任务绩效和组织公民绩效均有较强的正向关系，与反生产绩效有中度的负向关系，且中国情境中 LMX 与绩效的关系强度不低于西方情境中。

然而，LMX 理论的局限性显而易见，它只是探讨了领导者与单个下属的互动关系，这与实际领导情境有很大差距（Avolio et al.，2009；俞达 等，2002），它对高层领导者领导力的解释和预测能力十分有限。为了扩展关系领导理论的适用范围，后来衍生出两条新的发展路径。其一是有很多研究考察群体或组织中同一领导者与不同下属的 LMX 的差异对结果变量的影响（来宪伟 等，2018）；其二是把社会网络理论与 LMX 理论结合起来进行扩展，提出领导的社会网络理论（Sparrowe et al.，1997，2005；Balkundi et al.，2006）和共享网络领导的 LMX-MMX 理论（Graen，2006）。扩展后的理论主张将组织视为相互依赖的二元关系系统或社会关系网络，在整体网络的框架下讨论领导者—下属关系。这一拓展使关系具有更丰富的内涵，即不仅包含领导者—下属二元对子间的交换关系，也更重视关系的资源观，即关系能为参与者提供地位和影响力，以及获取资源的机会（Brass et al.，1999；Goodwin et al.，2009；Mehra et al.，2006；Podolny et al.，1997；Sparrowe et al.，1997）。

　　中国组织中的上下级关系是否与西方有所不同？这是本土管理学者关心的一个问题（Law et al.，2000；刘军 等，2008）。借鉴国外 LMX 的概念及其理论，从社会交换视角来考察主管与下属的关系质量，Law 等（2000）提出了"主管—部属关系"（SSG）的概念，并将其与 LMX 进行了理论和实证上的区分：LMX 严格限制在与工作相关的交换上，而 SSG 则是通过工作之外的私人交换建立起来的二元垂直关系，例如通过工作时间之外的家庭拜访或其他社会活动建立起关系，交换的利益可以是社会的或经济的。此后，也有一些学者将其命名为 LMG（leader-member guanxi），但二者的内涵并没有实质性差异（Chen et al.，2013）。

　　值得注意的是，基于关系的领导理论并无必要否定领导者个性特征和行为风格对领导力的影响。例如，研究发现，领导者的个性特征和行为风格通过影响上下级关系质量而影响领导效能（任孝鹏 等，2005；Dulebohn et al.，2012；Gottfredson et al.，2020）。但是从领导者观点看，它与关系视角的领导力逻辑是存在矛盾的，二者的矛盾突出了一个核心理论问题：领导力是仅仅形成于领导者的个人因素，还是形成于领导者同追随者之间的关系？

　　这两种观点的矛盾突出地反映在魅力型领导理论的发展上。领导魅力从哪里来？是来自领导者本人，还是来自领导者与追随者之间的关系？或有其他来源？ Beyer（1999）就曾提出，要对领导魅力进行理论化，一个关键的问题在于要认清魅力究竟属于某一个体、某种关系还是某种特定的情境。House 等（1991）深入研究了相关文献和魅力型领导现象之后认为，魅力是领导者与其下属或其他追随者之间的纽带，魅力型领导者的人格特征有助于促进其同下属之间魅力型关系的形成。20 世纪 90 年代后，研究者更多地从关系的视角来看待领导魅力（House et al.，1991；Howell et al.，2005；Klein et al.，1995；Shamir et al.，1993；Waldman et al.，2004），从而形成了以关系为中心的领导魅力理论。该理论主张魅力存在于领导者—追随者的互动关系之中，魅力是领导者和追随者在特定情境中共同构建出来的。

## 2.3　领导力来源观点之三：组织愿景

　　"如果没有愿景，人类将会消亡。"这是一句宗教名言。领导力来源的第三种观点就是基于组织愿景（vision）的观点。这一观点来源于新魅力型领导理论（neocharismatic theory），尤其是关于魅力型、愿景型和变革型领导的研究。自 20 世纪 70 年代末 80 年代初以来，魅力型领导、变革型领导等新魅力型领导吸引了大量研究者的注意力，相关的研究成果层出不穷，成为过去四十年领导力研究的主流对象（House et al.，1997；Zhu et al.，2019）。

　　Berson 等（2001）在回顾领导文献和现象时发现，卓越领导者在下属眼中通常以激励人心、感召力强或是怀有远大愿景的形象出现。领导者用愿景来激励下属，强化下属的集体认同，从而激励下属给工作赋予更多的意义，并对领导者进行更强烈的魅力归因，进而导致更高的绩效表现，有助于创新和提升创造力（Bryman，1992；Conger et al.，1988；Mascareño et al.，2020；Shamir et al.，1993；Young et al.，2013；Yukl，2002；谢文钰 等，2020；张素雅 等，2016）。

在学者们研究的与领导魅力有关的具体领导行为中，愿景的作用尤为突出。例如，Bennis 等（2003）通过研究 60 位美国成功的企业家和 30 位杰出的公共组织领导者，发现有远见的领导者在任职初期非常重视方向的选择，他们会在心中勾画出一个具有可能性的、理想中的组织未来图景，即愿景，并通过沟通把组织中所有人的注意力都集中到这上面来。Bennis 等（2003）认为，领导要想取得成功，一个阐述得清清楚楚的、广泛认可的愿景是最关键的要素之一。

什么是愿景？ Conger 等（1998）认为，愿景是领导者提出的一系列理想化目标，代表了下属共享的某种视角，并对下属具有丰富的意义内涵；愿景通常包含了理想化的未来状态、明确的目的性以及对组织的特殊意义。对组织而言，愿景是人们（尤其是组织的领导者）设想的组织变化的未来可能性和其所渴望的将来，它表现了乐观主义精神和人们所期待的未来状态。愿景反映出人们对组织未来的信心。最好的愿景既是理想的也是独特的，它应该是现实主义与乐观的理想主义的结合。当组织愿景被其成员共享后，该愿景就变成了共同愿景，共同愿景是组织中全体成员共同发自内心的愿望与想象中的组织的未来景象，彼得·圣吉（1994）认为，它是人们心中一股深受感召的力量。

新魅力型领导理论的研究者大量借鉴心理学研究中的自我概念、价值观和愿景激励等动机理论的内容，将研究者的关注点引向追随者的动机，主张领导者通过沟通鼓舞人心的未来愿景来动员追随者，这对领导力来说是至关重要的（Bass，1985；Burns，1978；Conger et al.，1987，1998；Shamir et al.，1993；Stam et al.，2014）。愿景型领导理论、变革型领导理论、魅力型领导理论等新魅力型领导理论都无一例外地强调富有吸引力的愿景的强大作用及其对下属的深远影响（van Knippenberg et al.，2014），而且这一影响是超越民族文化的。Bass（1985）在 Burns（1978）及其他人研究的基础上指出，以前的领导模式都是以交易为导向的，即注重双方对于交易义务的履行，他主张领导力应当去解释追随者如何受到愿景和理想化使命的感召，并取得超越预期的绩效。无论是愿景还是魅力，它们都反映出一个共同的基本观点，即领导力建立在领导者对追随者的心理动力的影响基础之上。而这种对心理动力的影响通常与下属憧憬和渴望的未来状态或未来自我形象直接关联（Stam et al.，2014）。

在新魅力型领导理论看来，领导力的形成基础是领导者运用愿景感召员工，对追随者进行观念转换与提升，使之与组织利益保持一致（Bass，1985；Bennis et al.，1985；Burns，1978；Conger et al.，1987，1998；Shamir et al.，1993）。根据这些领导理论，领导者不仅仅需要重视与下属建立社会联系和提升关系质量，而且需要将下属的需要、价值观、偏好和渴望从关心个人利益转向关心集体利益，从而导致追随者对领导者的使命与愿景有高度的认同，愿意为了组织使命做出自我牺牲（Shamir et al.，1993）。具体说来，根据马斯洛的需求层次理论，变革型或魅力型领导者能够将下属的需要从较低层次提升到较高层次（Burns，1978；Bass，1985）；他们能提高下属的道德水平和公正性（Burns，1978），并成功地激励下属为团队、组织的目标牺牲个人的自我利益（House，1977；Burns，1978）。

然而这样的理论解释更像一种社会观察，其背后的人格动力转换在现有的动机心理学理论中很难得到解释，这些领导理论也都没有为这种深远的影响赖以产生的动机过程提供严谨的理论逻辑。愿景为什么能够如此神奇和有效？对这一重要问题既缺少有力的理论解释，也缺少丰富的实证研究，西方动机心理学理论没有为这样一种领导效应提供理论基础。在西方的动机理论中，人类动机产生的基础主要有需要、目标设置、社会认知、成就目标、未来目标、自我概念、调节点（regulatory focus）、内部动机等。是一种什么样的力量驱使人们为追求愿景而做出超乎寻常的努力？寻找这样的动机力量在现有的西方动机心理学中是很困难的。

## 2.4　领导力来源观点之四：下属认同与追随

在领导理论和领导实践研究中，人们重视和关注的往往是领导者，而下属或者追随者在领导力形成中的作用则往往被低估甚至被忽视（Avolio et al.，2009；Bjugstad et al.，2006；Kellerman，2008；Uhl-Bien et al.，2014）。在回答领导力来源这一问题时，主流的研究者很少从下属视角进行考虑。但是，自上而下单向影响的理论视角无法完整地理解领导力的形成。在此背景下，一些学者开始将研究视角转向追随者一方。追随或追随力（followership）、员工对领导的认同，以及内隐领导和员工的领导偏好研究逐步进入领导力研究领域。其中关于下属追随的研究在一定程度上弥补了新魅力型领导理论的不足（罗文豪 等，2021），因为以愿景和魅力为核心的领导力离不开追随者的认同与追随（Collinson，2006）。没有下属的认同与追随，领导者的魅力无从表现，领导力也不复存在。由此形成了领导力来源的第四种观点，即基于下属认同与追随的观点。

目前关于追随的研究有三种不同的视角：一是行为视角，主要研究的是追随者在追随过程中表现出来的行为特征（Chaleff，1995；陶厚永 等，2014）；二是能力视角，将追随看作追随者协助支持领导者并追求实现组织目标的一种能力（Bjugstad et al.，2006；曹元坤 等，2013；刘毅 等，2016）；三是关系视角，认为追随蕴含的是领导者与追随者之间的关系（Bastardoz et al.，2019；Carsten et al.，2010）。即便目前学术界对追随尚没有一致的界定（原涛 等，2010），我们还是可以清晰地认识到，涉足追随研究的学者有一个共同愿望：试图跳出传统领导研究聚焦自上而下单向影响的桎梏，从追随者的角度出发重新思考领导问题。

人们为什么会追随领导者？对这一问题的解答涉及对于追随动机的分析。在现有研究中，针对追随动机的探讨仍以理论分析为主，尚缺乏充分的实证考察。Ehrhart 等（2001）强调相似吸引。与之类似，Padilla 等（2007）认为，当员工与领导者之间存在共同的人格特征、自我概念、价值观、情感依附时，员工更愿意追随领导者，并成为追随者。Van Vugt 等（2008）则主张追随能够帮助追随者更多地获取资源。当追随能够给员工带来可能的收益或促进个人目标实现时，或者当不追随可能给员工带来风险与惩罚时，员工会在"收益—代价"判断的基础上产生对于领导者的追随。类似地，Bastardoz 等（2019）从演化视角（evolutionary perspective）解释了基于收益判断的追随形成的原因。Collinson（2006）则从个体自我的角度对追随做出了剖析，他认为每一个个体都存在自我概念，这种自我概念会决定个体在与领导者的互动过程中对领导者的追随程度。当领导者的领导行为满足了个体的需求、符合个体的自我概念时，员工会形成对领导者的心理认同，从而产生追随。离开员工对领导的心理认同，很难想象下属会产生主动追随的意愿。

Hogg（2001）将社会认同理论的基本观点用于考察组织或群体中的领导现象，并系统阐述了员工对领导的社会认同理论。该理论的核心思想是：领导有效性源于组织内部员工对领导的认知评价，而这种认知评价受到员工心中的领导原型以及他们对组织中实际领导者所持态度的影响。Hogg 等（2003）研究发现，在组织中，领导者的行为表现是否与员工心中的领导原型特征相符合，决定了员工对领导的认知评价与工作态度。

那么，人们会倾向于认同什么样的领导者？内隐领导研究对此作了回答。内隐领导是指个体对理想的领导者应有的特征和行为的期望（Lord et al.，1984；Offermann et al.，1994）。Lord 等（1982）认为，员工在工作中频繁地与领导者进行互动，其头脑中存在某种关于理想化的领导者特质及行为的想象，这种员工本人所持有的对于领导者应该具有的特质或者行为的预期，被称作员工本人的内隐领导。内隐领导理论将员工的认知过程在领导过程中所发挥的作用作为研究的出发点，目标人物的特征及行为同感知者的内隐领导原型越匹配，那么该目标人物就越可能被感知者认为是领导者（Gawronski et al.，2011）。关于领导者涌现的动态研究发现（Kalish et al.，2021），随着相处时间增加，上下级距离的拉进会导致下属评价领导者是否符合其内隐领导原型的标准发生变化：在交往初期，下属倾向于以领导者的外显因素（例如性别、吸引人的面容、外向的性格）为评价依据；在交往后期，下属倾向于以领导者的内在因素（例如责任心）为评价依据。

国内学者凌文辁等（1991）的研究表明，中国人的内隐领导原型包括个人品德（例如大公无私、以身作则等）、目标有效性（例如有远见卓识、办事果断等）、人际能力（例如善于交际、有风度等）、才能多面性（例如富有想象力、有冒险精神等）四个维度，基本与西方的研究结果相似。考虑到改革开放后中国社会的巨大变化和西方外来文化潜移默化的影响，林琼（2003）重新调查分析了中国人的内隐领导原型，结果发现中国人的内隐领导原型仍包括这四个维度，但每个维度的条目有变化，个人品德成为内隐领导原型最重要的因素。这说明个体的内隐领导原型构成维度是稳定的，但其结构特征会随时代变迁有一些变化。

总的说来，下属视角的研究在向多个方向发展，其共同特征是将关注的焦点放在组织中的员工身上，认为领导力的形成及其有效性的发挥有赖于员工对领导的认知、评价以及由此形成的心理认同和行动。正如 Sims（1977）所说，领导力源自下属对领导者行动的感知。这种感知形成于组织内部"领导者、下属以及组织情境"之间频繁的互动（Broome et al., 2004）。在这些因素持续发生互动的领导过程中，领导力并不依赖于某一个独立的个体或者被任命为领导者的权力人物，领导力是在一定的组织情境下，通过领导者和追随者之间的互动而逐步出现的。领导力的形成有赖于员工本人对领导现象的认知与评价，以及由此引发的认同与追随。

## 2.5　领导力来源观点之五：自组织涌现

Uhl-Bien 等（2007）认为，20 世纪的领导模式基本是自上而下的官僚范式的产物，这些领导模式更适用于应对工业经济时代的技术性挑战，而不太适用于应对知识经济时代特有的适应性挑战。在这一背景下，复杂性理论（complexity theories），尤其是复杂适应系统即 CAS 理论的引入，给组织领导力研究提供了一个新的范式（Uhl-Bien et al., 2009），为解答当前领导力研究中遇到的许多问题提供了新的方法论（Guastello，1998；Marion et al.，2001；Rosenhead et al.，2019）。

CAS 理论由遗传算法之父约翰·霍兰于 1994 年提出，之后迅速引起学界广泛关注，被尝试用于观察和研究各种不同领域的复杂系统。所谓复杂适应系统，是指由按一定规则进行非线性相互作用的行为主体所组成的动态系统，其中的行为主体被称作适应性主体（霍兰，2001）。这些主体能够创造性地解决问题，能够迅速学习和适应周围的环境（Carley et al.，1998）。根据 CAS 理论，组织成员应该被看作具有目的性、主动性和积极性的适应性主体（adaptive agent），拥有自组织（self-organization）功能。CAS 理论认为个体的主动性是复杂性产生和复杂系统进化的基本动因。这与原来把员工看成是领导的被动影响对象有本质的不同。CAS 理论最大的魅力在于，它认为主体与环境的互动是系统整体进化的基础，即组织适应环境的能力是从组织中的适应性主体不断地与环境互动的过程中获得的（霍兰，2001）。互动指的是主体与主体之间以及主体与周边环境之间的交流、合作、协同、互补和竞争等等。

在 CAS 理论看来（霍兰，2001），作为复杂适应系统的组织，提高适应性的关键是提高其复杂性，而组织的复杂性来源于员工与环境的持续互动。在此思想的影响下，一些学者开始研究复杂性领导（complexity leadership），着眼于运用 CAS 的方法论分析领导力的形成问题，认为组织领导力是在复杂动态过程（complex dynamic process）中通过自组织机制涌现出来的，领导力涌现于整个组织之中（Guastello，1998；Lichtenstein et al.，2009；Rosenhead et al.，2019；Schneider et al.，2006；Uhl-bien et al.，2017，2018）。由此形成了领导力来源的第五种观点，即基于自组织涌现的观点。

现有的基于 CAS 视角的领导理论研究主要从复杂性理论中的涌现和互动两个关键概念的角度重新解释了领导力的概念和产生过程。Marion 等（2001）在《复杂组织中的领导》（Leadership in Complex Organization）一文中全面讨论了 CAS 视角对研究领导问题所具有的范式改变意义。此后，Marion 等和其他学者一道进一步拓展了基于 CAS 的领导研究（Marion et al.，2001，2007；Lichtenstein et al.，2007；Uhl-Bien et al.，2007），并提出了复杂性领导理论。该理论认为，组织作为一种复杂适应系统，组织中的领导是指一种涌现于行动者复杂互动之中的、能带来适应性结果（包括学习能力、创新和适应性）的动态过程。复杂性领导理论关注的焦点是各行动者之间的动态复杂互动过程，以及如何从个体互动中涌现出组织层面的适应性结果。Marion 与其合作者还进一步探讨了领导力从复杂动态过程中涌现的机制，他们认为，在互动中形成的集体身份（collective identity）和压力（tension）是适应性领导（adaptive leadership）涌现的驱动者（driver）。Uhl-bien 等（2017，2018）基于复杂性领导理论，从领导力涌现的视角提出了组织适应性领导力的综合框架。还有一些文献也认为，领导力涌现于整个组织之中（Lichtenstein et al.，2009；Uhl-Bien et al.，2009；Uhl-Bien et al.，2007）。

虽然当前基于复杂性领导理论的研究还处在发展的起步阶段，有很多未解问题（Hazy et al.，2007；Rosenhead et al.，2019；Tourish，2018），但这一研究为从系统的视角考察组织领导力的动态形成过程提供了新的理论与方法论基础，例如为分析制度领导力、文化领导力以及员工的自我领导同组织领导力的关系提供了新的理论基础。但复杂适应系统作为一种理论原型和方法论如何被具体运用于领导力研究？目前研究成果还比较匮乏，需要进一步探索。

在我们看来，员工自我领导是探索组织领导力涌现的重要基础。愿景型领导、变革型领导、魅力型领导等新魅力型领导理论都无一例外地强调了富有吸引力的愿景的强大作用及其对下属的深远影响（van Knippenberg et al.，2014；贾良定 等，2004；李效云 等，2004）。新魅力型领导理论及其领导实践在突出愿景共享作用的同时，也蕴含着领导理论发展的另一种可能性：员工是否可以在共享组织愿景的前提下自己组织起来，并为实现共同的目标而努力？这一问题只要与追随视角和复杂性领导的自组织观点相结合，就可能出现一个新的领导概念：员工自我领导。在组织管理实践中，自我领导本来就在某些组织中存在，剩下的问题只是谁去发现它，并把它带到领导力研究的舞台上。终于在 1986 年，曼斯（Manz）在《管理学评论》上发表了一篇论文《自我领导：组织中自我影响过程的理论拓展》，开创了自我领导（self-leadership）理论的先河。"自我领导"概念从提出便在一定程度上挑战了传统领导理论的假设，即人们不一定需要一个明确的领导者，自己可以作为自己的领导者，依靠自身力量进行领导活动（Manz，1986；Stewart，Courtright et al.，2019）。

Manz（1986）将自我领导界定为个体通过自我指导与自我激励以达成行为绩效的自我影响过程。在这个过程中个体可以基于自身对工作任务的内在动机来设定工作目标和行为准则，进而通过恰当的内在激励和认知、行为策略来达成预期的目标。在曼斯的这一定义中，存在一个突出的、可引起认识分歧的理论问题，即什么是领导。孤立的个体影响自己实现个人目标而非群体或组织目标的过程是否可以被称为领导过程？在我们看来这是需要进一步研究的问题。如果这一问题不解决，对自我领导本质的认识就可能会发生偏差。

## 2.6　关于领导力来源的现有观点存在的问题与未来研究方向

分析比较上述领导力来源的五种理论观点，可以看出：基于领导者的观点片面夸大了领导者的个人因素在领导力形成中的作用，而且没有为其作用做好定位，缺少理论基础，更没有为哪些个人特质或行为可以生成领导力提供约束性或边界条件；基于领导者与下属关系的观点比较适用于分析小群体领导，很难用来分析组织层面的领导力形成机制；基于组织愿景的观点抓住了领导力形成中的动机过程与新的人性特征，但偏向自上而下的单向影响，缺少员工与组织视角的分析，亟须动机理论的突破作为理论支持；基于下属认同与追随的观点是对聚焦自上而下单向影响的领导理论的一个很好的补充，但对领导者和领导者—追随者的互动关系关注不足，片面强调追随者在领导力形成中的作用，因此无法从一个完整的视角来研究，发展空间有限；基于自组织涌现的观点有新颖的理论基础，但尚处于理论借鉴和初步探索阶段，未来需要超越理论模仿，真正结合领导过程进行理论探讨。

分析这些理论观点，可以发现当前领导理论存在四大基本问题，未来研究如能致力于解决这些问题，将会打开新的理论发展空间。

（1）理论基础薄弱。例如，领导的特质理论和行为理论无法预测领导者的哪些特质和行为同领导力有关，愿景型领导理论无法解释伟大的组织愿景为什么会引发和保持如此强大的精神动力。领导与方向有关，也与人有关，但西方领导理论的发展一直没有给人性假设一个恰当的位置，未来需要将领导理论建立在更真实的人性假设基础之上。在管理的人性化与个性化要求越来越高的时代，以人为本的大旗高高扬起，扭曲和违背人性的管理实践不太可能生成领导力。

（2）自上而下单向影响的观念十分突出。在现有主流的领导理论中，聚焦于自上而下单向影响的现象十分突出。将领导力研究等同于领导者的个性与行为研究在学术界依然流行。即使是基于愿景和魅力的观点、领导者与下属关系的观点，关注的焦点依然主要是领导者的作用。然而，越来越多的理论与实践却表明，追随者有自己的基本需要和独立的意志，他们寻求满足个人的自主、胜任、关系、成长等基本需要，他们在本质上不是被动的影响接受者（曹仰锋，2014；杜艺珊 等，2021）。Uhl-Bien 等（2007）认为，20 世纪的领导模式一直是自上而下的官僚范式的产物，这些模式对以物品生产为前提的经济很有效，而不太适合更多以知识为导向的经济。

（3）整合视角的理论开发严重不足。在领导力来源的五种理论观点中，关系视角和自组织视角是两种比较整合的理论视角，如果能够将二者结合起来，再融入领导者因素、下属视角和愿景型领导思想，并为理论整合建立起扎实的逻辑基础和事实基础，理论发展将大有作为。

（4）线性的还原主义方法论盛行。把领导力研究还原为领导者的特质、行为研究或者追随者的感知或内隐领导研究，这一研究思路依然流行。还原主义方法论难以满足组织领导力研究的要求，未来研究需要超越当前领导理论中的还原主义方法论，引入系统科学方法论，发展更加全面的领导理论。

面向未来，我们认为，在研究领导力来源问题时，需要从以下方面做出努力：

第一，超越聚焦于领导者的领导理论视角和还原主义方法论，整合领导与追随的二元过程，继承关系视角和自组织视角，构建完整的领导理论原型。

第二，将领导理论建立在真实、全面的人性假设基础之上，正确认识文化情境的作用，处理好领导过程中文化与人性的关系。超越（而非否定）人的文化性，着眼于人的根本属性和人类的文化选择性，是理解领导和领导力的重要前提。例如，关于授权赋能效用研究的元分析显示：在东西方差异上，领导授权赋能与个体（团队）绩效、个体（团队）任务绩效的相关性均为东亚样本更强、欧美样本更弱（张建平 等，2021）。这一结果如果完全从传统文化角度来理解就比较困难。此外，领导力研究的 GLOBE 项目在研究了全球 62 个国家和地区 825 个组织中的 18 000 名领导者后发现，无论是在哪个国家和地区，变革型领导的许多要素都与有效领导相关联，该研究项目发现全球适用的领导力要素有愿景、前瞻性、提供鼓励、值得信任、活力、积极性、主动性。这一结果也值得我们深思：为什么这些领导要素在全球不同国家会具有普适性？探索领导规律时，除了考虑文化情境因素之外，还需要考虑什么？中国领导力研究要实现从"照着讲"到"接着讲"，再到"结合讲"（孙秀丽 等，2020），到底应该如何做、讲什么？

第三，发展动机与人格理论，为基于愿景与追随的领导力生成机制提供理论基础。强调理性和个人利益的西方动机理论在遭遇新魅力型领导理论所描述的领导实践时都处于尴尬的境地。一方面，从实际发生的领导实践来看，新魅力型领导理论描述的现象是客观的，在强大的愿景感召下，追随者确实在动机与人格上发生了显著的质的转变与超越（例如宗教信徒、革命战士等）；另一方面，当代动机与人格心理学理论没有为这样一种影响提供理论支持与有效的解释逻辑。因此，在心理动力学理论和愿景型、魅力型领导实践之间存在一条难以逾越的理论鸿沟。如果不跨越这一理论鸿沟，我们就不可能架起连接动机理论与愿景型、魅力型领导实践的桥梁。

第四，深入研究优秀企业的领导实践，为组织领导力的理论创新奠定事实根基。"格物致知"是儒家思想的重要方法论，"实践是检验真理的唯一标准"是马克思主义认识论的一条基本原则，是中国共产党的思想路线的重要组成部分。理论不会凭空产生，即使有凭空产生的理论也需要接受实践的检验。20 世纪 80 年代以来，国内外涌现出一大批优秀的企业，深入研究其中优秀的领导实践，只要视角与方法得当，就可能孕育出经得起实践检验的新领导理论。

# 第 3 章

# 领导理论构建的哲学思考

现有领导理论存在众多理论视角，但是基本没有元理论，即理论的理论。不仅如此，管理学研究虽已有百年历史，但对什么是理论仍无定论。这本来不应该再是一个影响理论建构和理论发展的管理哲学问题，然而，事实上这还真是一个误解深重的管理学基础问题（章凯 等，2015）。此外，在不同的文化中，领导力是否有共同的本源，或者说共同的本质和形成规律？这是领导理论研究必须正视和回答的基本问题。正因此，我们在开发领导理论时必须反思自己的理论界定和理论构建的哲学基础，明确基本观点，这也是决定一个理论能走多远的重要逻辑基础。在探索领导力的基础理论之前，本章旨在明确这两个基本问题，为后续研究扫除认识偏差与信念障碍。

## 3.1　科学理论的功能

检验与发展理论是科学研究的灵魂，任何领域的科学探索都需要坚实的理论发展（Ferris et al.，2012）。20 世纪著名的科学哲学家亨佩尔（Hempel，1965）认为，科学具备两大基本功能：一是充分描述所观察到的现象；二是建构理论，并通过理论解释和预测事件与客观对象。由此看来，一方面，充分地探索和描述所研究的对象是学科理论发展的基础，没有坚实、充分的现象与事实作为理论建构的基础，就会出现盲人摸象式的理论建构；另一方面，仅仅有现象描述也不能发展科学，还必须开发具有完整的解释和预测现象能力的科学理论。

　　在我们看来，理论作为一种人造物，它必然服务于人类认识世界的目的。理论的特征是由其功能决定的，而不是相反。我们认为，理论的功能在于帮助人们正确地解释和预测认识对象，并指导人们合理地利用和改造它，以更好地服务于人类的社会实践。一门科学如果没有理论的发展，将只能停留在描述观测现象的水平上，而无法在描述现象的基础上给出一致性的解释，更加难以预测那些尚未观测到的事件和现象，更不用说根据理论去利用和改造客观对象。因此，领导理论研究的发展方向应该是开发兼有解释、预测和指导领导实践功能的理论。

　　在管理学科中，理论的上述三项功能的展现存在一定的不平衡。据笔者观察，当前管理研究中对于理论功能的认识存在重解释而轻预测与实践指导的倾向，这种倾向不利于管理学科的长期发展。解释管理现象固然有助于增进我们对于现实世界的认识，但却不足以帮助我们超越眼下的管理实践，并为组织管理活动的进步和革新指明方向。完整地理解理论的功能，并依此建构和检验管理理论，对管理学研究的健康发展十分重要。然而，管理研究的现状却并非如此。究其根源，我们需要分析理论的本质特征，并清醒地认识到当前主流管理学文献对理论概念的片面理解。

## 3.2　主流管理学文献对科学理论特征的普遍误读

　　理论是什么？对于这一高度抽象问题的认识，西方管理学者们原本存在很大的困惑和不一致（Ferris et al., 2012），但在目前主流的实证研究范式中，西方管理学者们的认识似乎已经高度统一。Merton（1968）将理论视为在逻辑上相互联系并能获得实证性检验的若干命题。Bacharach（1989）则认为理论是在一定的边界假设和限制下对概念之间的关系所作的陈述，是一个由概念和变量构成的系统，在这个系统中，概念之间通过命题联系在一起，变量之间则通过假设联系在一起。Corley等（2011）认为理论是概念及其之间相互关系的一种表述，其目的在于说明特定的现象如何以及为何产生。在行为科学领域，Kerlinger（1986）对理论的界定比较流行，他认为理论是一组相互关联的构念（construct）、定义和命题，通过变量之间的特定关系揭示现象，目的是解释和预测现象。陈昭全等（2012）将理论区分为抽象的理论和操作的理论，认为抽象的理论由概念和命题构成，而操作的理论则由变量和假设构成。目前在组织管理学科内，基本公认的理论特征是：理论表明的是在相应的逻辑和假设前提下对于一系列概念之间的关系的系统性解释，在这个系统中，概念与概念之间通过命题相联系，变量与变量之间则通过假设联系在一起（Ferris et al.，2012；陈昭全 等，2012）。而且，在主流的管理学文献中，理论命题与理论假设的表达形式也往往是一致的，只是二者分别出现在概念性论文和实证性论文中。

那么，当前管理学界对于理论的这种认识是否比较准确地反映了科学理论的本质特点呢？对于这一问题，我们可以从以下三个方面来加以研判（章凯 等，2015）。

第一，从内容上分析，理论拥有多种不同的基本形态。研究表明，在成熟学科的理论发展中出现了五种不同的基本理论形态，分别是旨在揭示事物内在结构的结构型理论、旨在揭示事物本质属性的本质型理论、旨在揭示不同事物或现象间相互关系的关系型理论（又可细分为概念型关系理论和变量型关系理论）、旨在揭示事物及事物间关系演变趋势的演变型理论，以及着重于审视学科性质和现有理论形态的元理论（章凯 等，2012）。在当前的管理研究中，占据主导地位的多是结构型理论和变量型关系理论，本质型理论、演变型理论和元理论都存在发展不足和研究匮乏的问题。这些问题的出现与上文的理论定义不无关系。正是由于管理学研究对于理论的理解多局限于构念、变量以及它们之间的联系，才使得有关考察对象本质及其变化规律的理论严重不足，也使引导学科发展的元理论很难发展起来。

以变革型领导（transformational leadership）研究为例，虽然 Bass（1985）提出的变革型领导包括领袖魅力、感召力、智力刺激和个性化关怀四个维度，但其选择标准是不清楚的，各维度之间的内在联系也是不清晰的（van Knippenberg et al.，2013）。什么是变革型领导？这一基本问题至今仍然缺少深入研究。在理论上，学者们只是将能够产生不寻常的或者超越预期绩效的领导模式称为变革型领导;变革型领导的形成条件与演变规律是不清楚的,领导力的元理论也是缺乏的;变革型领导与其他变量之间的关系研究基本都是小模型的、碎片化的,没有形成理论体系,更没有抽取和总结出一般性理论。在方法上,变革型领导就是那些测量项目测量到的东西。事实上,即便变革型领导作为领导力研究的一个热门概念和热门研究变量,经历了四十多年的研究,它在理论建构上仍然缺少基础逻辑。

第二,从理论的表达形式来看,不同学科由于研究对象的差异,主要的理论表达形式可能有显著的不同。例如,在物理学的运动力学中,理论通常以概念界定和变量关系的形式出现,如牛顿力学第二定律揭示了物体运动的速度变化(加速度)同其受力状况和自身质量的关系。这一理论表达形式与管理学文献中的理论形式描述是较为一致的。但在化学中,许多重要理论都不是通过变量关系或构念之间的线性或非线性关系来表达的,例如原子结构理论、分子结构与分子运动论、核外电子运动理论、化合价理论、元素周期律等。在生物学中,细胞理论与遗传规律也不是通过构念之间或变量之间的线性或非线性关系来表达的。从上述多学科的比较可以发现,理论表达并没有统一的形式,提出理论的关键是使其服务于认识研究对象。理论表现形式需要服务于研究问题的需要,服务于学科发展和理论功能的实现。Dubin(1976)对理论的界定也可以说明这一点,他将理论看作人类对现实世界中的一些侧面尝试进行的模拟。因此,基于概念或变量之间的线性或非线性关系来构建理论,显然只是表达科学理论的多种可能形式之一。

从理论的表达形式和科学发展史分析,现代管理学科在发展过程中很大程度上模仿和借鉴了物理学理论的某些表达方式。然而,相对于物理学中的研究对象而言,管理学的基本研究对象——组织及组织中的人——具有系统性、复杂性和动态性,仅仅基于概念或变量之间的线性或非线性关系来建构理论并据此认识组织和人,目前看来并不能很好地适应组织管理学科发展的需要。因此,我们认为,管理学中的理论不应该仅仅局限于变量或构念之间的正向或负向关系,而应对其他可能的理论形式保持足够的开放性,真正以分析和解决问题为中心来建构和检验理论。

　　第三，从对理论属性的界定来看，管理学文献对理论的界定是对理论表达形式的一个描述性界定，而且是一个以偏概全的描述性界定。虽然一些学者在界定时也强调了理论的解释和预测功能，但对理论的本质属性是什么并无任何约定或描述，更没有为保证理论能够实现其解释和预测功能提供任何具体条件。事实上，对理论的如此界定已经让很多管理研究者认为：只要提出新的概念联系或检验了新的变量关系模型，就会有理论贡献。于是，学术期刊不断发表新的变量关系模型，而不管这样的模型与真实世界的管理现象有何联系，也不思考这些模型针对什么学科问题、在学科发展中有何意义。最终的结果就是导致大量管理学研究明显脱离实际，管理理论不能很好地解释和预测真实世界中发生的管理现象。

　　总之，现有主流管理学文献关于理论的认识基本是对理论表述本身的某些特征与构成要素的归纳，基本没有涉及理论作为一种人造物与事实的关系，以及理论何以能够承担起自身应有的解释、预测和改造功能。按照科学哲学家库恩（Kuhn，1970）的观点，科学既表现为一套知识体系，也表现为学者们基于一定范式的专业活动。管理学研究出现上述状况而缺乏足够的自省，在很大程度上是由于存在偏差的研究范式代代相传。对理论属性与特征的描述性理解也能够解释为什么领导力研究至今依然没有基础理论，原因在于这些研究在起点就偏离了理论创新。

## 3.3　科学理论的本质特征与理论启示

　　鉴于管理学界当前对理论本身的认识偏差，我们有必要把眼光抛向理论相对成熟的自然科学，看看为了承担起科学理论应有的功能，科学家创造的理论究竟为何物。

　　Hempel（1966）认为，理论追求解释规律性，并且一般地对于所讨论的现象提供更加深入和准确的理解。为此目的，理论将现象看作隐藏在它们背后或之下的实体和过程的显现，这些实体和过程受特定的定律或原理所支配。亨佩尔的论述和分析虽然主要针对自然科学理论，但理论的本质特征不会因学科领域不同而改变，这一理论界定理应适用于管理学科。例如，在以理解个体行为动力为主要内容的动机理论中，尽管学者们提出的不同动机理论（例如需要理论、成就目标理论、期望理论、双因素理论等）在内容上不尽相同，但却都涉及了个体行为动机这一现象背后的实体（例如需要、目标、自我概念等）和过程（例如需要满足、期望、目标激活、目标实现进程等），我们也可以通过这些实体和过程来解释和预测动机对个体行为的影响。

Sutton 等（1995）也认为，强理论能挖掘到隐藏的过程，从而可以用来系统地理解发生的和没发生的事情。强理论会深入到微小的过程，再延伸到周边或上层的概念，联系到广泛的社会现象。它通常会带上一套有逻辑说服力的互相关联的论点。强理论可以指出我们肉眼看不到的意义，这种意义可能会与我们的常识相悖。在我们看来，好的理论是人的第三只眼睛，人们可以借助理论看到未曾出现的世界，并在社会实践和科学研究中得到验证。

对前文提及的管理学文献关于理论的界定与亨佩尔的理论界定进行比较分析，我们可以发现，后者对理论的本质属性进行了明确的规定，即理论追求解释规律性，理论将现象看作其背后或之下的实体和过程的显现，这些实体和过程受特定的定律或原理所支配。正是在这样的本质属性和具体条件下，理论才得以实现其功能，即为研究对象提供更加深入和准确的理解。显然，亨佩尔对理论的界定更加有助于全面地发挥理论在科学研究过程中所承担的功能。按照 Hempel（1966）的观点，科学理论所做出的关于基本过程的假定必须明确，足以容许我们对理论所要解释的现象推导出具体的假设。然而，当前管理学科对于理论的界定只是抓住了理论的表象和一种可能的表达形式，而遗漏和忽视了科学理论最重要的特征——揭示潜藏在现象背后的实体与过程，以及它们所遵循的原理与规律。

综合上述分析，我们不难发现，目前西方主流的管理学文献对于理论的理解有着很大的局限性，对理论赖以实现其功能需要具备的特征和属性关心不够，对概念所代表的现象的本质探索不够，对现象背后形成现象的实体和过程重视不够，更不用说深入讨论这些实体和过程所遵循的原理。例如，研究领导力的学者并不关心变革型领导的本质及其形成机制，研究员工创造力的学者也很少真正关心创造力的形成机制，但这些并不妨碍学者们去搭建和检验领导变量与员工创造力之间的变量关系模型。只要模型是新颖的、有趣的，似乎理论贡献自然就有了。但时至今日，在组织行为学界，关于变革型领导如何影响创造力，我们依然知之甚少。事实上，正是由于当前管理学科对于理论属性的集体误读，才使得学者们对于研究的理论贡献存在认识偏差。在 Whetten（1989）看来，在已有模型中增添或删减变量、增加或改变变量之间的影响关系、识别某一变量关系模型的边界条件等都不能称为真正意义上的理论贡献，真正意义上的理论贡献必须深入地拓展或者改变我们对于理论所表征的现象的理解。换言之，如果一项研究没有揭示所考察现象背后的实体、过程及其所遵循的原理，那它便很难构成真正的理论贡献。

因此，理论追求解释规律性，理论将现象看作其背后或之下的实体和过程的显现，这些实体和过程受特定的定律或原理所支配；研究者构建理论应旨在帮助人们正确地解释和预测认识对象，并指导相关的社会实践。这一结论对理论开发有如下两方面的启示：

第一，管理学者们在建构和发展管理理论时，需要考虑完整地发挥理论的解释、预测和实践指导功能。例如领导的特质理论和行为理论都只是描述了优秀的领导者具有哪些特质和行为，而对为什么人们具有这些特质和行为可以提升领导力，却没有任何理论解释。因此，严格说来，特质理论或行为理论是对有效领导者个性与行为特征的不完全归纳，只是假设了某些特质或行为与领导力有因果联系，既没有揭示领导者的这些特质或行为生成领导力的机制或过程，也没有说明这些特质或行为在生成领导力时遵循的原理。因此，它们都没有达到科学理论的境界。

第二，亨佩尔对于理论特征的界定启发我们，在发展管理理论的过程中，要重视对于管理现象背后的实体和过程的深入研究。回顾组织管理学科的理论发展进程，我们发现当前学科理论发展之所以停滞不前，关键症结便在于缺乏对于管理对象本身的研究，从哲学上来说就是缺乏对于事物本体的研究。在当前西方主导的实证主义研究范式下，管理学者们发展某一研究主题的一般轨迹往往是：概念提炼—量表开发—前因后果检验—调节和中介模型推导与检验—元分析。这样的过程周而复始，从一个概念到另一个概念，其结果自然是组织管理学科内新的概念与变量层出不穷，发表的论文数量更是日益激增。遗憾的是，很少有人关注变量和变量关系背后的管理现象以及现象赖以产生的实体和过程，更不用说探索实体和过程所应遵循的原理与规律了。以领导力研究为例，作为管理学科中的一个重点领域，其研究文献汗牛充栋，然而有关领导力背后的实体和过程的理论却乏善可陈。例如，变革型领导是过去四十多年间最受关注的领导概念，在该领域已经积累了大量的研究成果。然而，根据 van Knippenberg 等（2013）的分析，变革型领导的内涵界定依然不清晰，各个维度的选择标准缺失，维度间的相互关系不明确。学者们主要是通过其包含的维度及其与其他变量之间的关系来认识变革型领导，但对于"变革型领导是什么"这一基本理论问题缺乏深入探讨，对于变革型领导赖以形成的实体和过程知之甚少。可以说，变革型领导的相关研究在当前组织管理学科内有着很强的典型性，突出地表现为缺乏对研究对象本身的深入研究，自然也背离了亨佩尔对于理论内涵的界定。这样的理论贡献虽然可以较为快速地扩展概念或变量关系网络，但事实上未能加深我们对于研究对象本身的认识，最终使研究积累既没有很好地服务于学科发展，也难以真正指导领导实践，以至于 van Knippenberg 等（2013）呼吁同行们在领导力研究中应该放弃相关领导概念。

## 3.4　领导力是否存在普适性理论

信念是思考的先导，信念出了问题，理论开发的方向就会出现偏差甚至错误。就像物理学家研究光的理论时，如果把光的波动性和粒子性对立起来，就不可能建立起完整的光的理论。探讨领导力的本质与规律，首先涉及一个基本信念问题：优秀的领导实践和强大的领导力背后是否存在普适性理论或规律？这一问题与"人的管理是否存在普适性理论或规律"一致。长期以来，管理学界对此问题的解答一直存在较大分歧，学者们往往对此各执一词（章凯 等，2014a）。

持否定态度的学者们相信管理没有普适性理论，或者说管理理论一定是情境性的，依管理对象、制度、文化、人种等的不同而不同（苏敬勤 等，2016）。与此一致，有些学者主张，中国文化是独特的，不同于西方文化，现有的管理理论在很大程度上是美国的管理理论，其通用性值得怀疑（Barney et al.，2009）。该观点背后隐含的假设是：第一，文化是影响管理模式的最核心、最稳定的因素，而且由于各国传统不同，民族文化具有特殊性；第二，作为管理对象的人有主观情感、有思想，而且不可避免地受到所处情境和文化的影响（贾旭东 等，2018）；第三，不同文化隐含着不同的管理理论及其最适用的管理实践，中国式管理不同于西方管理是由中西文化差异决定的，中国式管理是在中国文化中生长出来的，也是最适合中国文化的；第四，理解和揭示现阶段的本土管理现象，构建本土管理理论，从长期看，有助于管理者解决本土管理问题，促进中国组织的发展。但是聚焦于文化情境的领导理论假设在面对中西文化比较研究时经常陷入困境。例如，陈春花等（2016）的元分析发现，相对于西方情境，变革型领导在中国情境下能带来更高的绩效。中国情境下变革型领导对员工个体绩效（任务、关系、创新绩效）、团队绩效、组织绩效均有显著的促进作用，且促进作用均大于西方情境。这一研究结果对如何看待西方领导理论在中国本土管理中的价值具有重要启示。吴春波等（2009）的追踪研究也与本土领导方式必须与中国传统文化相匹配的观点相悖。该研究选取新希望集团的领导者作为研究对象，探索性地研究了领导风格在企业发展不同阶段的演变特征，结果发现：在企业发展的不同阶段，该领导者的领导行为同时表现出了交易型、变革型和家长式等领导行为特点。在创业阶段，领导者的领导风格以家长式领导为主，而进入成长成熟阶段之后，变革型领导行为则逐渐增强并成为主要的领导行为；交易型领导行为强度则在各个阶段保持相对稳定。

持肯定态度的学者们认为，普适的管理理论是存在的，发展普适性理论十分必要，也很重要（李福成，2010；井润田 等，2020；盛昭瀚，2019）。该观点背后隐含的假设是：第一，民族文化虽然相对稳定，但也在演变，文

化不是影响管理理论和最佳管理模式的最核心、最稳定的因素；第二，管理
的主体和客体都是人，不同国家、不同民族的人有共同的人性，他们创造的
文化虽有差异但也有共通性；第三，管理的对象是人和事，东西方管理存在
共同的目的、任务与方法；第四，现有管理理论体系本身不尽完善，需要
我们完善已有理论，提高其普适性，并在那些理论匮乏的领域构建新的普
适性理论。至于管理理论能否在不同情境下保持其解释力的问题，蔡玉麟
（2016）认为这属于"理论应用"的范畴，并且认为现有情境理论无法适用
于某些独特情境，这正意味着情境理论并不是理论的最终形态，它们还需要
修正或发展。在此视角下，普适性理论的存在受到肯定，而情境性理论被认
为是理论发展的初级形态，是处在普适性理论与管理实践之间的次一级理论
（周建波，2016）。实证研究结果也支持了普适性领导理论存在的可能性。领
导力研究的 GLOBE 项目发现，无论是在哪个国家，变革型领导的许多因素
都与有效领导相关联，该研究项目发现全球适用的领导力要素有：愿景、前
瞻性、提供鼓励、值得信任、活力、积极性、主动性。这一结果也值得我们
深思：为什么这些领导力要素在全球不同国家会具有普适性？探索领导规律
时，除了考虑文化情境因素之外，还需要考虑什么？

　　在笔者看来，管理学界对普适性理论是否存在的疑问主要源于管理实践
本身的差异和管理学在实际运用中表现出的艺术性与灵活性。前者本身是社
会文化问题，显然不适合用导致这些管理实践的文化本身来促进其进步。后
者正如蔡玉麟（2016）所言，一些学者混同了理论应用的情境性与理论本
身。在科学中，理论的每一次应用都不是简单的重复或照搬，而是需要结
合具体情境条件进行具体分析，这往往需要有创造性。例如，在物理学领
域，牛顿力学应用于不同的情境时，需要对物体的受力状况进行周到准确的
分析，否则就会得出错误的结论；在化学领域，化学反应的基本原理来自原
子结构核外电子活动的空间分布规律，而不同种类的原子核外电子数是不同
的，因此其在化学反应中需要得到或失去电子的数量也是不同的，而且不同
电子层达到饱和所需要的电子数也有一定差别，这就要求做到具体对象具体
分析。应用理论并不简单，有些时候甚至需要很高的创造性。因此，理论应

用的复杂性与灵活性并不等同于理论本身的情境性，在将普适性的理论运用到具体情境时，必须结合情境特征对其进行灵活的分析和处理。

有些管理学者喜欢用个性否定共性，用管理实践的复杂性、艺术性否定管理规律性的存在，这些认识在科学哲学上都是不能成立的。否定存在普适性管理理论，无论对管理学科的发展还是对中国本土管理研究的推进都没有益处，对本土企业提高管理水平也没有益处。在全球一体化不断加深的今天，中外企业之间之所以能够在管理实践上相互学习和借鉴，正是因为管理实践背后潜藏着一致的规律。举例来说，德鲁克的管理思想显然是以西方数十年前的管理实践为基础提出的，但这些思想时至今日仍然对中国的企业家和企业管理活动有着巨大的启发。可以说，一旦我们揭示出管理活动背后的普适性规律或理论，它们便可以在一定程度上超越时间和空间的阻碍，帮助我们更好地理解、认识、预测和改造管理实践，也可以帮助我们更深入和更系统地认识本土管理实践的现状及其未来发展的方向。事实上，说管理不存在普适性理论，恰恰表明一些学者可能错误地理解了理论，更多地局限于通过现象来理解理论，执着于关注本土文化下管理实践的个性和如何解释这一个性，而忽视了研究者更重要的使命是揭示人的管理的内在逻辑及其发展方向，从而为推动管理进步提供理论指导，促进人、组织与社会获得更好的发展。

第二篇

# 底层逻辑

动机是个体行为的驱动者、组织者以及维系者，理解领导过程首先必须要理解个体的工作动机。本篇旨在探讨领导理论的底层逻辑，即其理论构建的逻辑起点。在对现有的动机理论进行综述和分析之后，系统地介绍和讨论了目标动力学理论对工作动机及其相关理论问题的系统理解。然后基于这一新的动机理论，对领导力生成的底层逻辑进行了深入的探讨，主张个体心理目标的属性与系统决定了有效领导的底层逻辑与发展方向，组织—员工目标融合是领导的首要原则，也是领导力生成的社会心理机制。

# 第 4 章

# 领导力生成的动力学视角：经典动机理论分析

人的行为是由动机驱动、组织和保持的，具有目的性，这是人的行为的基本特征。要理解领导者如何有效地影响追随者，首先必须要理解个体的行为动机。这是从心理动力学视角研究领导力生成机制的逻辑出发点。也正是从这一点出发，我们认为领导的特质理论和行为理论在逻辑起点上就是残缺不全的。

根据第 3 章所介绍的亨佩尔对理论的界定，理解人类动机的关键是揭示动机产生背后的实体和过程，以及这一实体和过程所遵循的基本原理。为了揭示领导力背后的动机原理，我们在本章首先介绍相关的西方理论，包括揭示个体动机赖以产生的心理基础的理论（包括动机的需要理论、自我决定理论、目标理论、自我概念理论、自我调节倾向理论等）和分析动机激发过程的理论（包括自我效能感理论、期望理论、目标设置理论等）。下面分别简要介绍和分析这些动机理论的主要观点及其局限性。

## 4.1 动机的需要理论

人类对需要的研究历史悠久，然而，需要是一种复杂的心理现象，学者们关于需要的研究多半停留在对需要现象的描述和分类上，对需要发生的微观机制的研究则比较薄弱。关于人的需要的发生机制，我们把现有的主要观点概括为四种理论假设：本能论、弱本能论、内驱力理论和认知理论。现分别介绍和评述如下。

### 4.1.1　需要发生的基础与机制

1. 本能论

需要发生机制的本能论有两个主要代表人物：麦独孤（William McDougall）和弗洛伊德（Sigmund Freud）。其基本观点是需要产生于人的本能，但他们对本能的认识并不相同。麦独孤最早提出本能是人的内在能量的理论，他认为本能是先天的遗传倾向，决定着人的思想和行动方向。不过麦独孤以目的论的观点来看待本能，反对行为的机械论。麦独孤所说的行为是指生物体表现出来的具有某种意图和目标，以及自我导向性的一系列活动，他强调行为是具有"意向性"的活动（蒋柯 等，2016）。因此，麦独孤认为人的行为的最重要的特征是行为的目的性，目的性的基础是人的本能，本能是一种遗传的或先天的心理倾向。

本能论也反映在弗洛伊德的理论中。弗洛伊德本能论的力量代表是"本我"（id）。弗洛伊德本能论的另一个重要方面是潜意识或无意识，这与本能的作用过程有关。弗洛伊德认为，人的本能欲望或本我存在于个体的潜意识之中，而人格中的自我和超我力量都会约束本我，使得本我不能被容纳在由文化和伦理势力所铸造的个人意识中，这导致由遗传得来的本能冲动在社会中不能像动物那样随便显示出来，人们在社会化过程中必须学习抑制自己的本能。这些本能欲望虽然受到压抑，但并未消失，也没有受损伤，只是不能常态化地出现在意识之中。它会设法掩饰自己，在化装之后又会进入意识，并继续控制人的行为，例如形成梦。

把人的需要归结于没有进化的生物本能，这不完全符合成熟人类个体的实际情况。本能理论家所使用的范例是动物本能，而且关于动物本能的研究形成这样一个原理：本能是强大的、牢固的、不可更改的、不可控制的、难以抑制的。这对低等动物或精神病人来说可能是真实的，但对正常人却并非完全如此。但在一片批评声中，我们仍然需要重视它积极的一面。麦独孤从本能论出发，提出了人类行为的目的论，以行为的目的论反对行为的机械论，这对揭示需要的内在性、目的性有一定的理论意义。弗洛伊德提出了人格结构理论、潜意识理论、人格升华理论等，这在方法论上对分析人的需要发生的自主性以及心理动力系统的复杂性、矛盾性和动态性也都具有一定的意义。

2. 弱本能论

弱本能论的代表人物是美国心理学家马斯洛（Abraham H. Maslow）。马斯洛也主张人的需要具有本能的生物基础，认为"从某种意义上说，基本需要在某种可以觉察的程度上是由体质或遗传决定的"（Maslow，1954；马斯洛，1987：101）。不过，马斯洛批判地继承了前人的本能理论和行为主义的研究，他的需要本能论不同于麦独孤和弗洛伊德的完全本能论，他提出人的基本需要具备似本能性质。马斯洛认为，"仅仅从逻辑上来看，我们也没有理由一定要在完全的本能（各部分都充分发展的本能）与非本能之间进行取舍"；"本能论者和他们的反对派的严重错误都在于用非此即彼的两分法而不是按程度的差别来考虑问题"（马斯洛，1987：92）。马斯洛主张本能并不是不可抗拒的力量，也许存在似本能，文化的影响也可能比似本能的需要具有更强的力量。他说："我们要使柔弱、微薄的似本能的需要不被更强、更有力的文化所吞没的话，就应该保护它们，而不是相反"，因为"似本能的需要顽强地坚持要求获得满足，一旦受挫，就会产生严重的病态后果"（马斯洛，1987：94）。关于人的本能的性质，马斯洛否定了弗洛伊德的恶本能假设，他认为似本能的需要并不是恶的，而是中性的，或者是好的。

马斯洛在面对本能论与文化控制论的争论时，提出了需要发生的弱本能论或似本能论。马斯洛首先承认需要产生于本能，然后又容许人的本能的强度在动物进化的阶梯中以及个体与文化环境的相互作用中发生变化，这就摒弃了非此即彼的思维方式。马斯洛的理论确实是一个进步，为我们打开了一片新的天地。但同时我们也需要认识到，如果我们认为所有的基本需要都产生于先天的本能（它们或强或弱），同时又认为后天的教育和文化因素能够影响这些本能，这在逻辑上是矛盾的。马斯洛认为本能并不是不可抗拒的力量，文化的影响也可能比似本能的需要具有更强的力量。这就出现了一个基本的理论问题：文化的影响依托什么可以形成比本能更强大的力量或与本能抗衡？这种心理实体是什么？马斯洛的动机理论没有解决这个问题。笔者认为，这正是马斯洛需要层次理论局限性产生的一个根源。

正由于从本能出发不能完全有效地解决需要和动机的发生机制问题，一些学者尝试了其他的解决途径，并由此产生了需要的内驱力理论和认知理论。

### 3. 内驱力理论

需要发生机制的内驱力理论是一种影响很广的理论假设，它的基本观点是需要产生于有机体内部的一种不平衡的紧张状态，有机体通过满足需要而使紧张水平下降。

内驱力概念是以体内平衡（homeostasis）的原则为基础的，体内平衡的概念是由坎农（W. B. Cannon）在1926年提出的。坎农认为，有机体的各种生理系统经常维持在一定的水平状态，即体内平衡状态。当生理系统偏离某种水平状态，也就是机体内部的平衡遭到破坏，机体便连续不断地产生恢复平衡的生理反应，去纠正不平衡状态，再达到平衡。一些研究者把体内平衡的原则加以延伸，类推到心理的平衡问题，认为不仅存在生理上的不平衡，而且存在心理上的不平衡，生理或心理的不平衡状态导致需要的产生。这一理论假设的代表人物有赫尔（C. L. Hull）、勒温（K. Lewin）和莫瑞（H. A. Murray）。赫尔把体内平衡概念引入其行为理论中，提出内驱力降低说。赫尔认为，当有机体处于不平衡状态时，就产生生理上的某种需求，出现紧张状态，产生一种驱动力，推动一种行为；当需求得到满足时，紧张状态消失，驱动力减弱，机体又恢复平衡，该种行为终止（Hull，1952）。

勒温也主张人的需要是由机体不平衡状态所致，机体行为的最终目的是恢复平衡状态。勒温假定个人和环境之间有一定的平衡状态，如果这种平衡遭到破坏，就会引起心理紧张，产生需要或动机，导致力图恢复平衡的努力（Lewin，1935）。勒温认为，需要的压力可以引起心理系统的紧张，需要满足后，紧张的心理状态就得到解除。反之，如果需要得不到满足，这种紧张的心理系统就会保持一定的时间，并使人具有努力满足需要或重新实现目标的意图（Lewin，1935）。

由于本能论存在明显的局限性，为众多的心理学家所批评，内驱力理论在本能论之后便成为一种主要的需要理论。需要发生机制的内驱力理论有其表面的、直观的说明效果，尤其对说明人的饮食、性、排泄等生理需要的发生效果显著。但根据需要的内驱力理论，平衡状态是一种稳定状态，当人的心理系统偏离平衡状态时，会产生心理紧张，驱使人们满足需要，以消除紧张。然而，事实上大量的个体行为不是为了消除紧张、避免紧张，以达到平衡状态，而是创造紧张，积极从事紧张的实践活动，以达到某种渴望的目标状态，例如体育比赛、野外探险、蹦极、各种创造性活动，甚至恐怖活动等。正因为如此，内驱力理论也为许多理论家所质疑。例如，美国杰出的人格心理学家奥尔波特（G. Allport）认为，人格的这种紧张减缩模式仅仅是部分正确的，因为它对于大多数健康人的动机来说并无价值。他认为，健康的人们，对于多样性、对于新鲜的事件和挑战具有不断的需要，而且，只有通过这种紧张创造的经验和冒险，人才能成长（舒尔兹，1988：26-27）。例如，幼儿正是通过一次又一次的冒险和创新的尝试，不断获得心理成长。

应该说，需要的内驱力理论所依据的理论模型仍是一种力学模型或机械模型，尤其是弹力模型，而忽视了人类心理的特殊性。现代复杂性科学的自组织理论为探究复杂系统的运动提供了新的理论模型，主张平衡态对开放系统来说，意味着死亡，有序系统寻求的不是平衡态，而是远离平衡的稳态。第 5 章论述的心理系统的自组织模型正是要揭示心理系统的这一特点。

4. 认知理论

需要的认知理论主要从认知的角度解释需要的发生机制，其基本观点是：人具有一种保持心理平衡或协调的需要，人的认知过程往往会引发心理不平衡或不协调，出现一种动力性的紧张状态，从而产生需要。我们可以从海德的认知平衡理论（Heider，1958）和费斯汀格的认知失调理论（Festinger，1957）推演出这种理论假设。

可以看出，认知理论与内驱力理论在理论上有一定的渊源关系，认知理论可以看作内驱力理论的一个变种。认知理论没有说明认知失调为什么会造成特定的心理压力，也无法说明认知与需要、动机的转换机制是什么。我们认为，认知对揭示动机的产生及其变化确实是必要的，但单纯从认知的角度来解释动机的产生及其性质，肯定是不够的。也就是说，认知与动机是有联系的，但仅有认知还不足以产生动机。

总的说来，上述四种理论假设都从各自的角度探讨了人的需要的发生机制，但都存在各自的不足，都有一定的片面性。这种认识的偏差与理论发展的曲折同西方心理学理论的心理模型与方法论的局限性有着密切的联系。本能论背后的心理模型是本能封闭系统，弱本能论背后的心理模型是本能开放系统，内驱力理论和认知理论背后的心理模型类似于物理学的弹性模型。这些理论模型与真实的人类心理都有着较大的差距，现代认知心理学所构建的人类心理的计算机模型或信息加工模型也是如此。

## 4.1.2  基本需要的类型与系统

1943 年马斯洛发表了论文《人类动机理论》，提出了动机的需要层次理论，这篇文章后来成为一篇经典的管理学和心理学文献。1957 年马斯洛出版了《动机与人格》一书，在这本著作中，马斯洛进一步发展和完善了他的需要层次理论，并将他的动机理论称为整体动力理论。

马斯洛需要层次理论的基本观点是：每个人都存在生理需要、安全需要、归属与爱的需要、尊重的需要和自我实现的需要五种具有本能性质的需要层次；需要的层次越低，它的力量越强，潜力越大；只有在低层次需要得到满足或部分满足之后，高层次需要才可能出现；当低一层次的需要基本得到满足之后，高一层次的需要就成为主导需要；那些基本获得满足的需要不再具有动机作用。

马斯洛将五种基本需要概括为意动需要，在此基础上，他又提出和论述了人的认知需要，马斯洛认为人的认知需要和意动需要是相互关联而不是截然分离的。

马斯洛（1987：51-52）认为，除了少数病态的人之外，社会上所有人都有获得较高评价的需要或欲望，有一种对于自尊和来自他人的尊重的需要和欲望。这种需要和欲望可以分为两类：第一，对于实力、成就、优势、胜任、面对世界时的自信、独立和自由等的欲望；第二，对于名誉或威信（来自他人对自己的尊敬或尊重）的欲望，对于地位、声望、荣誉、支配、公认、注意、重要性、高贵或赞赏的欲望。马斯洛进一步认为，自尊需要的满足导致一种自信的感情，使人觉得自己在这个世界上有价值、有力量、有能力、有位置，有用处和必不可少。然而，这些需要一旦无法得到满足，就会使人产生自卑、弱小以及无能的感觉。这些感觉又会使人丧失基本的信心，使人要求补偿或者产生神经病倾向。

马斯洛的需要层次理论在实践中赢得了很多支持，但令人遗憾的是，相关研究未能对该理论提供验证性的支持。究其原因，在于其逻辑源头的需要理论模型存在严重错误。在马斯洛所处的时代，心理学家普遍主张需要满足之后就会进入平衡态，即消除张力且不再具有动力的状态，这是一种典型的消除紧张进入平衡态的需要满足模型。另外，马斯洛认为不同层次的需要是相互分离的，不存在相干性和相互作用，这一论断也与实际不符。

后来，阿尔德弗继承了马斯洛关于个体需要具有层次性的观点，对马斯洛的需要层次理论进行了必要的修正，形成了 ERG 理论（Alderfer，1969）。ERG 理论主张：人有生存（existence）、关系（relatedness）与成长（growth）三种基本需要；多种需要可以同时并存；进入高层次的需要并非以低层次需要的满足为条件；如果高层次需要得不到满足，那么会导致满足低层次需要的愿望增强；有些需要在适度满足之后，需要的强度并不减弱，例如某些关系的需要和成长的需要。这些观点都与马斯洛的理论相左。

但是，这一修正主要还是反映了实证研究的结果，并未修改其源头的需要理论模型，在逻辑上依然缺少理论根基。事实上，马斯洛的需要层次理论并没有因为 ERG 理论的出现而被学术界淘汰。

除此之外，戴维·麦克利兰（David McClelland）提出每一个体都具有三种重要需要——成就需要、合群需要和权力需要，这对分析工作情境中人的需要也很有帮助；Deci 等（1985）提出的自我决定理论主张人类存在与生俱来的三种基本心理需要——自主需要、胜任需要和关系需要，而且涉及更加复杂和系统的内容，对此我们将在下一节详细介绍。

# 4.2 动机的自我决定理论

## 4.2.1 理论视角与核心概念

自我决定理论（self-determination theory，SDT）由 Deci 等（1985）创立，目前在领导力研究中的应用正处于上升时期。Ryan 等（2017）指出，自我决定理论是一种关于人类行为和人格发展的有机理论，其分析主要集中在心理层面，主张用从受控（controlled）到自主（autonomous）的连续统一体来区分动机类型，重点关注社会情境因素如何通过满足自主、胜任和关系这三种基本心理需要来支持人的发展。

自我决定理论采用有机辩证的哲学视角（organismic dialectical perspective）来看待环境和个体心理变量之间的关系。首先，从有机的视角看，自我决定理论假定人类个体都有一种先天的、内在的、建设性地完善与整合自我的意识，也就是说个体都有一种使自我心灵的各部分成为整体，并与他人或周围社会成为整体的倾向。这种整合的倾向包括自主与协同两个方面，自主指内在整体自我调节的倾向，而协同是把自身与别人加以整合的倾向。个体的健康发展有赖于自主与协同的相互补充。

其次，从辩证的视角看，自我决定理论并不认为自我整合倾向能够理所当然地对个体行为产生积极影响，人的自我整合倾向的实现和个体身心健康的发展并不是无条件的，个体与外部环境之间存在相互作用，个体自我整合的水平是外部环境的函数。外部环境既可能促进个体自我整合的进程，也可能起到阻碍或破坏作用（Ryan et al.，2017）。自我决定理论认为，无论个体的心灵达到何种程度的整合，都无法忽视环境因素所产生的支持或阻碍性影响，因此应辩证地看待具体环境因素带来的影响。

在自我决定理论的框架中，内在动机和外在动机是其动机理论的核心概念（Ryan et al.，2017）。内在动机是由行动本身内在的满足所维持的自发的动力，它不同于依赖外界的奖励或强化带来的动力。内在动机源自活动本身带来的愉悦和满足，体现内在动机的典型行为包括玩耍、运动、游戏和业余爱好等出于兴趣的活动。外在动机则是由行为结果带来的外部奖赏或惩罚而产生的行为动力。动机之所以存在，是因为任务或者活动使个体感受到了内心整合与潜能的发挥，符合个体自我实现与自我成长的先天倾向。

## 4.2.2　自我决定理论的思想体系：五个子理论

在有机和辩证的哲学思想基础上，自我决定理论随着研究的发展，逐步发展出基本心理需要、认知评价、有机整合、目标内容、关系动机等子理论。这些理论阐述了外部环境影响个体自我整合的路径和过程。其中，基本心理需要理论（basic psychological need theory）界定了三种人类与生俱来的基本心理需要，并且探讨了基本心理需要的满足条件以及基本心理需要满足对内在动机的促进作用；有机整合理论（organismic integration theory）提出了外在动机内化的概念，并且论述了满足基本心理需要对于外在动机内化的重要意义；认知评价理论（cognitive evaluation theory）探讨了社会环境因素与个体内在动机的关系；目标内容理论（goal content theory）阐述了目标的分类及其与基本心理需要满足的关系；关系动机理论（relationships motivation theory）是 Deci 等（2014）提出的，阐述了基本心理需要之间的内在联系，以及满足基本心理需要对于人际关系发展的重要意义。总的说来，自我决定理论分析了社会环境因素通过影响个体认知评价、满足或者阻滞个体基本心理需要，进而影响个体动机水平、人际关系与行为结果的过程，为解释和预测人的行为提供了重要的理论基础。下面分别介绍这些子理论的基本观点。

1. 基本心理需要理论

在自我决定理论中，基本心理需要理论提出较晚，但处于核心地位。Ryan 等（2017）认为，人类存在普适性的、与生俱来的基本心理需要，它们不是通过后天习得的。自我决定理论把关系到人格和认知发展的必要需要定义为基本心理需要，认为自主（autonomy）、胜任（competence）与关系（relatedness）三大心理需要的满足是促进个体的人格及认知结构成长与完善的条件，这些需要的满足才能使个人体验到持续的完整性和幸福感。

自主指的是关于自己行为的意愿和意志。自主需要是指个体需要感觉到行为是自愿的、有选择的。换言之，个体需要在事物发展的因果联系中，获得自己作为主导者和发起者的体验，而非作为被动的服从者和响应者。自主的对立面是他律，他律指的是一个人出于内部或外部的压力，感受到控制而去做一件事。自主需要对应着自我决定，在三种基本心理需要中占据最基础、最重要的地位。由于人们普遍具有这种自主需要，因此人们倾向于去完成那些自己感兴趣的、对于自身发展有利的活动。

胜任是指在个体与社会环境的互动中感到自己是有效的，胜任需要即锻炼、发展和发挥自己的能力和才能的需要。个体渴望体验到自己有能力完成某一项任务，并从中获得成就感。当个人感知到自己在某件事上难以取得成功，或者技能的发展遇到阻碍时，胜任需要将得不到满足。White（1959）将胜任界定为个体在适合的、富有挑战性的任务中获得成功，得到期望的结果。

关系需要是指个体希望在社会互动中体验到被他人接纳、相互关心、相互依赖的归属感（Deci et al., 2000）。也就是说，在被关心和关心别人的过程中，我们感觉到与他人的联系并产生一种归属感。当他人对个体表达关心，以及当个体有机会对他人表达关心时，这种需要就得到了满足。

基本心理需要理论认为，三种基本心理需要的满足对于个体内在动机水平提高和人格健康都有着重要影响。当环境因素支持这三种心理需要的满足时，就会增强个体内在动机，并促进外在动机的内化。这时个体内部调节和外部协同都将进入健康的状态，在自我成长和自我实现的过程中发挥出更大的潜力。反之，当这三种基本心理需要未得到满足或被忽视时，就会对个人心理产生消极影响。

2. 认知评价理论

认知评价理论是自我决定理论的早期思想，主要着眼于环境因素如何影响内在动机。在有关外部奖励与内在动机关系的研究中，De Charms（1968）最早发现，尽管物质奖励可以产生显著的效果，但只要物质奖励被取消，个体内在动机的水平甚至会比物质奖励出现之前还要低。这一发现在后续的研究中得到了重复的检验，Deci 等（1985，2017）为了解释这一现象，提出了认知评价理论。

在区分内在动机和外在动机的基础上，认知评价理论阐述了外部环境与个体动机的关系。认知评价理论主张（Deci et al.，1985），个体对环境因素的认知评价会影响其内在动机。Deci 等（1987）指出，从有机的角度出发，环境事件通过个人主观建构间接地对其内在动机产生影响。相比于环境事件的客观特征，个体对环境事件的主观理解和能力感知同其动机水平的关系更加密切，环境事件可以通过改变个体对因果关系和其胜任水平的感知，影响个体的内在动机。当外部环境诱发个体感知到自己是活动的发起者、事情的主导者时，个体将产生自主感，进而提升内在动机；相反，当个体感觉到自己受制于人，被动参与到活动中时，自主感将受到损害，内在动机也会因此下降。如果为内在动机驱动的活动引入外部奖励，就可能促使个体感知的因果联系点从内部转向外部，尽管相关奖励提供了积极的外部激励，但会削弱个体自主性，进而削弱个体内在动机。认知评价理论还提出，个体在某件事上感知到的胜任程度会影响个体的内在动机。促进个体获得更高的胜任感知的事件通过满足人的胜任需要来增强其内在动机，而降低个体胜任感知的事件则对其内在动机产生消极影响。

认知评价理论还强调事件所处的情境因素对个体动机的影响。在此基础上，自我决定理论提出了自主支持性事件（autonomy-supportive events）和控制性事件（controlling events）的概念（Deci et al.，1987）。其中自主支持性事件是指有利于个体实现自由选择、获得自主体验的环境事件，控制性事件是指阻碍个体自由选择和自主体验的环境事件。这二者对内在动机的影响是不同的。

3. 有机整合理论

在区分内在动机和外在动机的基础上，针对在现实的社会生活中并不总是由内在动机驱动行为这一现状，有机整合理论（Ryan et al.，2000，2001）主要对外在动机及其与内在动机的关系进行分析，进一步阐述了外部环境与个体动机的关系。

有机整合理论应用"内化"（internalization）这一概念，即从外部环境获取自己的价值、信仰或行为规范的过程，来划分不同类型的外在动机，并指出内化代表了一个主动学习和自我扩展的自然成长过程，通过内化获得外在规范和价值是个体人格发展的一个重要方面。有机整合理论指出，在有机整合的过程中，个体很自然地倾向于将重要人士认可的外在动机内化。这种内化的效果建立在不同的因果联系点知觉和自主程度上。有机整合理论认为，除了自主需要和胜任需要的满足之外，关系需要在外在动机的内化过程中也发挥着重要作用，这三种基本需要的满足能有效地促进外在动机的内化。有机整合理论提出，通过内化，个体可以将外在动机逐步整合为作用效果与内在动机类似的自主性动机。有机整合理论突破以往将动机分为内在和外在的二分法，根据自我决定和内化的程度将动机界定为一个连续的统一体。

4. 目标内容理论

自我决定理论认为，并不是所有的目标都是平等的，因为人们的个人目标和生活追求的内容会影响他们的个人整合和心理健康。实现一些目标会满足个体基本的心理需要，进而促进其心理健康和发展成长，而另外一些目标的实现则可能会让人难以满足三种基本心理需要，甚至使人变得更不幸福。

目标内容理论关注的不是人们行为的原因，而是个体所追求的生活目标（life goals）的内容，关注人们生活的目标和愿望，以及这些目标和愿望与其基本需求满足、动机和健康之间的关系（Deci et al., 2000）。目标内容理论把个体的生活目标分为内在目标（intrinsic goals）和外在目标（extrinsic goals）。内在目标被定义为那些与追求内在价值最直接相关的目标，比如亲密关系、个人成长和社会贡献。相比之下，外在目标则是那些聚焦于工具性结果的目标，如金钱、名声、权力或外在吸引力。可以把这些目标理解为一个从内在到外在的轴线排布。

目标内容理论提出，个体越重视或优先考虑外在目标而不是内在目标，其个人幸福感就越低；而个体越重视内在目标，他的心理健康状况和幸福感就越高。这些内在目标和外在目标同心理健康之间的关系很大程度受基本心理需要满足情况的影响。一般说来，追求内在目标更能满足人的基本心理需要。此外，目标带来的结果也可能受目标追求过程中整合和调节过程的影响。相比于内在目标，外在目标往往更不受自主性调节，而受控制性调节，因而较难起到促进心理健康和提高幸福感的效果。

5. 关系动机理论

关系动机理论是自我决定理论的最新理论成果，是对三种基本心理需要中的关系需要的进一步阐述和分析。

关系动机理论认为，基本心理需要之间是相互联系的，每一种基本心理需要的满足（或者阻滞）都与其他基本心理需要的满足（或者阻滞）联系在一起。人是一种社会动物，人际关系因其工具性价值或互动交换作用而有存在的必要，而且与他人的亲密感是一种内在的、基本的心理需要，是一种因其内在价值本身而需要被重视的东西（Deci et al., 2014）。人类与生俱来地寻求亲密（close）、开放（openness）和信任（trusting）的人际关系。关系需要的满足（或阻滞）与来自他人的自主性支持以及个体对他人行为动机的感知密切相关。当他人为个体满足基本心理需要提供支持并且个体认为他人是主动自愿地做出这种行为时，个体的关系需要将得到满足。相反地，如果他人做出不利于个体基本心理需要满足的事情，或者个体感知到他人并不情愿为自己提供支持，个体的关系需要会受到阻滞。

关系动机理论进一步提出，从关系伙伴那里获得自主性支持（autonomy support）不仅有助于满足接受者的关系需要，与此同时，给予亲近者自主性支持也能满足给予者的关系需要，甚至给予者比接受者更能提高自身的幸福感。因此，自主性支持的相互性尤其有助于满足双方的基本心理需要，并随着时间的推移促进双方建立更积极的关系。在高质量的人际关系中，彼此成为自主性支持的伙伴，都能获得自主性体验。而当关系需要和自主需要相互对立时，个体的自主性得不到他人的支持，或者需要牺牲自主性以维持与他人的关系，人际关系的质量就会相应下降，这种关系不利于心理健康，而且这种不良影响很可能会蔓延到与他人的关系上。

# 4.3　动机的目标理论

Weiner（1990）在回顾以往的动机研究时，预测目标理论将成为动机领域"一个新的主导方向"。目前的目标研究融合了多种不同的知识背景和科学方法，缺乏统一的目标理论体系。

## 4.3.1　心理学中的"目标"概念

"目标"一词很早就被用于动机心理学的研究，许多理论家都在他们对动机本质的定义中包含了目标这一概念。

心理学家麦独孤在其著作《社会心理学导论》中指出了行为的目标导向这一基本要素。麦独孤认为，本能是所有行为的最终来源，而目标运行于本能的作用过程中。但需要注意，在其著作中存在两种不同的目标含义。首先，麦独孤使用"目标"一词指那些天生就有价值的、一般的终了状态，这种状态形成了本能的最终指引点。每一种本能都包含了一个自然目标，而自然目标的数量是有限的（因此本能的数量也是有限的）。在这种情况下，目标概念便进入本能概念的范畴，它是本能概念的一部分，而不是与本能相分离。其次，麦独孤还用目标概念指代多种多样的终点，这些终点是人们学习、经历以及基于自我的过程所寻求的结果。但尽管这些种类繁多的目标有着各异的来源，它们最终也只被认为是子目标或本能的自然目标的末端，麦独孤并没有对这些目标加以强调和解释。

阿德勒（Adler）也提出了一个基于目标、指向未来的行为解释模式。在阿德勒看来，"如果一个人没有目标，他将不知道自己该做什么。没有目标，我们就不能思考、感觉、希望或行动"（Ansbacher et al.，1956：96）。他还引入了目标概念的一种具体形式，即"假想的终态目标"或"指导性自我理想"（guiding self-ideal）。假想的终态目标是人们主观感知的、独有的生活愿望，赋予生命方向和意义。阿德勒认为，一切人类活动都反映了一种通过追求完美、卓越及完整而战胜自卑的需要，而这种追求在个体的指导性自我理想中成为一种具体表现。这一目标远远超越了意识，被视为人们行动的内部统一原则和指南。在阿德勒看来，要真正了解一个人，就必须知道他的假想的终态目标，这种目标使得自我和人格保持一致和稳定。

勒温也在两种主要的情境下使用了"目标"这一概念。第一，在他的拓扑学模型中（Lewin，1935），勒温视目标为特定情境下需要、压力以及动力的复杂动态的终点；第二，勒温对目标的解释与具体的目的或愿望有关，人们在成就情境下选择并追求达到这种目标。一个人的愿望水平是任务本身的特征以及人们内心稳定趋势的函数（Lewin et al.，1944）。显然，德维克（Dweck，1986）创立的成就动机理论与勒温对目标的第二种理解有相通之处。

总的说来，在心理学中存在多种含义的目标概念，使得目标缺乏一个统一的概念界定，但基本可以区分出"目标"一词在心理学文献中的三类用法。

第一，目标形成于认知，是个体追求的行动结果或希望达到的绩效标准。这一预想结果作为一种心理表征能够引导和校准人的行为，以实现这一目标。这一含义所描述的目标是清晰的，多半是具体的对象和状态，一般对个体具有工具性价值，描述的主要是任务目标、行动目标，是外部目标对象、指标或期望的终了状态在意识中的反映。这类目标的形成与激活主要与认知过程有关，在心理系统中是外生而非内生的，虽然这类目标可以对行为起引导作用，在一定程度上说明行为的目的性与方向性，但其本身并没有驱动性和动力性，不会形成动机，与情绪过程和人格的联系也不是直接的。这一目标含义后来在班杜拉（Bandura，1986）的社会认知理论和洛克等（Locke et al.，1990）的目标设置理论中得以发扬光大。

第二，目标形成于本能，是机体渴望达到的某种状态（例如平衡态或需求满足的状态）。这一用法在麦独孤（McDougall，1914）和弗洛伊德的思想中表现得非常明显。麦独孤关于目标的定义在上文已有介绍。1915 年弗洛伊德在其著作《本能及其变异》中对本能概念的几个不同方面进行了描述，其中一方面就被称为本能指向的状态，即"目标"。弗洛伊德还区分了两种不同的目标："终极"目标，就是上面提到的本能的满足；"中介"目标则代表了获取满足的途径。显然，形成于本能的目标是一种先天的、机体本身运行的理想状态或最终形态，它们的出现与作用不完全依赖于个体的认知过程，但与动机、情绪以及人格关系密切。

第三，目标形成于个体内心构想的、有价值的未来状态。这类目标形成动机，是更深层次的目标，是理解人格的重要基础。如前所述，阿德勒提出了"假想的终态目标"或"指导性自我理想"这一目标概念。在阿德勒看来，要真正了解一个人，就必须知道他的假想的终态目标，这种目标使得自我和人格保持一致和稳定（Elliot et al., 2008）。这一目标概念在成就目标理论、人格理论和自我概念理论中都有出现。例如，奥尔波特认为，人格的中心部分是我们仔细考虑过的和有意识的意向——希望、志向和理想。这些目标激发成熟的人格，并提供理解当前行为的最好线索。奥尔波特主张："拥有长远目标，对于我们个人的存在来说，被看作是主要的"，"正是它，把人从动物中区分出来，把成人和儿童区别开来，而且在许多情况下，也把健康人格和病态人格辨别开来"（舒尔兹，1988：25-26）。

认知心理学兴起之后，认知理论成为目标概念的主要理论基础。由于认知心理学理论缺少动力学思想，导致目标在现象上具有动力功能，但目标的理论基础却无法衍生出动机功能。随着文献的发展和参与者的增多，对目标概念认识的分歧也日趋增大，其根源还是理论基础存在显著不足。

## 4.3.2　成就目标理论

成就目标理论是几位教育心理学家在 20 世纪 70 年代到 80 年代独立提出的，其中对后来的研究影响最大的是德维克与其同事的研究，尤其是在组织研究中。Dweck（1975, 1986, 1989）与其合作者（Dweck et al., 1983; Dweck et al., 1988）从发展和社会认知的角度来研究成就动机，提出了两类成就目标，即学习目标（learning goal）和成绩目标（performance goal）。德维克也分别将之称为学习目标定向（learning goal orientation）和成绩目标定向（performance goal orientation）。Dweck（1986）认为，持有学习目标的个体完成任务的目的在于从中学到知识以促进能力发展，而持有成绩目标的个体则是为了获得别人良好的评价或是避免不好的评价。为了分析目标定向的起源，Dweck（1986）提出了智力的内隐信念假设。相信智力增长理论的个体可能认为智力和成绩能够通过多付出努力而获得提高，因此会采用学习目标；而相信智力实体理论的个体可能认为智力和表现是稳定的，因此会采用成绩目标。

目标定向概念引进组织领域之后，激发了很多研究。相关文献目前关注的目标定向主要有三种：学习目标定向（learning goal orientation），指向能力发展；评价趋近目标定向（performance approach goal orientation），目的在于向别人证实个人能力和获得个人能力的赞许性评价，以建立相对于他人的优越性；评价回避目标定向（performance avoidance goal orientation）关注避免不胜任的能力表现和他人消极的评价（Dweck et al.，1988；Elliot et al.，1996；Pintrich et al.，2003）。总的说来，目标定向概念专注于个人成就目标，大多数目标定向研究都是在个体学习与成就情景中进行的，集中探讨了目标定向同个体认知、情感、自我调节以及与任务卷入、知识分享和绩效有关的行为变量的关系（Barron et al.，2001；Button et al.，1996；Elliot et al.，1996；Ford et al.，1998；Jones et al.，2017；Pintrich，2000；Seijt et al.，2004；Zhu et al.，2019）。

尽管对于目标定向概念有着广泛的研究，但目标定向的心理本质是什么？这一直是一个有争议的问题，目前还没有一个关于目标定向的统一定义。系统分析相关文献，可以发现研究中主要出现过四种不同的目标定向定义：目标、特质、准特质和心理框架（章凯，2014）。有趣的是，每一种定义都引用了 Dweck 及其同事的早期研究（Dweck，1986，1989；Dweck et al.，1988），但从不同的角度对目标和目标定向的本质进行了不同的解读。

我们发现，目标定向的概念混乱与文献中目标定向的理论基础薄弱有关，也与心理学中目标概念语义的模糊性有联系。德维克及其合作者提出的目标定向概念主要建立在社会认知理论和内隐智力信念的基础上，是作为成就动机理论提出来的。研究发现，一个人既可以表现出高学习目标定向，也可以表现出高成绩目标定向，这说明德维克等试图用内隐智力信念来说明目标定向来源的逻辑基础是有问题的（Payne et al.，2007）。社会认知是一种概念和经验主义的研究，它采用信息加工的模式对认知过程进行探讨。社会认知理论主张，人类的成就动机并非来源于客观现实，而是来自人们对它的解释，人们的成就行为受到社会认知因素的影响（王雁飞 等，2001）。我们认为，社会认知理论确实有助于我们理解个体行为动机，但是如果认为仅有认知或社会认知就可以产生行为动机，那一定是一个理论误区，因为在研究动机时必须区分两个问题：什么产生动机和什么样的心理过程激发动机。很显然，社会认知理论有助于回答第二个问题，而难以回答什么产生动机的问题。哪些理论回答了前者？马斯洛认为占优势的需要产生动机；弗洛伊德认为本我、自我或超我产生动机；Markus 等（1986）认为可能自我（possible selves）产生动机。这些都回答了什么产生动机的问题。因此，总的来讲，目标定向概念的理论基础是比较薄弱的。如果不改变这一状况，目标定向研究将难以健康发展。我们认为，只有正确地认识目标的心理属性和本质，才可能有效揭示目标定向的心理本质，正确理解和整合不同的研究成果。

目标定向的自我调节功能是在研究目标定向的本质与效能时需要重视的。研究发现，目标定向是自我调节的一个重要前因变量，不同的成就目标定向引起不同的反应模式，不同的反应模式对个体绩效产生差异性影响。Vandewalle 等（1999）的研究显示：学习目标定向与销售业绩有显著的正向关系，而且这一关系为销售员的自我目标设定、努力和计划三种自我调节手段所中介。Porath 等（2006）在研究目标定向与工作绩效的关系时发现，自我调节手段是二者关系的中介变量：学习目标定向能够显著预测主动行为、情绪控制和社会技能三种自我调节手段，评价趋近目标定向能够显著预测寻求反馈和主动行为这一种自我调节手段，评价回避目标定向不能预测上述四种自我调节手段；学习目标定向与评价趋近目标定向同工作绩效有显著的正向关系，而且在它们与工作绩效的关系中，主动行为、情绪控制和社会技能三种自我调节手段一起成为完全中介变量。

我们认为，目标定向对自我调节的影响反映了目标定向的动力学本质，尤其是学习目标定向和评价趋近目标定向都能够显著预测积极的主动行为（Parker et al.，2010；Porath et al.，2006），说明目标定向更可能是一种动机变量，是个体内激发、引导和保持行为的动力性因素，能够成为激励的动力来源，是个性倾向性成分，而不是个性特质成分，更不是什么认知与行动模式，只是每一种目标定向都同一定的认知与行动模式相联系。严格说来，认识与行动模式、特质都是静态的，不会具有动力功能，只会参与动机驱动的动力过程。这正像德维克强调的，特质研究的观点"在把握人格动态的、过程导向的本质属性方面的能力是极其有限的"。然而，颇有讽刺意味的是，大多数特质论的研究者都引用了她的研究来支持其观点。

## 4.3.3　目的性工作行为理论

解释人们为何会做出某种工作行为，是近百年来行为科学研究的重点。人格特质和情境因素被认为是解释个体动机及其工作行为的主要决定因素。以往的研究分别讨论这两种因素对员工动机和行为的影响，少数研究粗略探讨了二者的交互影响，但是现有研究对人格特质与情境因素如何交互影响员工行为这一问题的回答仍然不够清晰。

为了厘清人格特质和情境因素之间的复杂关系及其对员工动机和行为的交互影响，Barrick 等（2013）提出了目的性工作行为理论（theory of purposeful work behavior，PWB）。该理论将高阶内隐目标与大五人格模型和扩展的工作特征模型相结合，解释了人格特质和工作特征如何交互影响工作结果。该理论的核心思想是人格特质是触发高阶内隐目标（有目的奋斗）的重要因素，当与工作特征相关的动机力量同这些目标相一致时，个体就会体验到有意义的心理状态。富有意义的心理体验会触发特定任务的动机过程，进而影响工作结果的实现。

下面首先介绍目的性工作行为理论的主要概念范畴——高阶内隐目标、追求目的性和体验到意义，然后概括其基本理论假设。

1.高阶内隐目标

目的性工作行为理论认为，目标在个体心理世界中是分层组织的，更高层次的目标代表行为的原因或目的，较低层次的目标详细说明了采取何种行动计划来实现高层次目标。据此，该理论提出了高阶内隐目标（higher-order implicit goals）这一核心概念。它代表了基本的、远端的、人们想要达到的目标或期望的理想最终状态。人们常常下意识地将注意力集中在这些宽泛的、更高层次的目标上。高阶内隐目标决定了个体有目的的目标努力（purposeful goal striving）。

在目的性工作行为理论看来，虽然高阶内隐目标是个体普遍的目标，但每个目标的重要性或价值取决于个体的人格特质。否则，一个人就会被不同目标之间的冲突所淹没，而无法行动。人格特质决定了个体为追求和实现自己认为有益的高阶内隐目标而努力。根据以往动机理论对需要、动机和目标的探讨（例如自我决定理论、成就目标理论和内隐动机理论），目的性工作行为理论将高阶内隐目标概括为四种类型：关系追求（striving for communion）、地位追求（striving for status）、自主/成长追求（striving for autonomy/growth）、成就追求（striving for achievement）。区分四类更高层次的目标的意义在于，每一类目标都会导致不同的工作相关行为。具体说来，关系追求会导致个体有很强的动机去建立有意义的联系和与他人相处；地位追求会导致个体渴望在组织的等级制度中对他人施加权力和影响；自主/成长追求会导致个体被激励去获得对工作环境的重要方面的控制和掌握，并追求个人成长的机会；成就追求会导致个体有强烈的需要来展示自己的能力和获得成就感。

2. 追求目的性和体验到意义

目的性是指对自己的行为有一种期望的最终状态或方向感。目的性工作行为理论的一个主要观点是，个人被激励去追求四个基本的高阶内隐目标。人格特质是决定个人采取和追求特定目标的重要因素，进而指导个体做出相应的行为。目的性是一种动态的动机过程，个体对这些高阶内隐目标的追求反映了与之相关的人格特征的自由表达。体验到意义是指个体对自己的行为有具有价值和有用的感觉。目的性工作行为理论的一个中心原理是，追求高阶内隐目标和工作特征共同影响个体的工作意义体验。

### 3. 目的性工作行为理论的基本假设与贡献评价

目的性工作行为理论的基本观点包括以下几点：第一，该理论假设高阶内隐目标可以持续得到满足，并且个体不会因为这些目标的实现而降低追求额外满足的动力，因为这些目标永远不可能完全实现或满足。人格特质是个体追求高阶内隐目标的主要决定因素，这些人格特质可以为员工补充能量，激发他们为实现目标而持续努力。第二，为了理解人格特质或工作特征对行为的激励效应，个体必须感知和实际控制自己的目标和行为，因为工作特征对个体行为的影响可能会超过人格特质对行为动机的影响。第三，尽管目的性来自与人格特质相关的内在来源，但体验到意义的重要性来自内在来源（即人格特质）和外在情境（即工作特征）的共同影响。任务或社交特征在目的性工作行为理论中起着关键作用，它们提供了一种情境，在这种情境下，个人有目的性的工作奋斗被理解为是有意义的。因此，工作特征会促进或限制人格特质在追求高阶目标时的自然表达，从而影响个人有目的性的工作奋斗是否被认为是有意义的。第四，该理论关注的是个体对工作特征的主观感知，而不是客观特征。个体只能对他感知到的工作特征做出反应，而有目的性的奋斗的强度由个体自己决定。个体可能对那些能够强化他们的目标和个性特征的社交和任务特征更加敏感。

总之，目的性工作行为理论主张人格特质与工作特征存在相互作用，并通过高阶内隐目标共同影响个体的动机和行为。其理论贡献表现在以下方面：第一，明确了工作动机的两个影响因素——个体的人格特质和情境特征，借助高阶内隐目标这一概念，从新的视角解释了这两种因素对工作动机的交互影响。第二，该理论将高阶内隐目标作为连接内部人格特质和外部情境因素（任务特征和社交特征）的整合机制，扩展了我们对个人—情境互动的理解。因此，该理论阐明了在个人—情境互动过程中，人格是个体行为的驱动力，而情境是个体行为的调节者。第三，该理论考虑了与努力实现高阶内隐目标相关的目的性和意义体验，这在文献中经常被讨论，但很少被系统分析。在目的性工作行为理论中，目的性和体验到意义是与高阶内隐目标相关的两个自我调节过程，它们是解释人格特质和工作特征如何影响工作中的有意志的选择和行动的关键机制，这丰富了个体意志与决策及行为之间关系的认识。

　　该理论存在的问题也非常突出，主要表现在：第一，该理论假设人格特质生成了高阶内隐目标，这一点缺少理论和事实支持。一般说来，人格特质具有静态性和稳定性，它们与动机是两个本质不同的心理存在，人格特质如何形成高阶内隐目标和动机？这一理论主张存在很大的模糊性，可信度不高。第二，假设高阶内隐目标形成动机的机制和逻辑是什么？高阶内隐目标的心理本质是什么？不同的高阶内隐目标之间会存在相互作用吗？这些问题也很难回答。第三，目的性工作行为理论缺少合适的理论基础，该理论的内在逻辑并不清晰。总之，高阶内隐目标的提出是有理论意义的，但是该理论对它的形成、性质和作用机制的分析还是非常欠缺的。

## 4.4　动机的自我概念理论

　　自我概念理论（self-concept theory）是动机理论的重要分支。威廉·詹姆士（William James）是历史上第一位对自我问题进行了深入的心理学研究的杰出学者，他提出并确认了三种自我：物质的自我、社群的自我和精神的自我（维之，1991）。詹姆士尤其注意到一种内心主动调节作用的存在，这种主动调节作用对各种具体的思想内容做出同意或拒绝、促进或阻止、节制或放行、欢迎或反对等判断，詹姆士称之为"自我的自我"。

　　在自我研究的基础上，学者们提出了个体的自我概念理论。自我概念代表着个体的过去、现在和将来，既是习得的，也是建构的。自我概念可被看作个体的自我知识，它包含了人们怎样认识外部世界以及怎样认识自己处理外部世界的能力。例如，自我概念决定人们怎样加工信息、有何体验、激励怎样的活动、怎样看待成功和失败等（Deci et al., 1991；Markus et al., 1987）。很多学者认为，自我概念是进行自我调节的前提和基础，正是人们的自我概念最终决定了他们要设定什么样的目标，怎样对待通向目标的过程，以及成功和失败对未来目标追求行为的影响。尤其是个体的未来自我（future selves）或可能自我（possible selves），它们为个体设定目标和期望，激发和调节行为，监控行为绩效，评价行为结果是否能实现预期目标（Leondari et al.，1998；Markus et al.，1987）。例如，一些人习惯于为自己设立高难度的目标，是因为他们拥有自己能够达到那些目标的信念，并相信自己有学习、努力工作或寻找一条正确道路的能力。由于拥有这样的信念，他们能够想象获得成功的结果，并决定投入努力。

　　研究表明，可能自我将自我概念和目标联系了起来。Cantor 等（1986）关于动机和自我概念关系的研究认为，离开自我概念，就不可能完整地理解人类的动机。他们主张，在一定的情景中，生活任务和可能自我在激发、引导和调节个体行为中起着决定性作用，个体行为总是试图与重要的生活任务和可能自我保持一致。在特定的情景中，某些可能自我成为行为的指导者，它们代表着潜在的目标状态，并指定达到有关生活任务目标的具体策略。他们认为，之前的动机理论由于没有考虑人的自我概念，对个体间的个别差异研究很少，不能很好地解释行为的个体差异。

　　研究发现，自我概念有三项主要功能：提供信息、提供背景和提供整合。首先，自我概念可为个体提供能带来自我效能感的信息，使人们有能力判断自己能做什么和不能做什么。然而这种判断并非完全基于事实，其大部分内容往往并未得到经验的证实，但是对个体的动机和行为具有显著影响。其次，人们总是倾向于在长远的抱负和目标背景中来理解其行为结果。例如，获得好的成绩，对于那些仅仅希望毕业的人来说并没有多大意义，但是对于那些希望获得奖学金或者毕业后继续深造的人来说就很有价值。最后，自我概念是有关自我信息的有机整体，为自我信息提供了整合基础（Higgins，1996），自我同一感就是产生于这种信息的整合。

　　总的说来，自我概念理论是动机理论的一个重要分支，对理解动机的形成机制和个体差异具有重要价值。但是我们也需要认识到，认知心理学兴起之后，自我概念理论主要建立在信息加工理论的基础之上，自我概念与动机的联系也是基于动机的认知理论。与个人目标的社会认知理论相似，自我概念理论本身并没有动力学理论根基，研究者们只是基于现象赋予它一定的动力功能，自我概念形成动机的动力机制是不清楚的。

# 4.5　动机的自我调节倾向理论

　　个人内在动机和内在目标的形成说明个体具有自我驱动和自我成长的本性，并具备自我调节的能力。在早期研究中，班杜拉认为，自我调节是个体通过将个人行为的计划和预期同行为的现实成果加以对比和评价，来调节自身行为的过程；自我调节包括自我观察、判断和自我反应三个阶段（Bandura，1986）。在 20 世纪 90 年代末，美国学者希金斯（Higgins，1997）基于自我差异理论（self-discrepancy theory）提出了动机的调节倾向理论（regulatory focus theory，又译为"调节点理论"），在动机研究领域产生了广泛影响，从而丰富了动机与人格理论。

　　希金斯认为，自我调节是指个体通过自组织和调整一系列复杂行为序列使得个体意图、标准及目标趋于一致。调节倾向理论区分了上述过程中个体同时存在的两种不同的自我调节方式：提升型调节倾向（promotion focus）和防御型调节倾向（prevention focus）（Higgins，1997，1998）。这两种调节倾向所指向的基本需求、目标或标准、关注的结果类型是不同的。提升型调节倾向是以个体成长和发展为基本需求，寻求达到理想自我（ideal-self），往往关注"得到"了什么，希望通过努力取得积极结果；防御型调节倾向是以个体安全和责任为基本需求，寻求达到"应该自我"（ought-self），往往关注"失去"了什么，希望通过努力以避免负面结果的产生（Brockner et al.，2004；Higgins，1997）。例如，提升型调节倾向的个体希望改善人际关系是为了增强社交联系、争取更多机会；而防御型调节倾向的个体是为了消除任何有可能威胁到社会交往的因素，避免社会排斥。

　　个体的调节倾向受到父母、师长的教养方式及过去追求理想、目标的主观成败经验的影响（Higgins，1997）。也有研究发现，当前情景中所传递出的提升性或防御性信息线索能够使个体产生提升型调节倾向或防御型调节倾向。在实验研究中，常常通过强调信息的提升性意义或防御性意义来诱发个体的调节倾向。例如，在工作目标中设定"关注得到"的激励方式（成功带来奖励、失败不会获得任何奖励），个体在追求这些目标时就可以激活其提升型调节倾向；相反，如果设定"关注失去"的激励方式（成功可以避免惩罚、失败则将受到惩罚），则可以激活个体的防御型调节倾向（Crowe et al.，1997；Idson et al.，2000；Shah et al.，1997）。

提升型调节倾向与防御型调节倾向最根本的区别在于，产生这两种调节倾向的基本需求是不一样的，前者基于成长的需求，而后者基于安全的需求（Higgins，1997），因此提升型调节倾向对个体的信息评价过程、行为策略、目标追求过程都有所影响。例如，提升型调节倾向往往激发个体采用渴望—接近策略，该策略意味着个体偏向于追求积极结果，避免遗漏误差（Crowe et al.，1997）。此外，提升型调节倾向对目标追求也有一定的影响。首先，在目标的选择上，提升型调节倾向会促使个体更倾向于选择高价值、富有成长性的目标。其次，一旦激发了目标导向的行为，个体将面临另一种选择——在完成这些目标的过程中，是以速度为先还是以精确度为先。提升型调节倾向会增加个体采取以速度为先的更具风险性的策略的可能性，关注在有限的时间内实现最大化可能的收益（Förster et al.，2003）。

Scholer 等（2012）对调节倾向是否越强越好的问题进行了补充阐述。首先，他们提出提升型调节倾向与防御型调节倾向本身没有优劣之分。其次，他们认为对提升型调节倾向和防御型调节倾向进行有效约束，促进两者的平衡，才能使个体的幸福感和自我调节达到最佳状态。对于个体而言，在合适的任务情境下采用合适的调节倾向比同时增强两种调节倾向更有效；对于团队而言，团队成员具备不同的调节倾向能够优势互补，提高团队绩效。

## 4.6　动机激发的心理过程

### 4.6.1　自我效能感与动机激发

自我效能感由班杜拉提出，指"个人对自己是否具备达到某一行为水平的能力的评判"（班杜拉，2001：553）。

自我效能感是一种自我感知的能力，是激发行为动机的必要条件。个体的自我效能感具有跨时间的稳定性，但不具有跨情境的稳定性。与宏观的胜任感不同，自我效能感是针对特定情境而言的。按照班杜拉的理论，行为是由自我效能感和结果预期值决定的，一个人如果有很高的结果预期值和很强的自我效能感，那么就会投入必要的意志努力以实现期望的结果。这一逻辑与期望理论很相似。研究确实表明，自我效能感对很多行为以及员工的任务绩效都是一个很好的预测指标。

### 4.6.2　动机激发的期望理论

期望理论是管理学家弗鲁姆（Victor H. Vroom）创立的，是解释工作动机如何被激发的理论，该理论的基本观点得到很多研究的支持。

期望理论认为，人们想以某种特定方式行动的意愿强度取决于他们对某种特定结果及其吸引力的期望程度。在组织管理中，当员工相信努力会带来良好的绩效评估，良好的绩效评估会带来组织奖励（例如奖金、加薪或晋升等），而且这些奖励有助于员工实现个人目标时，员工便会有动力付出努力（见图 4 - 1）。

**图 4 - 1　期望理论模型**

期望理论的基本观点是：人们只有在预期其行为有助于达到某种个人目标的情况下，才会被充分激励起来，从而采取行动，以达到这一预期目标（Vroom，1964）。可以用下面公式表示这一思想：

$$激发力量 = 期望概率 \times 效价$$

公式中的“期望概率”表示某一工作目标实现的预期概率，“效价”表示目标实现后对个人的激励价值。这一理论模型预示着：如果一个工作目标对个体的价值越大，实现的可能性越大，它能产生的激发力量就越强。该模型默认了个体目标的动机作用，但未考虑多目标的相互作用，也未为目标的动机作用构建完善的理论基础。

### 4.6.3　目标设置与动机激发

研究发现，在合适的条件下，任务目标具有唤起努力、产生坚持性、为行为提供方向以及推动认知与行为策略的形成等功能（Bandura，1991；Locke et al.，1990）。目标设置理论（goal-setting theory）是以成就动机为基础的，它涉及努力达到卓越的标准；认为人们应当给自己设定困难但可以实现的目标，大多数人能够确定自己能否做好某件事情（Locke et al.，1990，2019）。研究表明，一旦我们肯定自己能够达成某个目标，就会投入精力，并一直坚持到实现这个目标为止。如果目标不够困难的话，就不会起到激励作用。同样地，如果我们认为设置的目标不可能实现，那么我们也就不会投入精力。

班杜拉认为，反馈是使动机维持在一个高水平上的基本要素（Bandura，1991）。因此，在实现目标的过程中，获得反馈对维持和提高动机水平是非常重要的。同时研究还发现，自我设定的目标通常比被指派的目标更能激发动机（Bandura，1991）；当目标比较困难时，只有个人承诺实现这个目标，困难的目标才能起到激励作用（Locke et al.，1990）。研究表明，人们通常更喜欢选择困难的任务，尤其是在他们认为自己有能力达成这些目标的时候（Locke et al.，2019）。

目标设置理论对理解任务目标的激励功能和改进管理实践具有重要价值，也得到了一系列研究的支持。其不足之处是，该理论更多的像是研究假设总结，而缺少一个有底层逻辑的理论体系，其发展主要依赖实证研究结果和研究者对目标管理实践的洞察。

## 4.7　现有动机理论的局限性及其未来研究方向

动机理论需要解决两大基本问题：第一，什么形成了动机？第二，什么激发了动机？动机的需要理论存在的最大问题是难以处理和解释本能与文化在个人需要产生中的作用。现代需要理论一般都假设需要形成于一种紧张状态或者说一种不平衡状态，满足需要的过程是达到心理平衡态的过程，因此需要满足意味着动力会消失。这一理论预测的结果与研究发现的结果并不吻合。例如人们对成就的需要、对爱的需要和对权力的需要，往往是越满足，需要越强。另外，需要理论未考虑和讨论不同需要之间存在的相互作用，从而使需要理论预测的结果与事实不符。

动机的自我决定理论是一个以有机和辩证的哲学思想为基础、以满足个体基本需要形成内在动机的思想为核心的理论体系，包括基本心理需要、认知评价、有机整合、目标内容、关系动机五个子理论。该理论最难能可贵的是应用了有机与辩证相统一的元理论以及对个体基本需要、内在动机的高度重视。但是，自主、胜任、关系三种基本需要是否是人类特有的？为什么这三种需要的满足与内在动机的联系如此密切？为什么它们对人类如此重要？这些基础问题在自我决定理论中基本都没有合适的解释，而且很多哺乳动物（例如猴子、狗、狼、猫等）显然也有自主、胜任、关系这些基本需要，内在动机在这些动物身上也有显著表现。另外，自我决定理论的目标内容子理论关注的不是人们行为的动机，而是个体所追求的生活目标（life goals）的内容，以及这些目标和愿望与基本需求满足、动机和健康之间的关系（Deci et al.，2000，2017）。换句话说，在自我决定理论中，目标只是满足需要（尤其是基本需要）的工具性手段或对象，是形成动机的诱因，而不是动机本身。因此，在自我决定理论的思想体系里，关注目标仅仅是关注用来满足基本需要的生活目标内容，而非关注目标本身的动力属性。

20世纪80年代以来，目标视角的动机研究可谓方兴未艾。但由于目标本身的复杂性和研究者学科背景的差异，这一研究途径还存在很多问题。目标研究的现有文献至少在以下方面存在局限性：

第一，对目标本质的认识。如上所述，随着目标研究的发展，目标的动力本质日渐凸显。但目前大多数研究仍从认知论的视角研究目标，即便有些研究体现了目标的动力学思想，但在目标的定义和分析中仍沿用认知派或目的论的观点。这种对目标本质的认识局限会直接影响目标效用的相关研究。

第二，个人目标体系的构建。除成就目标理论外，尚未有研究能系统地构建个体的目标结构。在目标理论的新发展中，成就目标理论也渐显不足。如何突破成就目标理论的局限，探究个体目标体系中其他的目标类型，也是未来目标研究的重要问题。

第三，目标研究领域的扩展。对目标的研究最早始于教育心理学和人格心理学，从文献上看，目前对目标的研究仍主要集中于教育领域、运动心理领域，工作领域中的目标研究缺乏扎实的理论根基。总体而言，在研究视角上，动力论的视角取代认知论的视角成为今后目标理论研究的主要视角选择是一种必然趋势。价值赋予和意义构建等人本主义的命题也将在今后的研究中与动力论相结合，推进目标研究从人类心理系统的深层次来思考相关问题。在具体的研究领域中，不同目标之间的关联及多目标对行为的影响也更受重视。另外，对情境作用的研究也是目标理论研究新的发展趋势，特别是不同文化和具体情境对目标的形成及其作用过程的影响。

动机的自我概念理论是一种认知理论，它难以揭示动机形成的动力过程，也难以解释不同的自我成分之间如何相互作用。即使可能自我的概念把目标引入自我概念的范畴，也难以解释基于认知的目标如何形成动机。

关于动机激发的心理过程，现有理论主要关注了期望过程、工具性目标设置和自我效能感等因素的作用，这些理论对理解动机激发的心理过程具有重要价值。遗留下的问题是：目标为什么会形成动机？或者说目标形成动机的根源是什么？这一问题一直没有得到很好的解决。要解决这一问题，必须要有目标动力学理论的探索。另外与需要理论一样，现有的目标理论以及动机激发的心理过程理论都没有探索不同目标之间的相互作用。不同目标之间是否存在相互作用？它们相互作用的类型和机制是什么？这些问题都需要进一步的理论探索与实证研究。

对于领导力的形成而言，组织中的员工需要同时考虑个人目标和组织目标，并处理好二者的关系。如果一个动机理论不能处理多个目标之间的相互作用，将很难用来分析和研究领导力。因此，我们认为，构建目标的动力学理论以及分析不同目标之间的相互作用，是从个人目标的视角理解动机的重要理论基础，也是理解领导力生成机制中目标作用的重要逻辑前提。

第 5 章

# 动机理论的创新与发展：自组织目标系统理论

　　基于需要和认知视角的动机理论在探索人类动机的旅程中具有重要的阶段性意义与贡献，但它们关于人类心理模型的基本假设都存在明显的片面或错误之处。需要理论隐含着人类心理系统的非平衡张力模型，即认为不平衡状态产生的张力（可以是生理的张力，也可以是认知的张力）是需要形成的根源，满足需要的过程是走向平衡态的过程，从而主张获得满足的需要不再具有动机作用。该模型的理论原型类似于物理学的弹性张力模型（例如弹簧），它无法讨论不同需要之间的相互作用，也无法真正解释获得一定满足的需要为什么可以产生更强的动机（例如成就需要、爱的需要等）。认知视角的动机理论基本以社会认知理论为基础，其先天不足是作为其理论基础的人脑信息加工模型无法深入理解情绪与动机形成的动力学机制。以成就动机理论为例（Dweck，1986；Dweck et al.，1983；Dweck et al.，1988），其逻辑困境在于很难解释作为认知表征的个人目标为什么具有动机作用，这就导致成就动机理论无法揭示学习目标与成绩目标之间的相互作用及其形成动机的动力学机制。正由于心理学家所构建的人类心理模型本身的局限性，动机理论的研究经过一段时间的繁荣之后陷入停滞不前的状态，很难超越小型理论阶段。

　　为了更加深入全面地理解动机，进一步发展动机理论，我们需要引入新的理论基础。基于复杂性科学的自组织理论和大脑是一种开放的自组织系统的观点（Kelso，1995），章凯（2004a，2014）构建了人类心理的自组织模型，并在此基础上，综合现有的动机研究，提出了一套新的动机理论，即自组织目标系统理论，简称为"目标动力学理论"。其理论体系包括人类心理的自组织模型、心理目标的吸引子理论、动机与人格的心理目标系统观、情绪的目标结构变化说、兴趣的自组织目标—信息理论、人性的"目标人"假设共 6 个子理论（见图 5－1）。

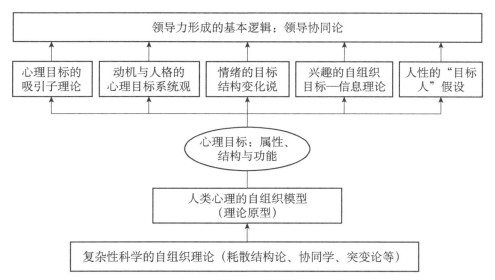

**图 5－1  目标动力学理论的逻辑结构及其与领导理论创新的关系示意图**

知名美国华人学者、中国管理研究国际学会（IACMR）前任主席陈晓萍教授曾如此评价目标动力学理论："探索人类的行为动机是半个多世纪以来组织行为学家的共同愿望。从需要理论（例如马斯洛、麦克利兰）开始，到工作要素理论（例如海克曼），到期望理论（弗鲁姆）、公平理论（亚当斯）、自我效能理论（班杜拉）、目标设定理论（洛克），到意义建构理论（如魏克、格兰特），我们对人类动机的认识日趋深入并不断提高。而在我看来，目标动力学理论不仅涵盖了所有这些理论的内涵和要素，而且是对它们的一个良好的有机整合。更有创新的是，该理论还把情绪这个重要因素考虑进去，填补了以往动机理论的一大空白。"（章凯，2014）该理论的代表作《目标动力学——动机与人格的自组织原理》曾荣获中国教育部第八届高等学校科学研究优秀成果奖二等奖和北京市哲学社会科学优秀成果奖二等奖。

下面分别介绍目标动力学理论的 6 个子理论，以便为领导力生成机制研究提供新的理论基础。其中，心理目标的吸引子理论是笔者目标动力学研究的最新成果。

# 5.1　人类心理的自组织模型

## 5.1.1　心理系统：一种自组织的大脑功能系统

为研究对象构建合适的理论原型是推动理论创新的基础与核心。以自组织理论为基础来研究人的心理现象，在西方已引起有关领域研究者的关注，在国内也已引起系统科学和神经科学研究者的注目（李喜先 等，1999）。第四届阿帕拉契神经动力学会议追求探讨学习动机如何代表自组织，而不是自我满意（de Grandpre et al.，1996），这次会议的中心议题就是作为自组织的学习，目标是探讨学习动机的自组织功能。会后出版了论文集《作为自组织的学习》（*Learning as Self-Organization*）（Pribram et al.，1996）。

在过去几个世纪中，西方科学被一种机械论的世界观统治着，按照经典看法，自然的基本过程被认为是决定论的和可逆的。然而，近四十年来，随着系统科学的发展，自然科学的世界观正发生着深刻的变革，进行着重新概念化。自组织理论就是其中的杰出代表，耗散结构论、协同学、突变论、混沌理论等都是自组织研究的成果。目前自组织理论已广泛应用于自然系统、生命系统和社会系统的研究中，它强调系统的整体性、非线性、动态性和复杂性，为研究复杂系统的运动规律开辟了广阔的前景。

什么是自组织和自组织系统？协同学（synergetics）的创立者，德国科学家哈肯（H. Haken）在其著作《信息与自组织》（2010）一书中，把自组织定义为："如果系统在获得空间的、时间的或功能的结构过程中，没有外界的特定干预，我们便说系统是自组织的。这里的'特定'一词是指，那种结构和功能并非外界强加给系统的，而且外界是以非特定的方式作用于系统的。"也就是说，自组织系统不需要外界特定的干预，能够通过内部各子系统或要素之间的合作与竞争产生时间结构、空间结构和功能结构。在这里，时间结构指某种现象或物理量随时间的有序变化，例如心脏的跳动、脑电的变化；空间结构指物质、能量或某种单元的空间分布，例如涡流、云朵的花样；功能结构指功能的产生以及多种功能之间的联系，例如生理的自我调节与新陈代谢。自组织系统产生的时间结构、空间结构和功能结构统称为自组织结构。自组织理论就是研究自组织结构形成规律的科学。

苏联学者鲁利亚（A. Luria）在其著作《神经心理学原理》（1983）的扉页写道："人脑的活动带有积极的性质……它不仅建立相应的未来模式，而且使自己的行为服从于这些模式。"这说明人的大脑不需要外界特定的干预，能够通过内部过程产生自组织结构。因此，大脑是一个自组织系统（Kelso，1995）。

哈肯在《信息与自组织》（2010）一书中明确提出，人的神经系统是比自然系统更复杂的一种高级自组织系统。长期从事激光物理与复杂系统研究的我国物理学者李福利认为：有迹象表明，大脑是复杂、开放、有意识的自组织系统，智力是大脑的自组织功能，思维是大脑内神经元的自组织过程，意识也是大脑内神经元自组织的产物。大脑的产生、发育和大脑的结构、功能都是自组织的。

个体心理是人脑的功能。大脑功能的自组织也就意味着人的心理的自组织。在国内，已故的著名心理学家朱智贤先生（1987）较早注意到心理系统的自组织功能。他认为，"人的心理是一个开放系统，因此，也是一个通过信息变换的、自控的、有组织的、自我调节的系统，是从无序到有序，再到无序，又从无序经过涨落到更高的有序状态的不断向前发展的过程"。

心理系统不需要外界特定的干预，能够通过内部过程产生自身的有序结构，这一点受到大量动机和行为研究的支持，人的心理活动的基本特征——目的性和意识的能动性可以为此提供强有力的证据。钱学森（1982：245）指出了目的性与自组织的关系，他认为："所谓目的，就是在给定的环境中，系统只有在目的点与目的环上才是稳定的，离开了就不稳定，系统自己要拖到点或环上才能罢休。这也就是系统的自组织。"因此，我们可以在理论上把人类的心理系统理解为一种复杂的自组织系统，心理的自组织是大脑自组织功能的体现。

## 5.1.2　自组织系统运行的基本原理

比利时科学家普里戈金（Ilya Prigogine）创立的耗散结构论（普里戈金 等，1987）和德国科学家哈肯（2013）创立的协同学是关于自组织系统运行规律的基本理论。

熵是无序的量度，负熵是有序和组织的量度。基于热力学第二定律，耗散结构论认为：一个孤立的封闭系统，由于自身的熵增必然走向无序和死亡；一个系统要实现或保持一种有序状态，就必须向环境开放，引进负熵（可以是物质、能量或信息），以抵消自身的熵增。系统只要具备开放、远离平衡态以及内部各要素之间存在非线性相互作用这三个条件，就可以实现从无序混沌状态到有序状态的转变，形成非平衡态的稳定有序结构（普里戈金 等，1987；沈小峰 等，1987）。普里戈金把这种非平衡态的稳定有序结构称为"耗散结构"。耗散结构的发现彻底颠覆了心理学的需要理论所强调的需要满足会导致系统进入平衡态的观点和需要理论背后的经典张力模型。耗散结构论主张"非平衡是有序之源"，开放系统通过涨落走向有序（沈小峰 等，1987）。从系统的存在状态来看，涨落是对系统稳定的平衡状态的偏离（曾国屏，1996）。根据涨落对系统稳定性的影响，可将其分为微涨落和巨涨落。

非线性是相对于线性而言的，也是理解自组织系统和耗散结构的重要概念。在线性系统中，整体等于部分的简单加和；而在非线性系统中，整体不等于部分的简单加和。这就意味着，非线性系统中，部分或子系统原则上是不能独立出来的，是与整体纠缠在一起的，认识了部分并不等于认识了整体。线性相互作用基础上的矛盾双方是可以分离的，而非线性相互作用基础上的矛盾双方则是难以完全分开的，只有在这样的科学基础上，才有对立双方的有机联系乃至相互转化。自组织系统中的相互作用是非线性相互作用，正是由于非线性相互作用导致的协同和竞争，系统才有整体行为（曾国屏，1996）。

　　哈肯概括了不同现象中有序结构形成的共同特点：一个由大量子系统所构成的系统，在一定条件下，子系统之间通过非线性的相互作用产生协同现象和相干效应（相干效应是指系统的不同部分相互协调一致地活动），这使系统形成了有一定功能的自组织结构，在宏观上便形成了新的有序状态。哈肯通过大量研究，提出了系统实现自组织的一般动力机制，即支配原理（slaving principle），又译为"伺服原理"。协同学的支配原理主张，在自组织系统中存在两类变量：快变量和慢变量。其中，快变量变化很快，对系统的未来影响短暂；慢变量变化缓慢，构成系统变化的主要模式（哈肯，2010，2013）。因此慢变量又被称为系统的序参量（order parameter），是用于描述系统有序状态的物理量。

　　以系统的序参量作为坐标轴形成的空间被称为相空间（phase space）。相空间突破了经典科学基于经验的时间和空间观念，为系统的整体性研究提供了一种全新的时空和时空观。在相空间中，每个点都对应一个系统状态，我们可以将某一时刻系统的状态归结为一个点，点的运动变化所展示的便是系统整体演化的历程。与以往的空间概念不同，相空间中的点与点的运动轨线所描述的不再是物体运动的位置和轨迹，而是系统生长的形态和过程。相空间不是"刚性"的，它可以挤压、拉伸和折叠。正因为如此，相空间为考察系统整体演化提供了新方法，是现代科学最强有力的发明之一（李曙华，2018）。

　　系统有朝某个稳态发展的趋势。在耗散系统中，不断趋向稳定性就意味着吸引混沌的可能性。在一个表现出这种性质的系统中，从某一完全确定的有限的相空间中发出的一切轨道迟早都必将趋向于吸引子（尼可里斯 等，2010）。

　　什么是吸引子？在系统的相空间中，有些点同时满足终极性、稳定性和吸引性三个条件，这些点集合构成动态系统的吸引子，它是一般复杂系统状态演化的方向和归宿。系统从某种状态开始变化发展，最终会达到某个吸引子。

　　在复杂系统的演化中常有多个吸引子，并且这些吸引子会随系统内部或外部或内外部之间的相互作用的变化而变化。在理论上吸引子随序参量的变化而变化，而在现实世界中吸引子的变化就是突变。研究自组织系统关键是研究系统的吸引子，研究它的形式与动力学机理（颜泽贤 等，2006）。

复杂系统的吸引子具有以下性质：

（1）吸引性。吸引子是相空间中的一个有界区域（舒斯特，2010）。每个吸引子都有自己的吸引域（就像两条靠近的河流各有自己的流域一样），也就是"在相空间里都在自己的周围划分出一定的'势力范围'，凡是以那个范围内的点为初态而开始的轨道都趋向于该吸引子"（许志国，2000）。吸引子的吸引性意味着系统演化对目标状态的趋向性，从而使系统的演化行为表现出一定的目的性。

（2）不可分解性。吸引域可以有很复杂的结构，但吸引子本身是不可分解的。也就是说，在时间进程中轨道将达到吸引子上的每个点（舒斯特，2010）。一个孤立的许多不同点的集合绝不是单一的吸引子。

（3）稳定性。有吸引力的吸引子具有稳定性，这是吸引子的一个重要性质。就短时间而言，相空间中任何一点都代表动力系统的一种可能行为；就长时间而言，只有吸引子才代表可能的行为，其他类型的运动都是瞬态的，稍纵即逝的（格莱克，1990）。

根据混沌学的研究，在耗散系统中存在一类性质独特的吸引子，即奇异吸引子（strange attractor）。奇异吸引子是现代系统科学研究的重大突破，是理解混沌的关键（李曙华，2018；格莱克，1990）。奇异吸引子代表着耗散系统演化行为所趋向的终极状态或目标，它们除了具有吸引子的上述一般性质外，还具有以下特性：

（1）具有分数维。不像其他吸引子具有整数维，研究发现奇异吸引子具有非整数维的分形结构。分形结构使得奇异吸引子既是相对稳定的，又是动态变化的，严格说来，是整体稳定，局部不稳定，是某种"活的"稳定性。奇异吸引子的稳定不是封闭的，而是对环境开放的。

（2）对初始条件敏感。使吸引子变得奇异的原因是对初始条件的敏感。奇异吸引子作为一种有吸引力的稳态，它对初始条件或边界条件是高度敏感的。"初始时任意靠近的许多点在足够长时间后在吸引子上宏观地分离开来"（舒斯特，2010）。

（3）不同奇异吸引子之间可以存在相互作用。当相空间同时存在几个吸引子时，整个相空间将以它们为中心划分为几个区域，每个区域内的轨道都以该吸引子为归宿。在混沌边缘，不同奇异吸引子之间存在协同与竞争关系，由此导致系统演化具有多种可能的未来。

（4）信息性。奇异吸引子与信息的产生有着密切的联系。奇异吸引子吸引并驱使系统趋向吸引子所包含的最终稳态是以信息的生成和传递为基础的，在耗散系统中，奇异吸引子的形成也是信息作用的结果。奇异吸引子是信息机器，它们集有序和无序于一身，在原来没有信息的地方创造出信息（格莱克，1990：271-272）。物质一旦由信息选择并组织起来，它们就成了携带信息的有目的的载体，这是一个自然的自组织过程（李曙华，2018）。

李曙华从系统生成论的角度分析认为，奇异吸引子贯穿系统生成演化全过程，它不仅维系着系统生成过程的稳态，而且产生并储存着信息，推动并牵引着系统演化的方向。可见，奇异吸引子的发现大大丰富了稳定性与目的性的内涵，它所代表的不再是不变的无生命的稳态与目的，而是充满内在活力的有生命的稳态与目的，从而突破了经典科学的还原论与机械因果律，揭示了系统整体生存的目的性因果律。奇异吸引子"作为一种系统整体生存的稳定态，不是静态的，而是过程的；不是预定的，而是生成的；不是物质的，而是信息的，由此突破了传统科学机械的静态的'稳定观'"（李曙华，2018）。

## 5.1.3 人类心理的自组织模型

脑科学研究者发现，人脑的活动带有积极的性质，它不仅建立相应的未来模式，而且使自己的行为服从这些模式（鲁利亚，1983）。人脑所建立的关于未来的模式，用心理学的语言来说，其实就是目标。目前，越来越多的研究把人类的动机、行为、情绪、认知与个体所具有的个人目标直接联系起来。首先，个人目标对行为具有选择、驱动和组织作用（Ames，

1992；Ames et al.，1988；Elliott et al.，1988；Elliott et al.，1996；Zaleski，1992）。其次，情绪研究也把情绪与目标密切联系起来（Brunstein et al.，1998；Emmons et al.，1996），主张与个人目标发生关联是一切情绪发生的首要条件（Lazarus，1991）。在此基础上，笔者进一步认为，情绪产生于心理目标的变化（章凯，2004b）。而个体对因目标受挫引发的消极情绪的调节方式也会反过来影响其对目标投入的努力和目标的实现进程（Benita et al.，2021）。再次，个人目标对认知过程具有组织作用，例如目标往往决定我们注意什么，如何感知物体和事件，我们如何运用推理过程对因果联系进行推断等。研究发现，不同的成就目标与不同的努力模式、认知投入水平、坚持程度和关于自我的感情有显著联系（Ames et al.，1988；Pintrich et al.，1990；Turner et al.，1998）。

总之，现代心理学的研究揭示出，在人的心理世界存在一种指向未来的动力性变量，例如，人们对未来的幻想、愿望、期待、目标等。人与外部世界相互作用的过程，不仅使心理系统获得了现实性的发展，例如能力的成长、认知结构的发展、一定的价值观和信念的形成等，而且从中形成了理想、愿望、目标等存在多种叫法的指向未来的因素，后者为人的活动提供了持续的精神动力，在心理系统中构成了一个丰富多彩的动力性目标世界。这些动力性因素都包含一组尚未展开的未来心理图景，它们引导着人的心理发展的趋向和可能达到的未来状态，它们具有共同的本质，因此可以被统称为"个人目标"。

Dweck（1992：165-166）回顾了与目标有关的文献之后，总结道："近来在心理学多个领域的研究表明，人们的行为模式、情感状态、认知过程甚至基本的感知过程都会因个体追求目标的不同而有所不同。也就是说，个体目标决定着哪些过程发生作用以及这些起作用的过程如何被组织起来。类似的发现表明：要想完整地理解主要的心理过程，我们需要在不同的目标情境下对它们进行系统的研究。"与此相似，人格心理学家奥尔波特（Allport，1955）主张，人格的中心部分是有意识的意向，包括希望、志向和理想等，这些目标有助于激发成熟的人格，并提供理解当前行为的最好线索。

　　结合心理学关于个人目标的研究和复杂性科学对奇异吸引子的研究，我们可以看出，在人的心理这一自组织系统中，指向未来的个人目标与奇异吸引子的功能是相同的。因此，我们认为个人目标就是心理系统的奇异吸引子，复杂性科学关于吸引子的理论认识有利于我们超越目标的认知论和心理平衡模型，发展个人目标的系统动力学理论。为了区别于现有的目标概念，我们将基于吸引子理论的个人目标称为心理目标，并将之界定为：心理目标是个体内心深处涌现出来并具有自我实现倾向和相对稳定的未来状态。与具体的工具性目标相比，它们是个人内心世界的"高阶目标"或"根目标"（root goal），具有动力性、生长性、价值性、相对稳定性等特点。

　　在此基础上，我们提出了人类心理的自组织模型，其基本观点是：人的大脑是一种拥有自我意识的自组织生命系统；心理是大脑的机能，人的心理系统是一种有意识的、由未来目标驱动的、非线性的自组织功能系统，具有系统性和成长性；心理系统中存在一种指向未来的动力性变量，它们引导着人的心理活动的趋向和可能达到的未来状态，这些因素被统称为心理目标；包含未来理想状态的心理目标是心理系统的奇异吸引子，是个体心理系统自组织演化的驱动者与组织者，是个体行为的目的性和驱动力形成的基础；心理系统中的不同目标在一定条件下相互协同和竞争，并由此影响心理系统的演化与发展（章凯，2004a，2014）。

　　建立心理系统的自组织模型意义何在？首先，这一模型体现了现代哲学的系统观点、动力观点和矛盾观点。很多现代心理学理论没有很好地反映这些科学方法论的要求，对人的心理活动的动力性揭示不足，对人内心世界的矛盾冲突缺乏有效的把握。心理学视野中的人类心理世界远远没有社会生活中人的心理世界复杂。其次，自组织系统中的相互作用是非线性相互作用，由此产生的协同和竞争导致系统的整体行为。线性相互作用基础上的矛盾双方是可以分离的，而非线性相互作用基础上的矛盾双方则是难以完全分开的，只有在后者的基础上，才有对立双方的有机联系乃至互相转化。现代心理学理论基本都继承了传统物理学的线性相互作用模型，例如马斯洛的动机与人格理论、现代成就目标理论也都只是反映了线性的心理现象，无法解释

和预测心理系统的非线性活动规律。再次，除了精神分析学派和极少数人格
理论，近现代心理学理论的重心是关注心理系统的平衡态，它们基本没有为
研究系统的非平衡态留下理论空间。例如，动机理论基本都把消除紧张、达
到心理平衡看作个体行为的动力来源和目的。然而，在现实生活中，大量的
个体行为不是为了消除或避免紧张，而是为了创造新的紧张，并因此积极从
事紧张活动，以实现个人愿望与理想。即使少数理论流派关注和反映了心理
的非平衡态，也是把其运动规律同线性相互作用联系在一起，最后走向简单
的因果联系。例如，弗洛伊德创立的精神分析理论把个体心理疾病同其早期
生活经历和性本能紧密联系起来，这就是一个典型。

　　普里戈金创立的耗散结构论主张"非平衡是有序之源"，开放系统通过
涨落走向有序。系统只要具备开放、远离平衡态以及内部各要素之间存在非
线性相互作用这三个条件，就可以实现从混沌状态到有序状态的转变，形成
非平衡态的稳定有序结构。普里戈金把这种非平衡态的稳定有序结构称为
"耗散结构"（普里戈金 等，1987）。在笔者看来，与其说稳定的心理结构是
一种平衡结构，不如说稳定的心理结构是一种耗散结构，这更符合真实的人
类心理。

　　因此，我们认为，建立心理系统的自组织模型绝不仅仅是术语和概念的
简单转换，而是人类心理原型的一次更新，对心理学和行为科学而言，则预
示着学科范式转换的开始。我们相信，这一人类心理原型的更新对心理学发
展的意义将不亚于西方心理学从新行为主义的 S-O-R 模式转向人脑的信息
加工模型，它将促进人类心理研究出现新的理论定向，并为探讨动机与领导
力提供新的理论根基，属于元理论和学科信念层面的转换。

## 5.2　心理目标的吸引子理论

　　基于吸引子理论和人类心理的自组织模型提出的个人目标理论是一种关
于目标的自组织观点，所以我们称之为心理目标的吸引子理论。该理论认
为：心理目标是心理系统的奇异吸引子，涌现于心理系统中，蕴含着一定的

个人价值观念、行为规范和实现策略；心理目标具有未来导向性、价值性、相对稳定性、文化选择性、自我生长性和寻求自我实现的本性；心理目标包含着尚未展开的未来状态，对应着一定的未来结构；每一种发展健全的心理目标都有一个目标子系统，包括根目标和工具性任务目标，实现工具性任务目标对个人的价值在于促进其根目标的实现；在适宜的条件下，心理目标会努力吸引和驱使心理系统朝着自己的方向发展，从而使心理系统走向新的有序状态；动机是心理目标的动力功能，一种心理目标激活并成为优势目标后形成行为动机，它会努力改变当前的心理结构，驱使个体在适宜的条件下，发动、组织和维持一定的行为，使其所包含的未来状态走向现实，并在一定条件下促进心理目标的发展或形成新的心理目标内容。

关于心理需要的形成，心理目标的吸引子理论认为，人的心理需要产生于心理目标的类型、性质及其实现条件。有些需要形成于心理目标的类型，例如情感性关系目标形成关系需要，学习目标形成认知需要等；有些需要形成于心理目标的性质及其实现条件，例如，自主需要形成于心理目标内在驱动及其实现自我的本性，胜任需要形成于个体心理目标谋求自我实现时对个人素质的要求。

心理目标作为奇异吸引子，对初始条件很敏感。这导致同一个体在不同的情境中或不同个体在同一情境中，其不同心理目标在目标结构中的地位和影响力可能是不一样的，由此形成不同的动机模式。个体心理目标虽是相对稳定的，但同一个体在不同的情境中，可能会有不同的心理目标占据优势地位，从而形成不同的动机模式。个体的行为取决于他对当前情境因素的认知和在特定情境中所形成的动机模式，并总是与当前占优势的心理目标保持一致。在这一过程中，人的理性是有限的，个体的行为决策遵循满意法则。

可见，与成就目标理论相比，心理目标的吸引子理论对目标形成机制、属性以及功能的理解有本质的不同。成就目标理论认为个人目标形成于个体关于能力是稳定的还是发展的这一内隐的认知信念，其理论基础是社会认知理论，难以真正揭示个人目标的动力性和不同目标之间的相互作用。心理目标的吸引子理论在本质上也不同于目标和需要的本能论或弱本能论。心理目标的吸引子理论认为，心理目标作为奇异吸引子，并非完全是天生的或本能的，而是一种自组织开放系统，个体心理目标的形成既是一种自组织涌现的过程，又是受一定文化价值观影响的建构过程，对环境和初始条件敏感，这就决定了与心理目标的属性匹配的文化（例如自主支持性文化等）和促进心理目标形成的初始文化更容易获得个体认同。但是，需要注意的是，文化并非能够随意塑造人，人在文化面前不是被动的，而是主动地选择、适应和创造着有利于其心理目标形成与实现的文化。

马斯洛的需要层次理论给我们描绘了这样一种人性世界：人格的核心是来自本能的需要，人格发展的过程就是人的优势需要层次不断升级和本能的潜能不断实现的过程；环境与文化的影响并不能改变人的需要，只能通过满足或不满足人的需要来影响需要出现的层次。而心理目标的吸引子理论为我们揭示了另一个更加积极主动的、具有可塑性的人性世界：个体可以在后天的社会活动中选择性地接受一定的文化影响，并由此形成相应的心理目标和与之相匹配的人格特征，自主地追求个人目标的实现，从而实现人格发展。这一理论基础为理解和实践文化管理与文化领导力打开了一扇新的大门。

## 5.3  动机与人格的心理目标系统观

生物学研究发现，任何生物体均具有两套系统：感受器系统和效应器系统。而在人那里还可以发现存在于这两个系统之间的第三个子系统——"心理表征系统"（即符号系统）和第四个子系统——"心理目标系统"。这两种新的获得物改变了人的整个生活，有了它，人类就不再生活在一个单纯的物理宇宙中，而是生活在一个符号宇宙和追求意义的动力世界中。

根据笔者和刘永虹之前的研究，不同的心理目标并不是孤立存在的，而是彼此联系的，并且形成了心理目标系统，因此提出动机与人格的心理目标系统观。其主要观点是：

第一，在个体的心理系统中存在三大类心理目标：内在目标、外在目标和复合性目标。其中，内在目标包括学习（旨在发展能力和实现潜能）、创新（旨在创造新知识和新技术）、关系（旨在建立和维持情感性联系）、自我实现（旨在实现自我价值，对他人或社会做出贡献）四种目标；外在目标包括物质生活、心身安全、均衡生活三种目标；复合性目标是具有一定的内在目标属性的外在目标，即内化的外在目标，研究结果显示，中国员工的复合性目标包括职业发展和社会地位两种。各目标的典型表现如表 5 - 1 所示。

表 5 - 1　心理目标系统的构成与表现举例

| 心理目标大类 | 心理目标内容 | 典型表现举例 |
|---|---|---|
| 内在目标 | 学习 | 提升工作能力 |
| | 创新 | 在工作中贡献新想法 |
| | 关系 | 拥有团结合作的同事 |
| | 自我实现 | 在工作中实现个人价值 |
| 外在目标 | 物质生活 | 拥有良好的生活条件 |
| | 心身安全 | 工作具有安全性 |
| | 均衡生活 | 工作与生活能够平衡 |
| 复合性目标 | 职业发展 | 获得职位晋升 |
| | 社会地位 | 拥有一定的社会影响力 |

第二，心理系统中每一种涌现出来的心理目标都有一个目标子系统，表现为一个目标族或目标树，包括根目标和工具性任务目标。其中，根目标具有涌现性、生长性和发展的持续性；工具性任务目标具有序列性、工具性和明确的终了状态，它们往往是一个具有先后序列的目标链条（例如职位晋升目标，晋升到低职位可以为晋升到高职位创造条件）。自主设定的工具性任务目标往往会反映根目标生长和自我实现的阶段性要求。实现工具性任务目标是否具有价值与意义取决于其能否促进高一级工具性目标和根目标的实现进程。如果工具性任务目标同个体的高一级工具性目标和根目标的实现完全脱节（例如实现任务目标只是出于服从，服务于他人利益），那么为工具性任务目标的实现而努力就不会具有个人的价值和意义，从而很难产生动机效应。

第三，不同类型的目标形成不同类型的动机。内在目标形成内在动机，外在目标形成外在动机，复合性目标形成有一定内化水平的外在动机。内在目标中的学习目标、创新目标、关系目标和自我实现目标分别形成包含不同内容的内在动机，它们既可以相互分离，又可以相互协同和相互支持，共同提升内在动机的水平。

第四，不同的心理目标相互联系、相互作用，共同构成一个动态的有机整体，即个体的心理目标系统。心理目标系统中的不同目标存在协同或竞争关系，并努力驱使个体心理趋向占主导地位的目标或目标群所包含的稳态。

第五，由于心理目标对外部环境的敏感性，而且不同个体的成长与生活环境存在一定的文化差异，会导致个体心理目标系统中不同目标的地位及其对心理系统的吸引力存在一定的个体差异。

第六，个体的心理目标系统形成了人格的倾向性与动力性，是动力性人格的核心成分，具有自组织与自驱动能力，具有自我实现倾向。人格的健康发展取决于个体心理目标系统的协同与成长。外部环境既可能促进个体心理目标系统的协同与整合，又可能起到某种阻碍甚至破坏作用。心理目标和具有协同性质的目标群倾向于努力适应外部环境或选择适宜的外部环境，维持某一稳态或趋向一种新的稳态。

第七，心理目标系统具有整体性、动力性、开放性、相对稳定性和成长性，这一系统的存续与发展需要不断从环境中获取信息和能量来维持。心理目标及其系统的结构与属性会反映在人格上，使人格具有整体性、开放性、自我驱动性、方向性、自我调节性、成长性以及相对稳定性。内在目标的实现与成长所带来的基本需要的满足是人格持续健康发展的基石。

## 5.4　情绪的目标结构变化说

情绪与需要、动机一样，与人的心理动力系统有关，是一种复杂的心理动力现象。孟昭兰（1989）认为，情绪（emotion）代表着感情性反应的过程，而情感（feeling）经常被用来描述社会性高级感情。

20 世纪 60 年代以来，从心理层次上探讨情绪本质及其发生机制的重要理论主要有：情绪的认知理论，主要包括阿诺德（M. B. Arnold）和拉扎勒斯（R. S. Lazarus）的认知—评价理论、韦纳（B. Weiner）的归因理论；情绪的动机理论，主要有弗洛伊德的情绪无意识理论以及汤姆金斯（S. Tomkins）和伊扎德（C. E. Izard）的动机—分化理论；情绪的动机—信息理论，主要包括西米诺夫（P. V. Siminov）的观点和国内学者卢家楣的需要—预期假说。20 世纪 90 年代初，拉扎勒斯在以前研究的基础上综合有关理论成果，提出了情绪的认知—动机—关系理论，这是比较新的情绪理论。这些理论对情绪的本质及其发生机制的认识都具有一定的积极意义，每种理论都包含有合理的成分，但由于其底层逻辑即心理模型本身存在严重不足，因此这些理论都难以得出令人信服的结论。我们根据人类心理的自组织模型和心理目标的吸引子理论，提出了情绪的目标结构变化说（章凯，2004b）。这里主要介绍重要的情绪理论研究和情绪的目标结构变化说的主要观点。

## 5.4.1　情绪理论的主要观点与遗留的问题

首先，认知是情绪发生的重要机制。拉扎勒斯早期给情绪下的定义是："情绪是来自正在进行着的环境中好的或不好的信息的生理心理反应的组织，它依赖于短时的或持续的评价。"（孟昭兰，1989：5）。个体依据什么判断环境事件的好坏？信息的好坏为什么可以引发与情绪相关的生理心理反应？为了回答这一问题，拉扎勒斯（Lazarus，1991）在其著作《情绪与适应》一书中，对其早期的理论进行了发展，提出了情绪的认知—动机—关系理论，扩展和深化了情绪的认知—评价理论。他仍然把评价分为初评价和再评价，认为初评价由目标关联（goal relevance）、目标一致或目标不一致（goal congruence or incongruence）以及自我卷入的类型（type of ego-involvement）三个方面构成。目标关联是指当前面临的事件触及个人目标的程度。目标关联对所有情绪来说都是决定性的。如果在当前事件中，有一种目标是有利害关系的，那么就会产生情绪；反之，如果没有目标关联，就不可能产生情绪。目标一致或不一致对所产生的情绪是积极的还是消极的具有决定性作用。自我卷入即把个人目标引入情绪过程，既解决了评价的标准问题（目标一致或不一致），也解决了情绪发生的前提条件问题（目标关联）。但拉扎勒斯所理解的个人目标是认知属性的目标，是大脑存储的未来形象表征，不具有动力性。因此还是必须用"评价"来解决情绪发生的心理机制问题。情绪与动机的联系在情绪的认知—评价理论和情绪的认知—动机—关系理论中都不清晰。此外，情绪的归因视角认为情绪是由对因果关系的看法决定的。该理论可以被认为是情绪评价理论的一个子集，但其评价的重点在于因果信念。综合认知视角的情绪理论可以发现，站在认知的角度分析情绪发生的机制，主要是以人的理性模型为基础，而大量情绪现象却表明情绪本身具有非理性和动机作用，情绪的认知理论无法真正解释情绪的这一特点。

其次，情绪也具有动机的性质。汤姆金斯与伊扎德不认同情绪的认知理论，都主张情绪具有动机的性质。汤姆金斯和伊扎德从种族进化的观点出发，明确提出情绪是进化的产物，从而引申出情绪的分化观点，由此创立了情绪的动机—分化理论，认为情绪是先天的和原始的动机系统。伊扎德断言，情绪一旦被激活，其后续活动便依赖于原始活动的位置和性质展开，情绪的主观体验的产生与认知无关。因此，伊扎德的情绪理论同拉扎勒斯的认知评价理论相对立。Scarantino（2014）基于哲学视角也提出了情绪的动机理论，认为情绪是旨在控制一些目标优先于其他目标的行为控制系统。利珀（R. W. Leeper）也认为情绪起着动机的作用，主张情绪是一种具有动机和知觉作用的积极力量，它组织、维持并指导行为（斯托曼，1986：61）。还有一些研究也发现了情绪与动机的直接联系（Halbesleben et al., 2007；Hardy，2006）。

因此，整合认知与动机视角是理解情绪的重要基础。普里布拉姆（K. H. Pribram）从神经生理学的观点出发，考虑了评价（例如阿诺德）和动机（例如利珀）的理论，初步形成了情绪的动机—信息理论的主张。普里布拉姆认为，情绪监测着脑的加工、认知活动和社会行为；当人们在过去的经验中建立起来的内部认知模式同当前输入的信息不一致，即预料中的愿望未能实现，行动遭到失败，或预料中的意外事件无法避免或其无力应付时，就会产生紧张、焦虑和忧虑（孟昭兰，1989：71）。西米诺夫也从动机和信息的角度研究了情绪问题。他将他所指称的消极的情绪定义为 $E=-N(I_n-I_a)$，即情绪（$E$）等于必要信息（$I_n$）与可得信息（$I_a$）之差与需要（$N$）的乘积（斯托曼，1986：51-52）。西米诺夫认为，情绪本身具有一种强烈的生理激活的力量，当有机体需要的信息等于可得的信息时，有机体的需要得到满足，情绪便是沉寂的；如果信息过剩，超出了有机体预期的需要，积极的情绪便会产生；如果一个有机体因缺乏信息而不能适当地组织自己，那么神经机制就会使消极的情绪开始行动；积极的情绪和消极的情绪都可以促进行为。普里布拉姆和西米诺夫的研究初步推动了整合视角的情绪理论研究，但难以回答一些基础理论问题，例如：情绪发生中动机与信息何以能够整合在一起？动机在信息获取或认知评价中起到什么作用？等等。

## 5.4.2　情绪的目标结构变化说的主要观点

根据上文构建的人类心理的自组织模型、心理目标的吸引子理论和动机与人格的心理目标系统观，心理目标是人的需要和动机产生的基础。在一定条件下，一种心理目标激活并成为优势目标后，便生成行为的动机，驱使个体在适宜的条件下，发动、组织和维持一定的行为，使其所包含的未来状态走向现实。心理目标的变化必然会在一定程度上引起需要状态的变化，从而产生情绪体验。笔者由此提出了情绪的目标结构变化说，其核心观点是：由当前面临的事件引起个体的心理目标结构的变化而产生的心理、生理反应即情绪、情感；所发生情绪的性质（积极和消极）取决于心理目标结构变化的方式或历程；所发生情绪的强度取决于心理目标结构变化的速度；情绪与动机产生的心理基础都是心理目标，二者是心理目标动态运行的一体两面。

对该理论说明如下：

第一，在人类心理的自组织模型中，心理目标并不是一种简单的认知表征，它是在个体的经验世界与价值体系中内生出来的，并代表着心理系统的未来有序结构，是存在于心理系统相空间中的奇异吸引子。心理目标在心理学意义上表现为个体的幻想（理想）、愿望、对未来的期待、理想自我、对有情感联系之人较稳定的美好期盼等。

第二，心理目标结构包括单个心理目标的结构，也包括不同的心理目标通过相互之间的协同和竞争形成的有机整体，即心理目标系统。

第三，心理目标结构的变化主要有以下形式：原有目标趋于实现；原有目标趋于毁灭；目标结构中不同心理目标的地位发生变化；原有目标获得新生或衍生出新的心理目标等。心理目标的这些变化形式被统称为目标结构的变化。

第四，人们在与当前面临的事件的相互作用中构建信息是心理目标变化的前提，心理目标同时又组织着个体的信息建构过程。在此，我们对信息的界定是：在人的心理活动中，信息是心理系统在与信源相互作用的过程中，为减少和消除自身不断产生的心理不确定性和模糊性而建构的内容（托姆，1989；章凯，2014）。

第五，当前面临的事件与所产生的情绪、情感之间的联系并不是直接的，情绪发生的心理基础是个体心理目标结构的变化。

第六，由于人的心理系统具有意识功能，这就使心理目标的变化可以有两种不同的方式：其一，一定的事件或结果的发生引起心理目标的变化，例如获得晋升后职业发展目标得到阶段性实现而感到喜悦；其二，预期某一结果在未来会出现，从而引起心理目标的变化，例如预期会获得成功，因此感到高兴和对未来充满希望。

第七，情绪的发生既有心理机制，也有生理机制，情绪会同时表现为某种生理的和心理的反应。但并非所有的心理、生理反应都可以归为情绪反应，只有那些源于目标结构的变化而形成的生理、心理反应才与情绪、情感有关。例如心跳加快或脸红并不一定是情绪反应。

第八，心理目标所包含的稳态具有动力学性质，心理目标的变化具有自身的动力学机制，可以在潜意识世界中自发地进行，并不完全依赖理性的认知过程。人们对心理目标变化过程的反省能力是有限的，这意味着用反省的方式研究情绪发生机制的有效性是有限的。

第九，由于心理目标代表着心理系统的未来有序结构，组织和驱动着个体的心理与行为，因此目标结构的变化必然会引起心理系统有序性的变化，这一过程可以用系统的熵的变化来度量。在一定条件下，如果个体的目标趋于实现，那么其生理—心理系统的有序性就会增加，与此相应，系统的熵就会减少，这时个体将会产生积极的情绪；反之，如果目标的现实化过程受阻、倒退或遭到毁灭，那么个体将会产生消极的情绪，产生熵增。熵增过程不利于心理系统的稳定，系统就需要耗散掉增加的熵。因此，在消极情绪出现时，及时耗散所增加的熵对保持心理健康是重要的。

第十，目标结构变化的速度与其所产生的情绪的强度成正向关系。目标结构变化的速度可以用单位时间内系统的序变或熵变来度量。个体的生理状态和神经系统的特性也会对情绪强度产生一定影响。

第十一，情绪与动机是心理目标动力学属性的一体两面，二者既有本质差异，又相互联系。动机形成于优势目标的动力性与吸引性，情绪产生于心理目标结构的变化，其背后都是心理目标。

与现有的情绪理论相比，情绪的目标结构变化说的理论优势表现在：首先，它可以很好地从目标动力学的角度把情绪与动机、认知联系起来；其次，它能在同一个理论框架里比较好地揭示和解释情绪发生的机制、性质与强度；再次，心理目标的变化既可以在意识世界里理性地进行，也可以在潜意识世界里自发地进行，这就可以统一解释情绪同理性和非理性的关系；最后，由于优势目标对个体心理活动具有组织与动力作用，并且心理目标演变时能带来心理能量的变化，这就能很好地解释情绪、情感对个体行为所具有的动力和组织作用。目前，在情绪心理学中，还没有一种情绪理论能够做到如此简洁和完整地解释这些情绪现象。此外，对情绪的目标结构变化说的应用研究发现，应用该理论可以明确地揭示员工心理幸福感和情绪幸福感的心理基础和形成机制，并且有效地整合现有的幸福感理论，对员工幸福感具有更强的解释和预测能力（章凯 等，2018）。因此，我们相信，在人类心理的自组织模型基础上建立起来的情绪的目标结构变化说代表了情绪理论发展的新方向，具有广阔的应用与发展前景。

# 5.5  兴趣的自组织目标—信息理论

## 5.5.1  兴趣的概念与基本特点

孔子曰："知之者不如好之者，好之者不如乐之者。"兴趣是一种兼有认知、情绪、动机的复合性心理现象，因此，它必然成为心理学理论研究最难解决的问题之一。兴趣作为一种促进认知过程的内在动机，与学习和创新有着千丝万缕的联系（Eisenberger et al.，2009；Renninger et al.，2015），因此，在强调学习与创新的知识经济时代，研究和激发员工的工作兴趣成为领导者的一项重要工作。

关于兴趣的心理本质，在中国心理学界有两个代表性定义：认识兴趣是学习动机中最现实、最活跃的成分，是力求认识世界、渴望获得科学文化知识和不断探求真理而带有情绪色彩的意向活动（潘菽，1983：76）；兴趣是力求认识、探究某种事物的心理倾向，由获得这方面的知识在情绪体验上得到满足而产生，它与需要相联系（朱智贤，1989：792）。

从动力性和情绪性来研究兴趣的本质，这在西方心理学界由来已久。早期的实验心理学家们重视兴趣的意志因素，认为兴趣不仅是一种愉快的思考，而且是一系列愉快的思考，这些思考中有动机或驱动力。在当代教育心理学研究中，兴趣作为一种内在动机的观点已被研究者们普遍接受。

苏联学者休金娜等在20世纪70年代对认识兴趣进行了比较系统的研究，休金娜及其合作者的研究表明，兴趣能促使学生思维过程积极化，使其表现出积极探索、大胆猜测、深入研究、刻苦钻研问题实质的倾向，它还能使学生思维活跃，灵活运用知识，迅速地调动已获得的知识和技能去解决各种问题。休金娜认为，认识兴趣本质在于人不满足于对事物表面现象的了解，要求深入、全面地研究事物的本质并揭示其规律性。休金娜等根据认识兴趣的外在表现，提出认识兴趣的心理结构是以人的智力、情绪、意志过程的统一整体为基础的特殊的"合金"，其核心是思维过程。研究发现，引起兴趣的思维过程区别于无兴趣的认知过程的一个关键特征是个体努力探求与获得某种信息，并由此表现出积极的情绪反应（章凯，2014）。

人为什么会产生这种对信息的需求？驱使人努力获取信息的动力是什么？获取信息为什么会引起个体积极的情绪反应？分析这些问题是我们进一步研究兴趣的基础。然而现有心理学的理论体系很难对这些问题做出深入、有效的理论分析。笔者基于人类心理的自组织模型，经过十多年的深入研究，提出了兴趣的自组织目标—信息理论（章凯，2004a）。

## 5.5.2　兴趣的自组织目标—信息理论的主要观点

自组织目标系统理论为我们回答上文提出的三个问题提供了新的理论基础。人之所以有一种固有的信息需求，是因为不断从环境中获取信息是人的心理系统保持和发展自身有序结构的基本条件。心理是人脑的机能，大脑的活动需要物质、能量和信息来共同维持，健康有序的心理系统不仅依赖于一个生理功能正常的大脑，还依赖于不断从环境中获取一定内容的信息，否则，作为吸引子的心理目标难以形成、存续和发展，心理系统就会走向混沌和死亡。因此，人对信息的需求不是一种多么高的追求，而是个体作为正常人能够生存发展的基本条件。

人们获取信息的动力来源于心理目标。心理目标是个体对一定对象（包括自我、他人或有关事物）选择性地建构起来的、渴望实现的、稳定的、有价值的未来状态。每一个心理目标都包含着相应的一组未来状态，对应着一定的未来结构，并蕴含着一定的个人价值观念、行为规范和实现策略。心理目标支配着心理系统的自组织活动，发动和组织个体的信息建构。同一个体在不同的发展时期或不同的个体由于支配心理活动的优势目标不同，所追求的信息内容也会存在一定程度上的差异。但不论是谁，只要他的大脑功能正常和人格正常，他就会寻求获取信息。

基于突变论的创立者托姆（R. Thom）对信息概念的研究（托姆，1989），我们对"信息"一词的界定是：在人的心理活动中，信息是心理系统在与信源相互作用的过程中，为减少和消除自身不断产生的心理不确定性和模糊性而建构起来的内容。这一信息概念包含五个要素：信息的需求者、信息的需求者对信息的要求、信息的提供者、需求者建构信息的过程、需求者获得信息后的好处。因此，我们这里所说的"信息"并不等同于一般意义上的知识或消息。

信息的获得总会引起个体的情绪反应。原因在于信息有别于一般意义上的知识或消息，信息的获得可以消除个体心理的不确定性和模糊性，有利于相应的心理目标的形成或实现，因而，它对个人而言有一定的价值与意义，会引起积极的情绪反应。

综上所述，人的心理系统是一种开放的自组织功能系统，心理目标支配着心理系统的自组织过程；个体心理的发展是以不断从环境中获取信息为基础的，个体在与一定的认识对象相互作用时，不断从中获取信息，以消除原有的或新产生的心理不确定性和模糊性，促进心理目标的形成、演化和发展；已被激活并占优势的心理目标支配着心理系统的自组织，发动和组织着个体的信息建构。正是在这一过程中，个体表现出兴趣的特征。

因此，我们认为，兴趣在本质上是活动着的心理目标为了实现自身所包含的可能运动与未来状态，组织心理活动，努力获取信息这一内在倾向和过程的外在表现。兴趣产生于信息建构过程中心理目标的激活（或形成）与变化发展，并且由于心理目标对心理过程的引导和调节作用，兴趣反过来又作用于认知过程，组织信息加工，以利于进一步获取所需要的信息，将心理目标所包含的可能运动或未来状态变为现实。笔者将该理论称为兴趣的自组织目标—信息理论（章凯，2004a）。

# 5.6　人性的"目标人"假设

正确地理解人性是构建领导理论的逻辑基础。然而理解人性首先必须厘清人性假设需要满足的基本条件，以免陷入无谓的论争。我们认为，人性假设需要揭示的是人的本质属性，而非本性，更非习性，虽然三者之间存在一定联系。从研究人的本质属性出发，我们认为，人性必须同时满足三个必要条件：第一，它是人们普遍拥有并且稳定拥有的属性；第二，它是人类个体独有，其他物种和智能机器人都没有的属性；第三，人类个体一旦失去它，该个体将不再属于人。基于这些条件，类似道德、情感、社会性、有需要、创造力、制造工具、使用语言等特点都不属于人性的范畴，因为某些动物也会在一定程度上具有这些特点（例如社会性、制造工具、情感等），或者失去这些特点后并不一定危害人类个体的生存（例如创造力、道德等）。

人的本质属性是什么？赫舍尔（A. J. Heschel）写道：在人的生命中，"最为重要的东西是什么？是生活的意义。在人的一切行为中，人提出对意义的要求"（赫舍尔，1994：49）。弗兰克（V. E. Frankl）的人格理论也强调意义的重要性，"缺乏生活的意义，对弗兰克来说，就是神经病；他把这种状态称为意向性神经病。这种状态的特点是缺失意义、缺失目的、缺失目标和空虚"（舒尔兹，1988）。中国学者秦光涛（1998）也认为，"人是寻求意义的动物，人无法忍受无意义的生活"。

人生活的意义是什么？赫舍尔（1994：50）认为，"有意义的存在包括满足需要和欲望，包括一个人能力的实现以及对超越这些能力的渴望，包括获得真、善、美、爱、友谊以及使人意识到困惑而不是自我满足的避风港的感受"。在弗兰克看来，"健康人格，在已经达到或完成的东西和应该达到或完成的东西之间，保留着一定程度的紧张，在我们是什么样子和我们应该是什么样子之间，保留着缺口。这个缺口就是健康人永远在追求着的目标，这个目标对生活提供意义。这些健康人不断地面对需要完成的新目标的挑战。而且这种持续不断的斗争，就给生活提供了兴趣和刺激。舍此——抛弃探索生活意义，就会造成生活空虚，而且会使我们感到厌烦、冷漠和没有目的。生活没有了意义，我们也就没有了继续生活下去的根据"（舒尔兹，1988：224-225）。由此可见，理解人性必须充分理解意义、需要和目标，但现有动机心理学文献对需要运行机制的理解带有浓厚的生理学和物理学的色彩，也没有为理解个人目标提供可靠的理论基础。

基于动机与人格的心理目标系统观，我们提出了一种新的人性假设，即"目标人"假设（章凯，2014），其主要观点是：（1）人在本质上是一种由心理目标驱动的、自主寻求意义的观念性生命，努力实现心理目标是人的行为的基本特征；（2）人生活的意义在于不断地实现心中的目标，不断形成新的目标，并体验生活的快乐与幸福；（3）心理目标是人的心理活动的驱动者和组织者，心理目标系统决定着人格的动力结构和发展方向；（4）缺失心理目标驱动的个体会失去生活的动力和意义，使个体进入"人格萎缩"或"人格僵死"状态，形成无法摆脱的痛苦状态，进而形成渴望解脱的自杀动机。

如何看待"目标人"假设和管理学中现有人性假设的关系？

"经济人"假设主张人工作的动机是谋取最大的经济收益；"社会人"假设主张人的主要工作动机是满足社会交往的需求，认为人在组织中的社交动机远比对经济性刺激物的需求更为重要；"自我实现人"假设主张人们力求最大限度地将自己的潜能充分发挥出来，只有在工作中将自己的才能充分表现出来，人才会感到最大的满足感；"复杂人"假设认识到，人是复杂的，人的需要与潜在欲望是多种多样的；"文化人"假设认为人是一种符号的动物，人容易受环境文化的影响（卡西尔，1985）。

根据"目标人"假设，我们可以推论：在一定的情境中，当个体的外在目标成为优势目标时，就会表现出"经济人"的特征；当关系目标成为优势目标时，就会表现出"社会人"的特征；当学习目标、创新目标、自我实现目标成为优势目标时，就会表现出"自我实现人"的特征；不同的人在同一情境中或同一个人在不同的情境中，可能拥有不同的优势心理目标或表现出不同的动机模式，从而表现出不同的人性特征，这就是"复杂人"假设。同时价值观是孕育心理目标的基础，实现目标所采用的行为方式和策略也是在一定的文化影响下形成的，个体追求何种生命的意义，也取决于他所拥有的价值观念，因此，在这个意义上，人又必然具有"文化人"的特征。

可见，"目标人"假设能够为整合"经济人"假设、"社会人"假设、"自我实现人"假设、"复杂人"假设、"文化人"假设的基本观点提供良好的理论空间，或者说，它们所描述的人性特征都只是"目标人"假设在一定条件下表现出来的某个方面。同时，这一新的人性假设还综合了现代心理学的研究成果。"目标人"假设为符号（文化）系统向人类动机系统转化建立了一个新的有意义的联系桥梁，即个体的心理目标与目标系统，从而使人类进入只有人才能进入的独特世界：目标驱动的、寻求意义的世界。它不同于弗洛伊德所描述的充满矛盾的本我世界，不同于马斯洛所揭示的相对和谐的需要层次世界，也不同于卡西尔（E. Cassirer）所说的现象学的"符号系统"或"符号宇宙"，而是一个充满协同与竞争、向社会文化环境开放的、不断成长发展的动力性世界。"目标人"假设既揭示了人性的共同性，也揭示了人性的差异性和情境性，从而为研究领导力的科学性及其实践的艺术性开辟了更广阔的空间。

　　因此，理解人关键在于理解心理目标，心理目标是人性的根源与载体。由此不难得出结论：心理目标是探讨管理底层逻辑的起点。我们研究发现，心理目标的属性、结构与功能决定了领导力的底层逻辑和发展方向。因此，下文将结合对心理目标属性、结构与功能的阐述，具体探讨领导力的底层逻辑与发展方向。

# 第6章

# 领导力生成的动力学机制：组织—员工目标融合

提升领导力有规律可循吗？或者说卓越的领导实践中是否隐藏着共同的领导力生成逻辑？

第1章在综述和分析卓越领导实践研究的基础上得出一个领导实践事实：领导是引导和激励追随者形成和努力实现共同目标，让追随者相信通过共同努力会创造出一个更加美好的未来。这一过程包含五个基本要素：领导者、追随者、构建共同目标、追随者自我驱动、努力实现共同目标的协作性行动，其中"共同目标"（即共同愿景）占据核心地位。这些研究揭示了领导者影响员工的一种更加积极的方式，即通过融合组织目标、领导者目标与员工个人目标，形成共同目标，从而增强员工对美好未来的向往和对组织目标的认同与内化，激励员工自我驱动，为实现共同目标做出不懈的适应性努力。在组织、领导者和员工三者之间形成的共同目标以及员工在协同实现组织目标的过程中涌现的自我驱动是高效领导的关键要素，而实现这一效果的基础与纽带只能是由领导者弘扬同时也被员工共享和信奉的组织文化（见图 6 - 1）。

这一领导实践事实只是一种经验性的现象，还是有其必然逻辑？没有理论的指引，有价值的研究发现在个体主观的意义建构中也可能会变得一文不值。成熟的苹果从树上掉到地上，那是多少人已经司空见惯的现象，但有几人能够从中领悟到万有引力的奥秘？因此，有了发现，我们需要创造理论，揭示其背后的必然性与规律性。什么是理论？理论在本质上不是变量和变量之间的关系或者概念和概念之间的关系，也不是假设体系或命题体系，虽然理论包含概念（或变量）和命题（或假设）。这正像由不同器官组合在一起而没有生命的物体不是生命体一样。Hempel（1966）认为，理论追求解释规律性，并且一般对所讨论的现象提供更加深入和准确的理解，为此，理论将现象看作隐藏在它们背后或之下的实体和过程的显现，这些实体和过程遵循一定的定律或原理。为此，我们在本章将运用目标动力学理论解释上述领导实践背后的基本逻辑与规律。

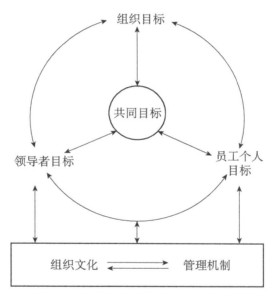

**图 6-1　卓越领导者的领导实践逻辑**

# 6.1　目标动力学与领导力生成的基本逻辑

## 6.1.1　心理目标的动机功能与领导力的理想状态

为什么要研究领导力的理想状态或终极稳态？如果领导实践不会收敛于一个终极稳态（即理想状态），就意味着领导实践没有发展方向；反之，如果它会收敛于一个终极稳态，那么领导实践背后就必然有规律，而且这一规律就蕴含在这一终极稳态中。领导过程会存在一种理想状态吗？

如第 5 章所述，心理目标作为个体心理系统的吸引子，蕴含着个体渴望实现的未来状态，是个体行为的动力来源，它们组织和驱动着个体的心理活动与行为，这决定了人在本质上是一种由心理目标驱动的、自主寻求意义的观念性生命（即"目标人"）。因此，领导者要想调动员工的积极性和主动性，必须充分调动和凝聚员工内心的动力之源，促使员工围绕组织目标凝心聚力、同心协力，以此驱动其工作行为，从而在实现组织目标的过程中众志成城，使组织成员（包含各级员工）为自己做事就是为组织做事，为组织做事就是为自己做事。换句话说，组织成员在实现组织目标的过程中也能实现个人目标，在实现个人目标的同时也会促进组织目标的实现。

因此，从目标动力学的理论逻辑出发，组织领导力的最高境界或理想状态必然是万众一心、同心同德（见图 6-2），就是组织的所有成员都把组织的目标视为自己的目标，即从组织层面来看，"万众"只有"一心"，亦即"同心"，并且在实现组织目标的过程中自觉遵循同一套理念与规范（即"同心同德"）。什么样的组织环境和领导者可以带领员工进入这一理想状态？这就对领导者和组织环境提出了相应的要求，形成全体成员共享和共同认可的组织文化是其中最核心的条件。现代组织文化不仅是一种文化现象或文化存在，还是一种先进的管理思想和管理模式，它要求企业坚持以人为本，在企业运营中兼顾员工、顾客、股东和社会等利益相关者的利益，并谋求企业的可持续发展。

显然，前文所揭示的卓越领导者的领导方式就是在趋向这一理想状态，因此这些卓越领导模式背后必然潜藏着一个共同的领导规律。

领导力的最高境界如同社会发展的最高形态和个体的身心健康状态一样，其实质就是系统的奇异吸引子，它不是当前条件下组织一定会达到的，而是系统演变所趋向的终极稳态。明确系统的吸引子或理想状态，是探索复杂系统发展方向与规律的重要前提。

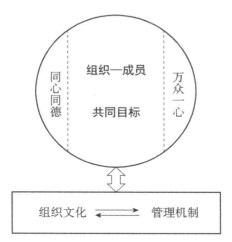

**图6-2　组织领导力的理想状态示意图**

## 6.1.2　领导的核心原则：组织—员工目标融合

在组织情境中，员工有其渴望实现的个人目标，组织本身也谋求实现组织目标。因此，从领导力的理想状态出发，领导需要协同组织目标与员工目标，形成目标共同体，使员工在为组织努力工作的同时，也能够实现其个人目标。可见，组织领导实践需要遵循"组织—员工目标融合"这一核心原则（章凯，2014；章凯　等，2014b）。

从组织管理实践的发展来看，管理者对待员工态度的演变历程印证了这一发展趋势。在企业管理实践中，管理者对待员工的态度基本经历了五个阶段：第一阶段，企业主或资本家把员工看作企业创造利润的工具；第二阶段，管理者把人看作人力成本，企业为了获得利润，就必须降低和控制人力成本；第三阶段，随着企业发展中人的重要性不断上升，有效管理成为企业提升生产率的主要途径，为了更好地管理人，越来越多的企业开始把人看作有价值的资源，于是人力资源管理登上历史的舞台，大大促进了生产力的解放以及管理的进步与发展；第四阶段，人力资本的思想登上历史舞台，经理人的股权激励计划、员工持股计划、利润分享计划等改变员工地位和利益结构的管理实践开始兴起，大大提升了员工与企业发展的关系，促进了组织—

员工目标融合；第五阶段，随着西方人本主义思潮不断发展，以人为本的管理理念不断增强，主张把人当人看，而不是仅仅把人看作物（例如成本、资源、资本），把促进人与企业的协同发展作为管理的重要出发点，组织文化成为管理的核心要素，主张促进组织目标和员工目标的全方位融合。纵览管理实践的演变史，20 世纪 80 年代之后，组织管理的一种突出改变是企业管理中人性的回归和个人价值的崛起。进入 21 世纪以来，将企业视作组织与员工的利益共同体和命运共同体，促进组织目标与员工目标的全面融合，为员工创造人性化的组织环境，让其在努力实现组织目标的过程中也促进其个人内在目标、外在目标和复合性目标的实现，这已经成为很多优秀企业处理组织目标与员工目标关系的基本取向。今天人本管理在很多优秀跨国公司中已经深入人心，也有一大批中国本土企业在一定程度上接受和应用了现代人本管理思想，例如阿里巴巴、万科、海尔、华为、海底捞、西贝等，在管理员工的方式和价值分配方面能够更好地满足员工的期望和要求，公司也获得了很好的发展。

组织—员工目标融合涉及组织与员工双方的目标在管理体系中的地位关系，从管理学研究来看，组织管理思想的发展与目标融合的趋势是一致的。

早期的经典管理理论主要强调通过外部控制的方式使员工完成组织目标，忽视了员工个人目标的动力性和重要性。这些经典管理理论隐含的假设是：员工如果追求个人目标的实现，就会阻碍甚至破坏组织目标的实现，因此员工必须调节自身目标以适应组织的需要（McGregor，1960）。这与 X 理论关于人性的假设相一致。X 理论主张，人都会对工作具有与生俱来的厌恶，只要有可能，人们就会逃避工作。从这一人性观出发，X 理论主张组织必须对员工进行控制、监督与惩罚，以迫使他们为实现组织目标而努力。阿吉里斯（C. Argyris）在《个性与组织》（2007）一书中也提到，过去管理层的主要假设认为员工是懒惰的，他们对工作缺乏兴趣与积极性，因此如果需要改变也一定是强制让员工改变。显然，在 X 理论主导的管理模式下，企业员工的懒惰不是根源于自身，而是根源于控制性的组织—员工关系。

现代管理思想的先驱者们打破了这种观念，对传统管理进行了反思，认为个人不可能完全束缚在组织角色里，组织应重视员工的个人需求。巴纳德（C. Barnard）在其组织理论中主张，组织包含共同目标、沟通和协作意愿三个要素。巴纳德（2007）认为，要想成为有效的组织，组织中的人们必须协作并保持组织整体与个体之间的平衡，把正式组织的要求和个人的需求结合起来。巴纳德的这一思想在管理思想史上是一次重大突破。

　　随着管理思想和管理实践的发展，管理方式逐渐远离刚性而趋向柔性。在这样的背景下，麦格雷戈（McGregor，1960）提出了 Y 理论，认为人类并不是天生厌恶工作，主动去工作还是逃避工作都完全是可以人为控制的。企业要想促使员工朝着实现组织目标而努力，不能仅仅通过外在的控制以及惩罚的威胁。当员工有了自己承诺的目标，自然就会自我指导与自我控制。基于 Y 理论，McGregor（1960）提出了一条基本组织原则——"融合性原则"（the principle of integration）。"融合性原则"体现为组织要创造条件促进员工实现自身的目标，同时又能追求组织目标的实现。这就意味着如果企业或组织能够根据员工自身的需要与目标采取适当的调节措施，将会更有利于组织目标的实现。要实现组织目标与员工目标的融合，就需要兼顾组织和个人的需要，找到双方的契合点，使组织目标和员工个人目标可以相互协同，共同发展。当然，McGregor（1960）也提到，组织目标与员工目标绝对完美地融合，可以说是不现实甚至是不可能的。因此，目标融合这一原则实际上是希望寻找到一种理想的融合程度，使员工个体能够在为组织效力的同时也能够实现自身的目标。在这种理想状态下，员工实现自身目标的最佳途径是为组织效力并实现组织目标，这就激励员工以主人翁的心态为实现组织目标而努力。

　　Schein（2010）从组织文化的视角阐述了关于组织的使命、愿景和目标的共享假设，他认为组织持续发展的关键在于使其利益相关者的需求保持一定的平衡，因此组织成员必须要在组织的核心使命与愿景上达成一致，并且能够拥有共同的目标。人—组织匹配理论也认为，人与组织要在各方面达到一定程度的一致，高水平的人与组织的匹配会为员工个人和组织都带来许多积极作用，而目标一致性（goal congruence）则是人—组织匹配的维度之一

（Hoffman et al., 2006；Supeli et al., 2014；Vveinhardt et al., 2017）。不过目标一致主要强调员工目标要同组织目标保持一致。新时期的领导理论也越来越重视组织中共同目标的作用，魅力型领导、变革型领导以及愿景型领导等都强调领导者与追随者共同建构一种积极的关系，并运用共同愿景来感召员工（Conger et al., 1987；Shamir et al., 1993；van Knippenberg et al., 2014）。

　　从上述理论分析和文献回顾可以看出，管理实践的发展趋势背后有其必然性，组织领导力的理想状态是"万众一心、同心同德"，组织—员工目标融合应成为现代管理遵循的核心原则。在我们分析领导实践的发展方向和内容时都必须从员工的心理目标系统出发，关键是构建组织与员工的新型关系，核心是促进组织—员工目标的系统性融合。

### 6.1.3　心理目标的属性与领导实践的方向

　　第一，心理目标的根本特点是寻求实现自我（指目标自身）。根据目标动力学理论，心理目标是动机形成的心理基础，并具有驱动个体实现自我的本性，这决定了满足人的自主需要和胜任需要在领导中的重要性，授权成为员工激励和领导力提升的重要途径。在目标融合的基础之上，员工心理目标与工作产生较强的正向联系，其自主需要有条件得到较好满足；此时由于心理目标的自我驱动性，员工在工作上会表现出自我驱动的倾向。自我决定理论同样提出，自主是人的基本需要之一（Deci et al., 2000），并且随着新生代员工逐渐成为职场主力军，组织中员工的自主性需求也显著提升（石冠峰 等，2016）。因此，管理需要顺应员工日益提升的自主需要，合理授权，提升员工工作自主性和胜任感。相关研究表明，授权通过提高员工工作的自主性和提供资源支持，能够激发员工的内在动机，有利于工作绩效的提升（Cheong et al., 2019）。而在聚焦于自上而下单向影响的传统管理观念之下，授权难以落实。因此，领导观念从领导者中心向员工中心转变，领导模式从对员工加强控制向提升员工工作自主性转变，是领导力开发的必由之路。

　　第二，心理目标具有未来导向性。每个心理目标都蕴含着一组尚待展开的未来状态，在它的组织和驱动下，人的内心不断走向有序。因为健康的人格是面向未来的，所以管理者对员工的引导不能仅仅着眼于当下的得失，更要放眼未来，让员工清晰地看到企业与自身的发展蓝图。现代企业文化强调组织愿景与使命在管理中的作用，重视愿景感召正是此理。如果说使命让员工感受到责任，那么愿景则会激发员工的热情与动力，二者缺一不可。例如，万科秉承"以人民的美好生活为己任、以高质量发展领先领跑，做伟大新时代的好企业"的公司愿景，将组织目标与定位清晰地传达给顾客与员工，其创始人王石也多次通过公开发言使这一愿景深入人心，坚定了员工对企业及自身发展的信心，并且将企业发展和员工发展结合起来。此外，人力资源管理也越来越强调员工的职业生涯管理，通过帮助员工进行职业生涯规划并为其提供不断成长的机会，让员工能在当前的职业活动中看到更多未来发展的可能性，进而提高对组织的忠诚度（Holtschlag et al., 2020）。

　　第三，心理目标具有文化选择性。这既决定了组织文化管理的必要性和重要性，又决定了公司文化建设的方向。一方面，对个体来说，一定的价值观孕育和滋养着一定的个体目标，不同文化产生不同的价值观，孕育和选择着不同的目标，因而管理者可以通过变革和塑造组织文化，积极影响员工的个体文化和个体心理目标的成长，使之与组织发展相匹配，进一步促进组织—员工目标融合。例如，华为一直以来非常强调文化的重要性和影响力，也正是在"以客户为中心，以奋斗者为本，长期坚持艰苦奋斗"的企业价值观引导下，大多数华为员工萌生了为华为成长奋力前行、不畏艰辛、拼搏奋斗的目标。另一方面，在文化影响个体心理目标的同时，我们也必须认识到，个体当前的心理目标系统是相对稳定的，它会驱动个体主动选择与之一致的文化。因此，在招聘和晋升员工时需要重视组织文化的要求，考察个人价值观与组织文化的匹配度；同时，组织文化也必须反映员工实现个人目标的心理诉求，把二者统一起来是文化管理的应有之义。在这个意义上，一把手文化只有得到大多数员工的认同与共享，才有可能转变成组织文化，这为组织文化建设设置了先决条件。

　　第四，心理目标具有生长性。这决定了管理要重视和促进员工的人格发

展。心理目标有其生命力，形成后在适宜条件下会不断生长。随着员工加入
企业后时间的延长，员工心理目标的内容与强度也会不断发展变化，例如，
有些人可能对个人职业发展有了更高的期待，有些人可能对薪酬水平或价值
分配有了新的要求等，从目标融合的原则出发，这就要求领导者需要关注员
工心理目标的成长变化。如果员工的期望是合理的，组织就需要对激励机制
做出必要的完善和调整，适时进行管理创新，以便在新的目标融合中更好地
激励员工。但如果某些员工的目标动力已经偏离了组织目标，难以融合，不
再适应组织的发展，并且不愿意自我调整，组织就需要选择合适的方式淘汰
这些员工。在组织进行文化变革和重大的战略调整时，这两方面尤其重要。

## 6.1.4　心理目标系统与激励空间

领导（leadership）主要解决组织发展的方向问题和人的问题，并团结
和激励员工为实现组织目标而努力。如何高效地激励员工？优秀的激励体
系背后有什么共同的规律？目标动力学理论为研究这一问题提供了深刻的
启示。

如第 5 章所述，员工的心理目标包括三大类，即内在目标（含学习、创
新、关系和自我实现）、外在目标（含物质生活、心身安全、均衡生活）以
及复合性目标（含职业发展和社会地位）。其中，内在目标指向自我提升与
精神成长，外在目标指向物质条件与生存保障，而复合性目标则在一定程度
上兼具内在目标和外在目标的特点，可被视为内化的外在目标，主要表现为
为生存和发展谋求合适的社会环境。

一般而言，个体心理目标系统中的目标类型基本相似，但对于不同个体
来说，各心理目标在强度和地位上可能存在较大差异。由于心理目标之间的
竞争会带来心理困扰或内耗，因此促进员工内心实现目标协同也是管理需要
遵循的原则，这要求企业要坚持全方位激励和个性化激励相结合，既引导员
工在工作中获得个性化的收益和发展，又促进全体员工共享组织发展的成
果，实现共生共荣、共同发展。例如，阿里巴巴在配置常见的激励资源之
外，还为员工解决个人住房、子女教育、父母关怀、身体健康等多方面个性

化问题，全方位排除员工心理目标实现进程中的障碍，从而更好地激励员工投入工作。现代企业管理发展出来的灵活福利和综合薪酬（total rewards）体系也很好地体现了这一要求。灵活福利强调福利与员工个性化需求相匹配，更好地满足员工由心理目标内容、强度差异所导致的个性化需求；而综合薪酬则很好地体现了全方位激励的思想，通过充分地配置多样化的激励资源（财务资源、职位资源、学习资源、情感资源、声誉资源、安全保障资源等）来帮助员工实现个人心理目标系统的协同发展，促进组织—员工目标的系统性融合。

## 6.2　组织领导卓越实践解析

### 6.2.1　海尔"人单合一"管理实践中的组织—员工目标融合

我们曾对海尔的"人单合一"管理模式进行过深入的研究（章凯　等，2014b），发现促进组织—员工目标融合是其最突出的特征之一，而且在海尔的自我领导团队中存在一套相应的策略体系。研究发现，这套促进组织—员工目标融合的策略体系包含七类策略：统一价值来源、控制目标方向、公平获取机会、建立承诺型契约关系、授权与支持、促进自我管理、竞争性成长。我们进一步分析发现，海尔自我领导团队实施的目标融合实践具有如下特征：

（1）全过程融合。组织目标与员工目标的融合显然不是一蹴而就的，而是一个循序渐进的过程。在企业建立完善"人单合一"管理模式、团队组建和团队动态运营这三个不同阶段里，每个阶段都有相应的目标融合策略。通过综合运用上述目标融合策略体系，新的管理模式为组织目标的实现创造了以下条件：一是明晰了组织与员工互动的基本模式，即员工通过目标承诺认同组织目标，组织则通过授权与支持、促进自我管理策略重视员工的成长与发展。二是为团队目标实现提供动力保障。企业通过授权与支持、建立承诺型契约关系、促进自我管理等策略，使团队和员工真正成为具备主动性和积极性的行为主体，完成目标的动力和意愿得以显著增强。三是通过构建组织内部关系凝聚各方力量。良好有序的组织内部关系是实现组织目标的一个重要助因（Liao et al.，2005）。海尔在"人单合一"管理模式下形成的组织内关系（包括不同团队之间以及团队内部成员之间的关系）具有公平、竞争、信任、合作、支持等特征，从而有效提升了组织内部的凝聚力，并较好地弱化了不同主体之间的潜在冲突。七项目标融合策略在自我领导团队形成与运转的不同阶段相互作用，逐步地促进了组织目标与员工目标的全过程融合。

（2）系统性融合。"人单合一"管理模式下的组织—员工目标融合，包含了对员工目标的全方位融合。首先是经济报酬的获取。自主经营的团队向企业承诺目标，员工向团队承诺个人业绩目标。在承诺目标的同时，期望的报酬已经包含在"第一竞争力"的业绩目标及其方案之中。在组织目标和员工目标相互融合并最终完成业绩目标之后，团队和员工就可以得到期望的经济报酬。对于超出期望利润额的部分，还可以在团队内实行"超利分享"。其次是基本心理需要的满足。Ryan 等（2000）创立的自我决定理论认为，个体有自主、胜任和关系三种基本心理需要。对自主经营的自我领导团队及其员工的授权与支持策略允许团队和员工在目标一致的前提下拥有用人权、分配权、决策权和通过倒逼机制获取资源的权力，满足了员工追求自主性的需要。员工根据自身的意愿和能力选择进入不同的团队，使得员工可以在有利于发挥自身能力的自我领导团队内工作，从而满足了员工对于胜任的需要。在关系需要方面，官兵互选机制和以目标承诺为基础的契约关系使得员工之间形成了相互承诺的信任合作关系，从而满足了员工在组织中的关系需要。最后是自我发展的实现。在"人单合一"管理模式下，员工自主选择和竞争进入经营体，不仅满足了胜任的需要，而且为其自我发展创造了机会。同时，倒逼机制为员工才能的发挥创造了条件。以自创新、自驱动、自运转为基本特征的自我领导实践对每一位员工而言都是必不可少的。随着员工不断地自主设定目标、自主评估并加入合适的自我领导团队，以及自我驱动完成目标，员工的自我管理和自我领导能力也得以提升，从而有利于员工个人价值的提升和职业生涯的发展。

（3）持续性融合。如前文所述，组织—员工目标融合是一个动态的过程，而非静止的状态。按照系统动力学的基本思想（霍兰，2011），组织目标和员工目标在交互中不断地走向融合；然而，当融合得以相对地实现以后，又会出现种种力量将相对融合推向新的融合需求状态。企业要长期持续地维持竞争优势、不断实现目标，就不能被动地陷入"分离—融合—分离"的循环模式之中，而是要主动地推动组织目标与员工目标之间的持续性融合。在"人单合一"管理模式中，以下三种力量有助于组织—员工目标的持续性融合：一是员工动力的持续性。"人单合一"管理模式一方面为员工创造了可观的经济报酬，提供了激励员工的保健因素，进而强化了员工努力工作的外在动机；另一方面通过满足员工的基本心理需要并创造员工发展与成长的机会，提供了激励员工的激励因素，从而强化了员工工作的内在动机。在这一管理模式下，员工既感到满意又受到有效激励，因而更容易产生强烈而持续的工作动力（章凯，2003）。二是管理系统闭环优化的持续性。"人单合一"管理模式作为一套管理系统，本身也处于持续优化、不断改善的过程中。通过竞争性成长策略的运行，那些持续优化竞争力的团队和员工会得到更好的发展机会，而竞争力不足的团队和员工则按照淘汰机制退出这一管理系统。因此，自主经营的团队及其员工总是不满足于已有的业绩，不断挑战自我、不断树立更具有挑战性的目标并努力完成，从而确保了这一管理系统具有不断优化的持续性。三是组织健康发展带来的积极预期的持续性。"人单合一"管理模式推行以来，海尔的各项经营指标呈现持续增长的态势。这表明这一新的管理模式有能力带动企业的持续与健康发展，并蕴含着组织进一步成长发展的积极预期。对组织未来发展图景的美好期待强化了组织与员工双方坚持和优化当前管理模式的信念，从而为组织—员工目标的持续性融合提供了动力。

（4）使命性融合。组织与员工在基本价值观念上达成一致的程度会影响员工的态度与行为反应（Hoffman et al.，2011）。组织价值观中一个基本的问题就是企业的使命和存在价值问题，即企业为谁而存在（Schein，2010）。在海尔"人单合一"管理模式下，公司将"满足顾客需要、创造用户价值"

作为组织的价值来源，并以此为基准对自主经营的团队和员工进行了观念重塑，契合了企业使命和市场竞争的需求，为企业在竞争日益激烈的市场条件下赢得了战略优势，也是对企业使命的真正回归。在此过程中，员工也通过认同与接纳组织的价值观实现了自身价值观念的重塑。因此，海尔"人单合一"管理模式下的组织—员工目标融合反映出组织与员工双方在价值观念和使命层次上的融合。

## 6.2.2 德明公司的组织—员工目标融合 [①]

德明公司是一家大型跨国公司，年销售收入超过 3 500 亿元，历史悠久，成就斐然，为行业树立了标杆。德明公司的成功之道是什么？

1. 激励人心

德明公司认为每个普通员工都蕴含着无穷的潜力，只要充分发挥他们的能动性，就能创造出奇迹，做出别人甚至他们自己都不敢相信的业绩。

在德明公司，通过工作标准化和工作扩大化的工作设计，一般工人可以制造出高精产品。德明公司对十分复杂的技术工艺尽可能进行分解，使多种具体操作简单化和标准化，并努力培养工人的技术熟练水平。德明公司认为操作工的工作范围不应仅限于加工，还应包括对机器的调整以及对产品的检验。这些做法成效显著，即使是那些文化层次与技术水平较低的员工也对自己充满信心。

德明公司不存在传统观念的工长，该公司要求工长们支持和帮助工人，而不是充当工人的监工。因此，在选拔工长时，往往是从威信较高、富有经验、技能高超的工人中选择。这些工长要真正做到能者多劳。首先，要继续做自己的本职工作，而且要更加出色。其次，要帮助那些缺乏工作经验或者是学习能力较差的工人。在全体员工素质水平不断提高的同时，工长们得到了下属的普遍尊重。这种尊重使基层管理变得更加迅速、有效，公司上层的决策在很短的时间内就能落实到员工的行动中。

德明公司重视员工参与，员工同时是产品的设计者和管理者。最初，市

---

① 本案例由企业人士提供，公司名称做了化名处理。

场需求紧迫，产品必须在很短的时间内设计成功并投入批量生产。于是，设计的最后环节不得不由工程师会同工长和生产工人在生产现场来解决。出乎意料的是，产品制成后，比原来设计得更好，生产速度更快，成本更低。自此，每当公司试制新产品或对现有产品进行重大改革时，都吸纳工人参与，使设计和管理更为有效。让工人参与决策，一方面，设计者和管理者亲临现场聆听工人们的意见，以便调整设计和改进管理方法；另一方面，工人直接参加设计和安排，积极性提高，工作更得心应手，产量也有大幅度的增加。

德明公司的员工还拥有充分的自主权，他们甚至可以像公司经理那样，自己确定自己的工作任务。德明公司取消了传统定额工资和奖金，取消了计件工资，代之以正式薪金，在决定正式薪金时，公司并不规定某个工人一个月或一年的产量应是多少，而是由工人自己确定，并以此产量来决定其薪酬。这样做的好处如下：一是保证定额的客观真实性，因为工人对自己的工作情况和能力最为了解，且有工长的具体帮助，工人也不可能虚报定额；二是有利于工人自主安排生产，提高劳动生产率，以正式薪金代替计件工资，可以避免工人由于斤斤计较一日一时的产量而束缚自己的积极性；三是激励工人提高技术水平和生产能力，正式薪金不是一成不变的，它会随着工人的技术水平、岗位、工作绩效的变化而变化。不仅如此，在德明公司，为了使每个员工都能各尽所能、各得其所，工长们总是绞尽脑汁，将每个人安排在最适合他的工作岗位上；同时，公司鼓励工人寻找自己最喜欢、最能胜任的工作岗位，并在岗位竞争中获得聘任。

德明公司的领导者们运用一系列科学有效的方式推动企业管理的进步，促使德明公司成为每个员工的公司。

2. 以人为本

正如每一位有雄心的企业家一样，德明公司创始人希望他的公司财源滚滚，同时也希望能借此反映出个人的价值观。为此，他把这些价值观标准写出来，作为公司管理的行为准则和文化基石。

准则一：尊重员工。德明公司创始人知道，公司最重要的资产不是金钱或其他东西，而是员工。德明公司自从创立以来，就一直遵循这一行动准则，每位员工都认为自己是公司的一分子。公司试着去创造小型企业的气氛，一直很成功地维持着一个主管管辖十二个员工的制度，分公司永保小型编制。每位经理人员都了解评价工作成绩的尺度，也了解要不断地激励员工士气。有优异成绩的员工就获得表扬、晋升、奖金。在德明公司里没有自动晋升与调薪这回事，晋升与调薪取决于工作成绩，取决于对公司所贡献的业绩，绝非以资历而论。有特殊表现的员工，也将得到特别的报酬。

德明公司注重为员工提供再培训，而后调整工作。德明公司还给予有能力的员工有挑战性的工作，好让他们体会到工作的价值，体会到公司对他们的关怀。德明公司有晋升机会时永远在内部员工中挑选。如果一有空缺就从外部找人来担任，那么这对那些有干劲的员工是一种打击。公司氛围民主，公平与平等的环境使每个人都同样得到尊重。

德明公司尊重员工，同时也希望员工尊重顾客，即使对同行竞争对手也秉持同等对待的态度，公司的行为准则规定任何一位德明公司的员工都不可诽谤或贬抑竞争对手。销售依靠的是产品质量和服务态度，注重推销自己产品的长处，而不是攻击其他产品的弱点。

准则二：顾客至上。德明公司力求使公司的服务成为全球第一，不仅在自己公司努力做到这一点，而且努力使每一个销售德明公司产品的公司也遵循这一原则。德明公司的一举一动都以顾客需求为前提。为了让顾客感觉自己非常重要，无论顾客有任何问题，德明公司一定在一天之内予以解决，如果不能立即解决，也会给予一个圆满的答复；如果顾客打电话要求服务，德明公司通常会在一小时之内就派人过去。为提升服务品质，德明公司在训练及教育方面投下巨资。每一位德明公司的经理要接受 40 小时的训练课程，而后回到公司内教导员工。德明公司有时甚至定期邀请顾客前来一同上课，因为对于企业的经营而言，一定要有老顾客的反复惠顾才能使企业不断成长。

3. 追求卓越

德明公司以"追求卓越"为理念。无论是对产品或服务都力求完美无缺。公司设立一些满足工作要求的指数，定期抽样检查市场以追求服务的高品质、高要求。德明公司从计划挑选员工开始就注重优异的准则，从全国最好的大学挑选最优秀的学生，让他们接受公司的密集训练课程，并不断地把理念灌输给员工。德明公司是一家拥有高度竞争环境的公司，在公司里，同辈竞相争取工作成绩，每个人都力争上游。

德明公司在许多方面保持弹性，随机应变，但对"原则"的信念坚持不变，德明公司以上述三条基本原则为基石，业务蒸蒸日上。这些原则渗透到公司活动的方方面面，任何一个行动及政策都直接受到这三条原则的影响。在会议、内部刊物、备忘录、集会所规定的事项或私人谈话中都可以发现"公司哲学"贯彻其中。全体员工都知道，无论是公司的成功，还是个人的成功，都依赖于员工对公司原则的遵循。

德明公司的成功之道何在？从上述案例材料可以看出，德明公司的管理比较好地遵循了本章所论述的领导原则和实践准则。

第一，德明公司拥有相对稳定的核心价值观和比较成熟的组织文化。组织文化是公司成员共享的、共同认可的文化，这决定了组织文化必须是人性化的、人本导向的，而且能够兼顾不同利益相关者之间的利益关系，有潜力促进公司可持续发展。德明公司的创始人拥有文化自觉性，并为公司的企业文化建设奠定了激励人心、以人为本、追求卓越的基调。公司管理层能够比较好地坚持和发展公司的组织文化，并使文化建设与管理机制深度融合，从而保证和提升了组织文化的生命力和影响力。

第二，德明公司很好地坚持了组织—员工目标融合的领导原则。德明公司的员工在工作中享有充分的自主权和参与权，包含决策参与、自主决策和职业选择、持续成长。不论是员工的内在目标、外在目标还是复合性目标，都可以在组织中通过努力公平地获得所需资源予以实现。德明公司的目标融合既可实现全方位融合，也可实现个性化融合，能够使员工的自主、胜任、关系等基本需要获得有效的满足，而且该公司所营造出来的组织环境可以持续提升公司的人才吸引力和组织能力。

第三，德明公司的管理体系体现了情、法、理的有机融合。从案例材料

可以看出，德明公司的组织文化（理）很好地融入了公司的管理制度体系
（法）和情感管理体系（情），从而使管理的三大基本要素实现了以理为中心
的有机统一。

第四，被充分激励的员工明确工作方向与目标，拥有为客户创造价值、
追求卓越的理想信念。在公司的绩效管理体系和薪酬体系加持下，员工有动
力为公司的发展创造辉煌，推动组织的持续进步。

因此，德明公司的领导模式非常有利于推动组织趋向领导力的理想状
态——"万众一心、同心同德"，从而能够很好地激励员工为公司的发展齐
心协力和不懈努力。

## 6.3   目标动力学视角的领导理论研究带来的启迪

前文对领导逻辑的探讨在以下方面做出了理论贡献：

第一，为领导理论研究确立了新的逻辑起点，发展了领导学的元理论
（meta-theory）。把心理目标以及由此带来的领导力的理想状态作为领导力研
究的逻辑起点，是本章所做研究的重要贡献，为分析和判断现有领导理论和
实证研究成果的合理性提供了新的理论基础，为构建统一的领导理论打开了
新的空间，提出了一些新的待解决的问题。例如，领导者的哪些特质与行为
有利于提升领导力？为什么组织文化和共同愿景具有开发组织领导力的作
用？在什么样的组织边界条件下可以出现无为而治？等等。

第二，为分析和回答有关领导哲学问题提供了新的理论逻辑。在领导理
论研究中，一直存在如何认识和处理领导的艺术性与科学性、情境性与普适
性、复杂性与规律性的关系问题。对于这些问题，不同学者之间经常意见难
以统一。在目标动力学的视野中，由于心理目标既具有共同的属性、类型和
功能，又具有内容和强度的个体差异性、激活的情境性和生长的文化性，这
就为分析领导的复杂性和艺术性提供了广阔的理论空间。在此逻辑之下，领
导理论研究没有必要在领导的艺术性和科学性之间以及复杂性和规律性之间
进行挣扎和争论，也没有必要在情境性理论和普适性理论之间进行选择和争

吵。回归领导力的理想状态，领导的艺术性和科学性是一个硬币的两面，复杂性和规律性完全可以并存，情境性理论和普适性理论则处在理论发展的不同层次。用民族文化的特殊性否定人类存在共同的根本属性，是对真实人性的歪曲。令人性穿上文化的外衣，虽然看起来更加绚丽多彩，但也不能忘记外衣里面的"实体"依然具有共性。

第三，发展了领导的人性观。既往的人性化管理的理论基础主要是需要理论，需要层次理论、ERG 理论、双因素理论、自我决定理论等是其典型代表，基于需要理论衍生出来的人性假设的发展为人性化管理提供了逻辑基础和思考的翅膀。本书所阐述的"目标人"假设为人性研究找到了新的载体和逻辑生长点，即心理目标。目标动力学理论进一步发展了人性观与个性观，认为人在本质上是一种由心理目标驱动的、自主寻求意义的观念性生命，强调组织中的人不只是一种资源或资本，不仅具有个性和复杂性，而且具有共同性，是有自驱力和独立意志的个体。动机的自组织目标系统理论和需要理论的主要差异表现在前者关注心理目标的文化开放性与文化选择性、目标的生长性以及心理目标之间的协同与竞争，这些都是动机的需要理论不具备的理论逻辑。因此，领导者应把握人性与个性，重视对员工心理目标的管理，充分发挥员工的心理目标系统在工作动机激发和培养中的作用，用人性化和个性化的方式领导和激励员工，把促进人实现其合理的愿望与梦想作为领导的出发点，在尊重、真诚、信任和支持的组织文化环境中实现企业和员工的共同发展、共享成功，让员工对自己的未来充满憧憬和信心，在工作中感受到生命的价值与意义。

第四，为管理的目标融合原则提供了新的理论基础和思想内涵。目标融合原则最初是由 McGregor（1960）提出的一条基本管理原则，它指组织要创造条件，帮助其成员达成自身的目标，同时成员能追求组织的成功。麦格雷戈基于人性提出的这一管理原则是非常重要的，但他并没有对个人目标进行理论建构，也没有考察个人目标的不同类型。我们基于自组织目标系统理论（即目标动力学理论）重新探讨了管理的目标融合原则，不仅为其提供了理论基础，而且明确了心理目标的基本属性、三大类型和具体内容，从而进一步丰富和发展了管理的目标融合原则，有利于促进该管理原则在实践中的有效落地。

第五，为分析本土领导实践和推动本土领导力研究提供了人性边界和更可靠的理论基础。如前文所述，领导是通过形成共同目标，并基于个人目标的动机作用，激励利益相关者为实现这一目标而努力的过程。构建共同目标并增强该目标在追随者内心形成工作动机的能力，在领导力的形成中具有核心作用。这一领导规律是由人性决定的，既不以文化差异为转移，也不以个性差异为转移。但其应用确实受具体文化情境和个体差异的影响。因为在不同文化和员工群体中，领导者与员工的心理目标在内容上是有差异的，员工对权力运用的容忍度是不同的，领导者与员工对彼此互动关系的期望也是不同的。因此，在进行本土领导理论研究时，需要确立人性的边界，必须认识到个体不仅受文化的影响，也在选择与自己的心理目标相匹配的文化。在研究本土领导实践时，需要着眼于文化与人性的双重视角，考察那些既与本土文化相适应，又促进共同目标形成的领导实践，例如组织—员工目标融合等，把理论的普遍性和应用的特殊性很好地结合起来。

第三篇

# 动力机制

本篇 3 章内容是在领导力生成的目标融合机制基础上，对群体和组织领导力生成机制的进一步探讨。它们与第 1 章、第 5 章、第 6 章一起，构成了一种新的相对完整的领导理论。首先，本篇进一步分析和研究了目标融合在员工层面和组织层面的内容及其关键点。愿景属性是影响愿景共享的重要因素，本篇讨论了愿景共享的过程和促进愿景共享的共同愿景的基本属性。其次，本篇从组织社会结构的角度探讨了员工追寻共同愿景的动力机制，并区分出四种典型的组织社会结构类型：理想统领型结构、控制服从型结构、平等参与型结构以及自主支持型结构。

# 第 7 章

# 员工视角的组织—员工目标融合：共生共荣

通过文献回顾，我们发现现有文献对组织—员工目标融合的认识存在较大的局限性。首先，组织—员工目标融合的概念和内涵没有在文献中得到清晰的界定，其内容和结构也未见系统的探索。已有文献运用较多的相关概念是目标一致性（goal congruence），主要强调员工的目标与领导者或组织的目标保持一致，这一概念以组织目标为中心，不能很好地体现出组织目标与员工个人目标的协同性，因此它与组织—员工目标融合概念有着本质区别。其次，现有相关文献对于目标的界定主要局限于工具性目标，大多为员工在认知与工作层面的目标，内容相对具体，例如工作目标、任务目标等（Colbert et al.，2008；Vancouver et al.，1994），难以深刻揭示员工工作行为背后的动力来源。最后，现有文献中尚未提及可用的组织—员工目标融合测量工具。因此，明确组织—员工目标融合的内涵，探索其内容和结构并开发相应的测量工具，既是理论构建的需要，也是实践应用的要求。

McGregor（1960）提出的"融合原则"是指组织创造条件，使员工在实现自身目标的同时也能追求组织目标的实现。根据目标动力学理论关于心理目标和人性的观点，人在本质上是一种由心理目标驱动的、自主寻求意义的观念性生命，心理目标是存在于个体心理系统中的一种指向未来且具有动力性的状态，是动机的心理基础，它们引导和驱动着个体走向可能实现的未来状态，寻求实现自我和具有持续生长潜力是其基本特点。因此，我们认为，组织和员工的目标融合一方面体现为二者目标的协同性，另一方面体现为二者在实现目标过程中的相互促进和共同发展。

因此，我们将组织—员工目标融合界定为：领导者通过组织文化建设和管理机制设计，努力协同组织目标与员工目标，使员工在为实现组织目标而努力的同时，也能够促进个人目标的实现（章凯 等，2020a）。

## 7.1    组织—员工目标融合的结构探索与量表开发

### 7.1.1    研究方法

本研究首先采用定性研究方法对组织—员工目标融合的可能内容进行探索。具体说来，我们主要参照的是 Hinkin（1998）提出的量表开发程序。首先，通过焦点小组访谈（focus group interview）的方式进行开放式调查，以获得初始条目库；其次，基于相关理论与文献对所获得的内容陈述进行筛选与编码，通过内容分析法对条目进行整理与分类；最后，将整理好的条目编制成满足问卷调查要求的测量题项，生成初始的测量量表。最终我们得到23 个测量题项，并编制了组织—员工目标融合的初始量表，用于后续的因子结构探索。

基于 23 个题项的初始量表，我们编制了正式问卷，收集样本一的数据用于探索性因子分析。问卷中每个题项均采用李克特 5 点量表。样本一来自某研究型大学商学院硕士学位课程进修班的在职学员，共计发放问卷 296份，最终得到有效问卷共 274 份，有效回收率为 92.6%。

### 7.1.2    探索性因子分析

运用 SPSS 24.0 对样本一的数据进行探索性因子分析。应用主成分分析法（principal components）提取因子，采用斜交旋转法（promax）进行因子旋转。经过对各题项的探索性考察，依次删除因子载荷值小于 0.50 以及交叉载荷较严重的题项，最终保留了 14 个题项，这些题项意义清晰并且在所属因子上的载荷值均高于 0.60，且交叉载荷均小于 0.35，多数小于 0.30。它们分别属于三个特征根大于 1 的因子，且该三因子结构累计方差解释率达到

64.57%。组织—员工目标融合的探索性因子分析结果如表 7 - 1 所示。

根据每个因子所包含题项的意义，结合相关理论，我们将三个因子分别命名为利益共享、发展共生、命运共荣。

表 7 - 1　组织—员工目标融合的探索性因子分析结果

| | 项目 | 因子 1 | 因子 2 | 因子 3 |
|---|---|---|---|---|
| 因子 1：<br>利益共享 | 1. 员工对组织所做出的贡献会获得相应的利益回报 | 0.82 | −0.10 | 0.03 |
| | 2. 组织设定明确的奖惩标准，促进员工与组织共赢 | 0.82 | −0.07 | 0.03 |
| | 3. 组织的绩效考核公平公正，以保证员工利益 | 0.77 | −0.04 | 0.08 |
| | 4. 组织重视让员工分享组织的盈利 | 0.75 | 0.17 | −0.10 |
| | 5. 组织在提升盈利能力的同时，重视提升员工的薪酬水平 | 0.72 | 0.07 | 0.03 |
| 因子 2：<br>发展共生 | 6. 我在为组织工作的过程中能够提升自己的能力 | −0.11 | 0.89 | −0.03 |
| | 7. 组织的成长为员工的职业发展提供了机会与舞台 | 0.28 | 0.76 | −0.27 |
| | 8. 我愿意不断学习，以促进组织的发展 | −0.19 | 0.61 | 0.32 |
| | 9. 为组织努力工作，让我感觉自己越来越强大 | 0.08 | 0.61 | 0.26 |
| 因子 3<br>命运共荣 | 10. 必要时我愿意为了组织的未来牺牲个人利益 | −0.19 | 0.02 | 0.90 |
| | 11. 我的理想追求同组织的愿景和使命相一致 | 0.15 | −0.18 | 0.83 |
| | 12. 我能够与组织同呼吸、共命运 | −0.01 | 0.03 | 0.82 |
| | 13. 我认同组织的愿景与使命，愿意为之实现而努力 | 0.15 | 0.17 | 0.63 |
| | 14. 沐浴在组织的文化和氛围中让我变得更强大 | 0.26 | −0.00 | 0.63 |
| 统计量 | 特征根 | 6.34 | 1.23 | 1.48 |
| | 方差解释率（%） | 45.26 | 8.77 | 10.54 |
| | 累计方差解释率（%） | 45.26 | 54.03 | 64.57 |
| | Cronbach's α 系数 | 0.85 | 0.75 | 0.87 |

因子 1：利益共享。主要体现为组织与员工在物质利益层面的目标融合。有 5 个项目在该因子上载荷较高，包括"员工对组织所做出的贡献会获得相应的利益回报""组织设定明确的奖惩标准，促进员工与组织共赢""组织的绩效考核公平公正，以保证员工利益""组织重视让员工分享组织的盈利""组织在提升盈利能力的同时，重视提升员工的薪酬水平"。追求经济利益是每个企业的重要目标，而组织中的员工个人也有其自身的利益追求。利益共享体现了组织在追求经济利益的同时，能够重视提升员工的薪酬水平，并构建公平公正的薪酬分配体系，使员工为组织做出贡献的同时也能够获得相应的利益回报，保证员工与组织共享组织经营的经济成果。

因子 2：发展共生。主要体现为组织与员工在发展层面的目标融合。有 4 个项目在该因子上载荷较高，包括"我在为组织工作的过程中能够提升自己的能力""组织的成长为员工的职业发展提供了机会与舞台""我愿意不断学习，以促进组织的发展""为组织努力工作，让我感觉自己越来越强大"。组织除了要追求经济利益，还要追求自身的不断发展，组织成员也是如此。员工往往希望在为组织工作的过程中提升自己的能力，促进自身的职业晋升和人格发展。组织的发展与员工个人的发展相互依存、相互促进，组织与员工共同成长。

因子 3：命运共荣。主要体现为组织与员工在精神层面的目标融合。有 5 个项目在该因子上载荷较高，包括"必要时我愿意为了组织的未来牺牲个人利益""我的理想追求同组织的愿景和使命相一致""我能够与组织同呼吸、共命运""我认同组织的愿景与使命，愿意为之实现而努力""沐浴在组织的文化和氛围中让我变得更强大"。好的组织有其自身的价值观、使命、愿景等精神方面的目标与追求，员工也有理想目标，有其自身的人生追求。员工在一个组织中，能否将其个人目标很好地与组织目标融合，在深层次上体现为员工与组织在精神世界中能否实现协同与一致。命运共荣表现为员工对于组织的文化、愿景与使命等方面的认同，员工个人目标与组织目标相一致，并且员工愿意为了组织的未来努力工作，可以与组织同呼吸、共命运。

为了检验量表的信度，我们对每个因子的测量题项进行了内部一致性检验，结果显示，利益共享、发展共生、命运共荣三个因子测量题项的 Cronbach's α 系数分别为 0.85、0.75、0.87，这表明通过因子分析获得的上述三因子各自的测量项目都具有良好的信度。

## 7.1.3　验证性因子分析

经过探索性因子分析，我们最终得到了 14 个题项的组织—员工目标融合量表。基于此，我们编制了正式问卷，收集样本二的数据用于量表的结构检验。问卷中每个题项均采用李克特 5 点量表。样本二来自某研究型大学商学院 MBA 学员，共计发放问卷 280 份，最终得到有效问卷 261 份，有效回收率为 93.2%。

基于样本二的数据，我们运用 Mplus 7.4 对因子结构进行验证。结果显示：卡方为 138.39，自由度为 74（$p < 0.01$）；RMSEA 值为 0.07，SRMR 值为 0.05，均小于 0.08，表明模型拟合理想；其余拟合指数 CFI、TLI 均大于 0.90，也达到了良好拟合的标准（Hu et al.，1999）。因此，组织—员工目标融合的三因子结构与样本二数据拟合良好。另外，我们对各潜变量包含的观察题项进行评估，考察每个题项在对应潜变量上的因子载荷以及相应 T 检验水平和残差，如表 7 - 2 所示。一般说来，因子载荷大于 0.55 即可表明该观测变量为良好的题项（Tabachnick et al.，2007）。检验结果显示，14 个测量题项的标准化因子载荷值均大于 0.55，相应参数估计的 T 检验结果也比较理想，具有良好的显著性水平。

表 7 - 2　组织—员工目标融合的验证性因子分析结果

| 测量题项 | 标准化载荷 | T 检验 | 残差 |
| --- | --- | --- | --- |
| 1. 员工对组织所做出的贡献会获得相应的利益回报 | 0.73 | 16.95 | 0.43 |
| 2. 组织设定明确的奖惩标准，促进员工与组织共赢 | 0.68 | 14.07 | 0.48 |
| 3. 组织的绩效考核公平公正，以保证员工利益 | 0.65 | 11.96 | 0.54 |
| 4. 组织重视让员工分享组织的盈利 | 0.74 | 15.55 | 0.47 |
| 5. 组织在提升盈利能力的同时，重视提升员工的薪酬水平 | 0.83 | 28.13 | 0.29 |

续表

| 测量题项 | 标准化载荷 | T检验 | 残差 |
|---|---|---|---|
| 6. 我在为组织工作的过程中能够提升自己的能力 | 0.63 | 10.96 | 0.57 |
| 7. 组织的成长为员工的职业发展提供了机会与舞台 | 0.70 | 14.19 | 0.49 |
| 8. 我愿意不断学习，以促进组织的发展 | 0.75 | 16.85 | 0.62 |
| 9. 为组织努力工作，让我感觉自己越来越强大 | 0.80 | 24.55 | 0.33 |
| 10. 必要时我愿意为了组织的未来牺牲个人利益 | 0.60 | 12.28 | 0.49 |
| 11. 我的理想追求同组织的愿景和使命相一致 | 0.81 | 20.49 | 0.39 |
| 12. 我能够与组织同呼吸、共命运 | 0.73 | 17.07 | 0.43 |
| 13. 我认同组织的愿景与使命，愿意为之实现而努力 | 0.77 | 13.71 | 0.56 |
| 14. 沐浴在组织的文化和氛围中让我变得更强大 | 0.76 | 19.15 | 0.40 |

为进一步确定最优模型，我们对其他可能的因子结构模型进行了验证性因子分析，考察各竞争模型的拟合优度，并将其拟合结果与三因子结构进行比较。检验结果如表 7-3 所示，一因子模型（M1）与二因子模型（M2—M4）的拟合程度均低于三因子模型（M0）。因此，三因子的结构模型是测量组织—员工目标融合的最优模型。

**表 7-3　验证性因子分析模型拟合指数**

| 模型 | 因子 | 卡方 $\chi^2$ | 自由度 $df$ | RMSEA | SRMR | CFI | TLI |
|---|---|---|---|---|---|---|---|
| 三因子模型 M0 | F1，F2，F3 | 138.39 | 74 | 0.07 | 0.05 | 0.93 | 0.92 |
| 二因子模型 M2 | F1+F2，F3 | 339.81 | 76 | 0.12 | 0.07 | 0.84 | 0.81 |
| 二因子模型 M3 | F1，F2+F3 | 291.01 | 76 | 0.10 | 0.06 | 0.87 | 0.84 |
| 二因子模型 M4 | F1+F3，F2 | 403.25 | 76 | 0.13 | 0.08 | 0.80 | 0.76 |
| 一因子模型 M1 | F1+F2+F3 | 462.10 | 77 | 0.14 | 0.08 | 0.77 | 0.72 |

注：样本量 $N=261$；F1、F2、F3 分别表示利益共享、发展共生、命运共荣三个因子包括的相应测量题项；"+"表示将前后两个因子的测量题项合并为一个因子。

## 7.1.4　量表的信度和效度检验

信度主要通过 Cronbach's α 系数和组合信度（CR）来进行判别。本研究采用样本二的数据对量表的信度和效度进行了进一步检验。结果显示：利益共享、发展共生、命运共荣三个因子的 Cronbach's α 系数分别为 0.85、0.77、0.85，均大于 0.70；三个因子的组合信度分别为 0.85、0.81、0.86，均大于 0.60，满足可接受的心理测量学标准。因此，本研究开发的组织—员工目标融合量表具有良好的信度。

效度检验包括内容效度和结构效度。就内容效度而言，本研究所开发量表的题项主要来源于开放式调查，并由组织行为学领域的相关专家与青年学者对量表的题项分别单独进行了筛选与归纳，经过反复讨论达成一致意见，从而得到最终的测量题项，因此有效地保证了量表的内容效度。结构效度分别通过聚合效度和区分效度来进行检验。计算结果表明，三个因子的平均方差提取量（AVE）均大于 0.50，说明本量表具有良好的聚合效度；各因子的 AVE 平方根均大于因子间的相关系数，说明量表具有良好的区分效度（Fornell et al.，1981）。信度和效度检验的各项指标与因子相关系数如表 7-4 所示。

表 7-4　信度和效度检验指标与相关系数表

| 因子 | Cronbach's α | CR | AVE | 利益共享 | 发展共生 | 命运共荣 |
|---|---|---|---|---|---|---|
| 利益共享 | 0.85 | 0.85 | 0.53 | （0.73） | | |
| 发展共生 | 0.77 | 0.81 | 0.52 | 0.55** | （0.72） | |
| 命运共荣 | 0.85 | 0.86 | 0.54 | 0.55** | 0.60** | （0.74） |

注：样本量 $N$=261；括号内为各因子的 AVE 平方根；**$p < 0.01$（均为双尾检验）。

## 7.2　组织—员工目标融合的预测效度检验

我们选择员工的工作满意度、组织认同以及离职意向作为关联效标，探索组织—员工目标融合对员工工作态度的预测效果。

### 7.2.1　预测效应假设

1. 组织—员工目标融合与工作满意度

提升工作满意度的关键是增加员工在工作中的积极情绪体验。根据情绪的目标结构变化说，有利于个体心理目标实现的刺激或事件会引发人的积极情绪，阻碍心理目标实现的刺激或事件会引发人的消极情绪。当组织目标与员工目标融合程度高时，员工努力促进组织目标实现的过程，也有助于实现个人目标，因此组织—员工目标融合可以引发员工的积极情绪，提高员工的工作满意度。

　　员工的工作满意度也会受到个人特质的影响（Ilies et al.，2003）。研究发现主动性人格对个体的工作满意度有积极作用（Li et al.，2017；Prabhu，2018）。研究也表明，领导者—成员交换也是影响员工工作满意度的重要变量，当 LMX 质量高时，员工会感受到来自领导者的更多的支持，从而促进员工工作满意度的提升（Li et al.，2010）。因此我们在分析时控制了这两个变量。由于组织—员工目标融合在本质上不同于个人特质和 LMX，而且其分析层次高于后两者，因此我们推断：在控制员工主动性人格和 LMX 两个变量之后，组织—员工目标融合对员工工作满意度的预测仍有独特的贡献。

　　综上所述，我们提出以下假设：

　　假设 1a：组织—员工目标融合与员工工作满意度之间存在正向关系。

　　假设 1b：在控制员工主动性人格和 LMX 两个变量之后，组织—员工目标融合对员工工作满意度仍有显著增加的预测效应。

　　2. 组织—员工目标融合与组织认同

　　社会认同理论认为，员工会更认同能够为其带来安全感、自我实现的可能性和归属感的组织（Ashforth et al.，2016；Sillince et al.，2018）。组织认同被定义为员工与组织之间的归属关系，并体现了组织目标和个人目标的一致性或二者融合的过程（Hall et al.，1970）。Shamir 等（1993）认为，组织与员工共享目标和愿景，能够有效地感召员工，促进组织与员工构建积极关系，从而增强员工个体的组织认同感。这说明当组织目标和员工目标相互融合时，员工会对自己所在的组织有更强的认同感和归属感。因此我们认为，组织—员工目标融合可以促进员工的组织认同。

　　与工作满意度相似，作为一种工作态度，组织认同也受到员工个体人格特质和 LMX 的影响（Joo et al.，2009；Loi et al.，2014）。鉴于前文所指出的，组织—员工目标融合的分析层面高于个体人格特质变量和 LMX，因此，我们认为在控制员工主动性人格和 LMX 两个变量之后，组织—员工目标融合对员工组织认同的预测仍有独特的贡献。

综上所述，我们提出以下假设：

假设 2a：组织—员工目标融合与员工组织认同之间存在正向关系。

假设 2b：在控制员工主动性人格和 LMX 两个变量之后，组织—员工目标融合对员工组织认同仍有增加的预测效应。

3. 组织—员工目标融合与离职意向

根据目标动力学理论，目标是个体行为背后的动力来源，个体的心理目标会驱使员工在适宜的条件下，发动、组织和维持一定的行为，使其所包含的未来状态走向现实。当组织和员工的目标没有融合或融合程度低时，员工在为组织目标工作的过程中不能实现其个人目标，这就必然会导致员工工作动机的降低和逃避组织的动机增强，在个人心理目标系统的驱动下，形成离职意向。相反地，当组织—员工目标融合水平较高时，意味着员工为实现组织目标努力工作的同时，也能够促进个人目标的实现。在这样的情况下，员工不仅会产生较高的工作满意度和组织认同，也会感受到工作的意义与价值，会愿意持续留在组织中工作。因此，我们认为，组织—员工目标融合可以降低员工的离职意向。

有关员工离职的研究文献也表明员工的主动性人格（Joo et al.，2015；Yang et al.，2011）和 LMX（Harris et al.，2014）对员工离职意向有预测作用。鉴于上文指出的原因，我们认为在控制员工主动性人格和 LMX 两个变量之后，组织—员工目标融合对员工离职意向的预测仍有独特的贡献。

综上所述，我们提出以下假设：

假设 3a：组织—员工目标融合与员工离职意向之间存在负向关系。

假设 3b：在控制员工主动性人格和 LMX 两个变量之后，组织—员工目标融合对员工离职意向仍有增加的预测效应。

## 7.2.2  研究样本与测量工具

我们编制了两时点问卷收集样本三的数据，用于量表的预测效度检验。时点一的问卷调查在职参与者感知到的组织—员工目标融合及其性别、年龄、岗位职级、单位类型、单位规模等人口统计学信息和所在组织的相关信息；时点二的问卷调查参与者的主动性人格、LMX、工作满意度、组织认同和离职意向等变量。两次问卷发放时间间隔一个月。样本三来自北京某研究型大学商学院的 MBA 学员。在时点一发放问卷 240 份，回收有效问卷 222 份，有效回收率为 92.5%；在时点二有效回收率为 93.5%。匹配两个时间点的数据后，最终得到有效匹配问卷 191 套。样本的分布情况如下：在性别比例方面，男性占比为 41.5%，女性占比为 58.5%；在年龄分布方面，平均年龄为 31.33 岁，标准差为 3.44，35 岁以下有 167 人，占比为 87.4%；在岗位职级方面，基层员工与中高层管理者占比分别为 40.2%、59.8%；在单位类型方面，国有与国有控股企业、民营企业、外资与合资企业三类共占92.1%；在单位规模方面，有 149 位参与者所在单位规模超过 100 人，占比为 78.0%。

本研究使用的测量工具除组织—员工目标融合为自行开发的量表之外，其他量表均曾发表在高水平学术期刊上，具有良好的信度和效度，且在已有研究中得到了广泛的应用。我们遵循量表的"翻译—回译"程序（Brislin，1980），最终确定了研究所采用的调查问卷。所使用量表在问卷中均为 6 点量表，具体量表如下：

组织—员工目标融合：采用本研究所开发的 14 题项三因子量表，调查时要求被试认真阅读所有题项，并判断每个题项在多大程度上符合个人感受。典型题项有"员工对组织所做出的贡献会获得相应的利益回报""我在为组织工作的过程中能够提升自己的能力""我能够与组织同呼吸、共命运"等。在本研究中，该量表的 Cronbach's α 系数为 0.89。

主动性人格：采用 Seibert 等（1999）编制的主动性人格简版量表，共10 个题项。典型题项有"我经常会寻找新的方式来改善我的生活""无论我在哪里，我都能够主动改变环境”"没有什么事情能比看到自己的想法成为现实更令我兴奋"等。在本研究中，该量表的 Cronbach's α 系数为 0.82。

LMX：采用 Graen 等（1995）开发的 LMX 量表，共 7 个题项。典型题项有"我的直接上司了解我工作上的困难及需要""我很清楚我的直接上司是否满意我的工作表现""我和我的直接上司的工作关系很好"等。在本研究中，该量表的 Cronbach's α 系数为 0.91。

工作满意度：采用 Hackman（1980）开发的工作满意度量表，共 3 个题项。典型题项有"总体而言，我对自己的工作感到满意"等。在本研究中，该量表的 Cronbach's α 系数为 0.85。

组织认同：采用 Mael 等（1992）开发的组织认同量表，共 6 个题项。典型题项有"当有人批评我们的组织时，感觉就像是对我个人的指责""我很在意其他人怎么看待我们的组织""我们组织的成功就是我的成功"等。在本研究中，该量表的 Cronbach's α 系数为 0.88。

离职意向：采用 Kelloway 等（1999）开发的离职意向量表，共 4 个题项。典型题项有"我正在考虑离开这一组织""我计划寻找一个新的工作"等。在本研究中，该量表的 Cronbach's α 系数为 0.86。

控制变量：鉴于人口统计学变量可能对个体的认知和行为产生一定的影响，本研究在假设检验时控制了员工的性别、年龄、岗位职级、单位类型和单位规模等变量。另外，如前文所述，员工的个人特质和领导者与员工的关系，也会对员工的工作态度产生影响，因此本研究还控制了员工的主动性人格和 LMX 两个变量。

## 7.2.3　研究结果

### 1. 描述性统计与相关分析

各研究变量的平均值、标准差以及两两之间的相关系数如表 7 - 5 所示。相关分析虽不能说明各变量之间的因果关系，但从其结果可以初步判断各变量之间的相关性水平。表 7 - 5 显示，组织—员工目标融合与主动性人格（$r = 0.30$，$p < 0.01$）、LMX（$r = 0.43$，$p < 0.01$）、工作满意度（$r = 0.64$，

表 7 - 5　各变量的描述性统计和相关系数表

| 变量 | 平均值 | 标准差 | 1 | 2 | 3 | 4 | 5 | 6 | 7 | 8 | 9 | 10 |
|---|---|---|---|---|---|---|---|---|---|---|---|---|
| 1. 性别 | 1.62 | 0.49 | | | | | | | | | | |
| 2. 年龄 | 31.33 | 3.44 | -0.22 | | | | | | | | | |
| 3. 岗位职级 | 1.69 | 0.63 | 0.00 | 0.35** | | | | | | | | |
| 4. 单位规模 | 3.84 | 1.30 | 0.06 | 0.01 | 0.15* | | | | | | | |
| 5. 主动人格 | 4.56 | 0.60 | -0.05 | 0.02 | 0.23** | 0.01 | (0.82) | | | | | |
| 6. LMX | 4.28 | 0.97 | -0.04 | 0.06 | 0.28** | 0.06 | 0.35** | (0.91) | | | | |
| 7. 组织—员工目标融合 | 3.59 | 0.75 | 0.04 | 0.11 | 0.28** | -0.02 | 0.30** | 0.43** | (0.89) | | | |
| 8. 工作满意度 | 3.99 | 1.00 | -0.05 | 0.06 | 0.29** | 0.15* | 0.42** | 0.61** | 0.64** | (0.85) | | |
| 9. 组织认同 | 4.68 | 0.91 | -0.08 | 0.07 | 0.20** | -0.16* | 0.45** | 0.34** | 0.39** | 0.44** | (0.88) | |
| 10. 离职意向 | 3.28 | 1.36 | 0.01 | -0.05 | -0.28** | -0.12 | -0.08 | -0.33** | -0.50** | -0.54** | -0.16* | (0.86) |

注：样本量 $N$=191；*$p$＜0.05，**$p$＜0.01（均为双尾检验）；性别：1＝男性，2＝女性；岗位职级：1＝基层，2＝中层，3＝高层；单位规模：1＝20人以下，2＝20～100人，3＝100～500人，4＝500～1000人，5＝1000人以上；括号内为各变量测验的 Cronbach's α 系数。

$p < 0.01$）、组织认同（$r = 0.39$，$p < 0.01$）都存在显著的正相关，与离职意向（$r = -0.50$，$p < 0.01$）存在显著的负相关。这说明组织—员工目标融合具备了对上述效标变量产生影响的相关性基础，为研究假设的检验提供了初步的证据。

2. 假设检验

为检验研究假设，以组织—员工目标融合为自变量，分别以工作满意度、组织认同、离职意向作为因变量，并控制参与者的性别、年龄、岗位职级、单位类型与单位规模，以及参与者自我评价的主动性人格和 LMX 等变量，运用 SPSS 24.0 进行层级回归分析。分析结果如表 7-6 所示。

表 7-6　组织—员工目标融合的预测效应回归分析结果

| 变量 | 工作满意度 | | | 组织认同 | | | 离职意向 | | |
|---|---|---|---|---|---|---|---|---|---|
| | M1 | M2 | M3 | M4 | M5 | M6 | M7 | M8 | M9 |
| 性别 | -0.08 | -0.04 | -0.07 | -0.10 | -0.07 | -0.09 | 0.06 | 0.05 | 0.07 |
| 年龄 | -0.05 | -0.01 | -0.04 | 0.02 | 0.06 | 0.05 | 0.04 | 0.03 | 0.06 |
| 岗位职级 | 0.34*** | 0.13 | 0.09 | 0.20* | 0.05 | 0.02 | -0.30*** | -0.22** | -0.18* |
| 单位类型 | 0.07 | 0.07 | 0.03 | 0.07 | 0.09 | 0.07 | -0.02 | -0.01 | 0.03 |
| 单位规模 | 0.04 | 0.00 | 0.00 | -0.08 | -0.12 | -0.11 | 0.05 | 0.07 | 0.06 |
| 主动性人格 | | 0.19** | 0.12* | | 0.37*** | 0.34*** | | 0.06 | 0.13* |
| LMX | | 0.51*** | 0.35*** | | 0.18* | 0.10 | | -0.31*** | -0.16* |
| 组织—员工目标融合 | | | 0.43*** | | | 0.23** | | | -0.42*** |
| $R^2$ | 0.11 | 0.44 | 0.57 | 0.07 | 0.27 | 0.31 | 0.10 | 0.18 | 0.31 |
| $\Delta R^2$ | 0.11** | 0.33*** | 0.13*** | 0.07* | 0.20*** | 0.04** | 0.10** | 0.08*** | 0.13*** |
| F | 4.37** | 18.52*** | 28.01*** | 2.46* | 8.61*** | 9.09*** | 3.56** | 5.12*** | 9.25*** |

注：样本量 $N = 191$；*$p < 0.05$，**$p < 0.01$，***$p < 0.001$（均为双尾检验）。

从表 7-6 的模型 M2、M5、M8 可以看出，参与者的主动性人格与其工作满意度（$\beta = 0.19$，$p < 0.01$）和组织认同（$\beta = 0.37$，$p < 0.001$）有显

著的正向关系；参与者作为下属，评价的 LMX 与其工作满意度（$\beta = 0.51$，$p < 0.001$）和组织认同（$\beta = 0.18$，$p < 0.05$）有显著的正向关系，与离职意向（$\beta = -0.31$，$p < 0.001$）有显著的负向关系，这说明本研究选择它们作为控制变量是合适的，与现有研究文献一致。模型 M3、M6、M9 的结果显示，组织—员工目标融合与员工的工作满意度（$\beta = 0.43$，$p < 0.001$）、组织认同（$\beta = 0.23$，$p < 0.01$）存在显著的正向关系，与员工的离职意向（$\beta = -0.42$，$p < 0.001$）存在显著的负向关系，因此假设 1a、假设 2a 和假设 3a 都得到了支持。通过模型 M3、M6、M9 的 $\Delta R^2$ 可以看出，在控制参与者的人口统计学变量以及主动性人格和 LMX 变量之后，组织—员工目标融合对员工工作满意度、组织认同和离职意向均有显著的增值预测效度，解释的变异量分别增加了 13%、4%、13%，因此，假设 1b、假设 2b 和假设 3b 都得到了支持。综合这些结果，说明本研究所开发的组织—员工目标融合量表对员工工作态度具有良好的预测效度，这说明组织—员工目标融合是一个值得重视的员工工作结果的预测变量。

# 7.3　研究结论与贡献

## 7.3.1　研究结论

通过规范的理论分析、定性研究与定量研究，我们分析了组织—员工目标融合的概念内涵，探索了组织—员工目标融合的内容与结构，并为其开发了一套信效度良好的测量工具。具体而言，我们基于目标动力学理论，通过文献分析和理论研究，提出组织—员工目标融合是领导者通过组织文化建设和管理机制设计，努力协同组织目标与员工目标，使员工在为实现组织目标而努力的同时，也能够促进个人目标的实现。其中，个人目标是个体渴望实现的、相对稳定的、有价值的未来状态；组织目标是组织渴望实现的、基于组织价值观构建的、有价值的未来状态。要实现目标融合和企业发展，企业必须平衡地处理与组织相关的员工、顾客、股东及社会的权利及利益关系。

研究结果显示：组织—员工目标融合是一个包含利益共享、发展共生、命运共荣三个维度的构念，这些维度分别体现组织与员工在物质利益层面、成长发展层面以及文化精神层面的目标融合，是三种不同的目标融合境界；本研究开发的组织—员工目标融合量表具有良好的信度与效度；在控制员工主动性人格和 LMX 两个变量之后，组织—员工目标融合对员工工作满意度、组织认同和离职意向仍然具有增加的预测效应。另外，相关分析显示，组织—员工目标融合与员工在组织情境中感知的主动性人格（$r = 0.30$，$p < 0.01$）和 LMX（$r = 0.43$，$p < 0.01$）有显著的正相关。

## 7.3.2　理论贡献

本研究获得的结果具有以下几个方面的理论贡献：

第一，基于自组织目标系统理论界定了组织—员工目标融合的概念内涵，并揭示了其三维结构。已有研究对目标融合的概念界定较为抽象，具体性不足，本研究弥补了这一局限，深化了对组织—员工目标融合的认识与理解，拓展和丰富了目标融合的理论内涵，这为未来的相关研究奠定了理论基础。

第二，通过规范的定性与定量研究，开发了一套具有良好信度和效度的组织—员工目标融合测量工具，这为推动组织—员工目标融合的定量研究提供了技术支持。在 McGregor（1960）提出融合原则之后，并没有文献探讨组织—员工目标融合的测量，且现有文献对目标一致性的测量方式也非常简单（例如，Colbert et al.，2008；Supeli et al.，2014）。本研究得到的组织—员工目标融合三维量表，为未来调查组织—员工目标融合和考察它与其他众多变量的关系提供了良好的技术支持，从而有利于更好地检验组织—员工目标融合在管理中的解释力和预测力。

第三，对组织—员工目标融合与员工工作满意度、组织认同及离职意向三种工作态度变量之间的关系进行了实证检验，为今后进一步探索组织—员工目标融合的预测效应及其作用机制提供了参考，同时也拓展了现有文献对工作满意度、组织认同及离职意向形成机制的认识。因为动机的自组织目标系统理论是一种体现动态心理过程的动力学理论，组织—员工目标融合作为工作满意度、组织认同及离职意向的前因变量，这意味着它们的形成具有心理动力学机制。尤其是，在检验组织—员工目标融合预测效度的过程中，本研究发现在控制员工主动性人格和 LMX 两个变量之后，组织—员工目标融合对三种员工工作态度依然有增加的预测效应，这恰恰说明了工作态度背后的心理动力学机制是不可忽视的。另外，考虑到工作满意度（Tschopp et al.，2014）和组织认同（Akgunduz et al.，2017）都是影响员工离职意向的前因变量，我们还进行了补充分析，在表 7 – 6 模型 M9 的基础上，进一步控制工作满意度和组织认同对离职意向的影响，结果显示，组织—员工目标融合对离职意向依然具有增加的预测效应（$\beta = -0.26$，$p < 0.01$）。这更加说明了组织—员工目标融合是一个需要引起更多重视的管理变量。

第四，拓展了工作动机理论，对深入理解组织情境中人的动机有着丰富的启示。现有文献对工作动机形成的心理基础的研究聚焦于个体的需要（Deci et al.，2000）、任务目标（Locke et al.，2013）、成就目标与目标定向（Dweck et al.，1988）、自我调节倾向（Higgins，1997）等，我们基于动机的目标动力学理论，从个人目标（心理目标）的自我驱动和寻求自我实现的本性出发，赋予组织—员工目标融合动力学意涵，并揭示了利益共享、发展共生、命运共荣三重目标融合境界，层层递进，直至深入人心，这为理解员工的工作动机提供了新的理论视角和分析框架。这一结果也对思考组织—员工关系以及领导力等管理问题提供了动力学理论基础。

## 7.3.3　研究局限与未来研究方向

本研究在取得上述研究结论和贡献的同时，也存在一些不足，需要在未来研究中予以改进。首先，本研究的三个样本来源比较单一，多样性不足。调查对象多为在职研究生和 MBA 学员，他们是青年高学历人群，且所在地区多为北京等大城市，未来需要关注更广泛的人群，进一步检验本研究的结论。其次，在预测效度的检验中，我们所选取的效标变量都是工作态度，而且都是参与者自我报告的数据，这不能完全排除共同方法偏差可能带来的影响。不过需要指出的是，我们在设计研究方案时通过分时点来测量组织—员工目标融合和效标变量，这有利于控制和减弱共同方法偏差的影响；在数据分析过程中，我们对可能存在的共同方法偏差问题也进行了多方面的检验，如变量间区分效度检验结果显示变量的测量模型与样本数据之间具有良好的拟合程度，Harman 单因素检验结果显示未旋转的第一个因子只解释了 20% 的方差变异，所占比例较低（周浩 等，2004），这表明本研究的共同方法偏差问题并不严重。

为了完善和拓展组织—员工目标融合研究，未来可以从以下几个方面着手：第一，在更广泛的样本中检验本研究开发的组织—员工目标融合量表。尽管我们得出的 14 题项三因子组织—员工目标融合量表通过了各项信效度检验，但受限于样本分布、数据来源等研究条件，本量表仍有待进一步检验。第二，考察组织—员工目标融合的其他预测效应，如对员工工作行为的影响，并探索组织—员工目标融合发挥作用的具体机制和边界条件，以深入检验组织—员工目标融合在实践中的作用效果。第三，考察组织—员工目标融合的前因，探索组织—员工目标融合的促进策略或影响因素，建立更加系统全面的概念网络，更加深入地理解和应用组织—员工目标融合的思想。第四，进一步分析和检验组织—员工目标融合作为一种领导力变量，在领导过程与领导效能的关系中所起的中介作用。例如，愿景型领导重视运用愿景感召和鼓舞下属为实现共同愿景而奋斗，并为愿景实现提供支持。在这个过程中，愿景型领导通过选择下属能够认同的组织目标，增强下属对组织愿景的认同和内化，促进组织目标与员工目标的融合；目标融合又进而提升员工的组织认同、工作动机和工作激情；因此，愿景型领导可以通过组织—员工目标融合提升员工的组织认同和工作激情。而且，鉴于前文所指出的，组织—员工目标融合的分析层面不同于且高于 LMX，可以预见在控制 LMX 的中介作用之后，组织—员工目标融合的中介效应会依然显著。

第 8 章

# 组织视角的组织—员工目标融合：共享愿景

　　"如果没有愿景，人类将会消亡。"从领导力的理想状态和目标融合的领导原则出发，我们认为，在组织成员中形成共同愿景是开发组织领导力最核心的内容。从人性的角度分析，人在本质上是一种由心理目标驱动的、自主寻求意义的观念性生命，如果大家拥有一个共同的梦想，就能够凝心聚力，齐心协力，共赴未来。从组织角度分析，一个美好的愿景在很大程度上选定了组织的未来状态，从而有利于明确组织的奋斗方向，为组织制定战略和选择达到目标的途径与手段提供了依据，也为组织应该选择什么样的成员提供了依据。在历史上，卓越的政治家和企业家都拥有某种愿景，并且感召和率领员工追随了他们的愿景。

　　那么，作为领导力重要来源的愿景为什么如此重要？它们又是怎样发挥作用的？事实上，对这些重要问题至今既缺少有力的理论解释，又缺少深入的实证研究，文献中有限的研究还很零散。现有领导理论（包括愿景型领导理论）都无法清晰准确地揭示出这种深远影响赖以产生的心理基础与作用机制。在这些领导理论看来，领导者是影响者，下属只是影响的接受者，在此逻辑下，组织中存在的对员工的巨大影响力只能来自领导者一方。现有领导理论除了复杂性领导理论和自我领导理论，其他理论基本都没有超越聚焦于自上而下单向影响的理论视角；即使是复杂性领导理论和自我领导理论，其理论逻辑也不能很好地解释和预测共同愿景的作用机制和效果。因此，领导理论需要继续发展，尤其是在理论基础和方法论上需要超越以往的理论。我们认为虽然愿景生成领导力的观点抓住了领导力生成的动力性因素，但现有研究对愿景发挥作用的动态过程以及这一过程对愿景本身的要求认识很不足，愿景领导力研究亟须寻找新的理论基础。

## 8.1　愿景与领导力

很多研究者（Bass，1985，1990；Baum et al.，1998；House，1977；Larwood et al.，1995；Sashkin，1988）认为，杰出的领导者通常会被他们的追随者描述为鼓舞人心的和有远见的人，即有效的领导者往往是具有愿景的领导者。Bennis 等（2003）通过研究 60 位美国成功的企业家和 30 位杰出的公共组织领导者，总结出变革型组织中领导者常用的四项策略，其中第一条即通过愿景唤起专注。他们的研究发现，有远见的领导者在任职初期非常重视方向的选择，会在心中勾画出一个具有可能性的、理想中的组织未来图景，即愿景，并把组织中所有人的注意力都集中到这上面来。美国学者柯林斯（Collins）等在其著作《基业长青》（Collins et al.，1994）中对 18 家持续成功的跨国企业进行了深入研究，发现这些企业持续成功的一个主要原因在于其领导者能够提出高瞻远瞩的愿景，并持之以恒地促进愿景的实现。此外，魅力型领导和变革型领导的研究也把愿景视为领导力的一部分，认为愿景能激励人们朝向更高的绩效努力。

需要注意的是，在讨论愿景与领导力的关系时有必要区分愿景型领导和愿景领导力这两个不同概念。愿景型领导属于领导者的领导行为或领导方式范畴，是指领导者通过描绘和沟通组织愿景，感召和激励员工为组织发展而不懈努力的领导模式。愿景领导力属于领导力来源范畴，是指组织愿景被员工认同和共享之后能够成为组织领导力的重要来源，指引和激励员工为实现组织目标而不懈努力。二者既有区别，也有联系。愿景型领导虽聚焦于领导者的领导方式，但要理解愿景型领导的本质和效应机制，必须先理解组织愿景与领导力的关系；否则就很难真正解释和预测愿景型领导的效能及其边界条件。本书关心的核心问题是领导力的本质与来源，因此本章主要聚焦于讨论愿景领导力。

### 8.1.1　组织愿景

在《现代汉语词典》中，愿景是指所向往的前景。愿景的主体可以是个人、组织甚至社会。就组织而言，在西方的管理学论著中，许多杰出的企业大多具有一个共同特点，就是强调企业愿景的重要性，因为唯有借助愿景，才能有效地培育与鼓舞组织内部所有人，激发个人潜能，激励员工竭尽所能，实现组织目标。以往的研究多聚焦于领导者自身（例如魅力型领导和变革型领导等）以及领导者与员工的社会交换关系（例如 LMX），希望通过优化领导者自身素质或行为、改善领导者与下属的关系来提升领导力。然而，在内外部环境日益复杂多变的新形势下，仅仅依靠上述方式开发领导力已然不能满足组织发展的需要，亟须寻找新的领导力开发和培育途径。在此背景下，愿景逐渐进入领导力研究者和实践者的视野。很多研究者都认为愿景对领导力、战略实施和组织变革是很重要的（Doz et al.，1987；Hunt，1991；Kotter，1990；Robbins et al.，1988；Sashkin，1988）。

对组织而言，愿景是人们（尤其是组织的领导者）设想的组织变化的未来可能性和所渴望的将来，它代表了乐观主义和人们所期待的未来状态。House 等（1993）认为，愿景是代表或反映组织所追求的共享价值观的理想。van Knippenberg 等（2014）把愿景定义为由领导者构想和沟通的对集体未来的想象。愿景是组织在未来所能达到的一种状态的蓝图，阐述的是企业存在的最终目的。愿景是组织关于理想的一幅独特的画面，它面向未来，可以为众人带来共同利益。最好的愿景既是理想的也是独特的，它应该是现实主义与乐观的理想主义的结合。

我们认为，组织愿景是人们基于一定组织的未来状态选择性和创造性构建起来的，是对组织成员具有意义的、相对稳定和乐观的种种想象或构想，是人们渴望实现的组织未来状态。致力于愿景概念开发的学者们越来越倾向于从集体未来而非个人未来的角度界定这一概念，因为只有集体未来才能够在组织情境中发挥巨大作用，促进组织目标的实现。

## 8.1.2　共同愿景

彼得·圣吉（1994）提出了"建立共同愿景"的概念。他用真实案例告诉人们，只有在组织中建立起共同愿景，才能在背景极其多样的员工中形成认同感，凝聚众多组织成员的能量，促使大家一起为实现组织未来图景而努力。在组织中，共同愿景会改变员工与组织的关系，组织不再是"他们的组织"，而变成"我们的组织"。通过共同愿景，员工之间的关系得到改善，学习得到促进，长期承诺受到激发，这些因素都显著影响着组织绩效。

Tsai 等（1998）认为，共同愿景体现了组织成员的集体目标和渴望。共同愿景为一个集体在面向未来时提供集体认同的图景或理解，这代表了集体的雄心壮志且可以被追随者接受，它意味着广泛的情感承诺和实现承诺的热情（Berson et al.，2016）。从目标动力学出发，我们认为共同愿景是指组织成员集体认同并渴望实现的组织理想，它代表着组织成员共同向往和渴望实现的未来，其实质是组织系统的奇异吸引子。

共同愿景在魅力型领导和变革型领导理论中表现得尤为明显，沟通鼓舞人心的愿景使得魅力型、变革型领导有别于其他领导方式（Bass，1985；Bryman，1992；Burns，1978；Conger et al.，1987；Shamir et al.，1993）。共同愿景是组织中全体成员共同发自内心的愿望与想象中的组织的未来景象，彼得·圣吉（1994）认为，它是在人们心中一股深受感召的力量。在人类群体活动中，很少有事物能像共同愿景那样激发如此强大的力量。

如果不同个体只是在各自心中持有相同的愿景，但彼此却不曾真诚地分享过对方的愿景，这并不算共同愿景。当人们真正共享愿景时，这个共同的愿景会将他们紧紧地联结起来。个人目标的力量来自心理目标的动力性和自组织功能，源自一个人对实现心理目标的深度关切。共同愿景的力量来自人们对共同目标的共同关切和努力实现目标的一致愿望，换句话说，也就是来自彼此心理目标的协同驱动。

然而，在企业实践中，很多公司的愿景只反映了领导者或一部分利益相关者的需求，他们把自己的理想强加给组织中的员工。这样的愿景往往很难在组织成员中共享。彼得·圣吉（1994）认为，一个共同的愿景是团体中成员都真心追求的愿景，它必然会反映出个人的愿景。

美国学者哈里斯（J. Harris）在其著作《让员工热爱你的公司》一书中写道：一个充满信念的愿景是远远胜过财务目标和准备完善的战略规划的。当马丁·路德·金在林肯纪念堂前面对五十万争取公民权利的游行队伍发表演讲时，他懂得一个振奋人心的愿景所具有的力量，因此他高昂地宣布："今天我有一个梦想！"这个梦想最终成为整个争取公民权利运动的核心。"为了赢得员工们的心，我们必须告诉他们，我们追求些什么和我们正在怎样干。我们的愿景必须是激动人心的，被人理解的，也是大家所注视的。"（Harris，1996）

组织愿景对组织的复兴与发展具有重要意义，共同愿景的意义更大。共同愿景对组织发展的意义主要表现在：孕育无限的创造力、激发强大的驱动力、发展广泛的凝聚力、增强持久的意志力和创造明天的竞争力。

根据"目标人"假设我们知道，人是一种由心理目标驱动的、自主寻求意义的观念性生命。人生活的意义在于不断实现心中的目标，不断形成新的目标，并由此体验生活的快乐与幸福。心理目标是人的心理系统实现自组织的动力源泉，缺少目标驱动的心理生活是暗淡的、缺失目的和意义的。反映个人目标的组织愿景为员工的创造力提供了施展的方向和空间，激发着创造未来的热情与动力。彼得·圣吉（1994）说，愿景令人欢欣鼓舞，它使组织跳出庸俗、产生火花。企业中的共同愿景会改变成员与组织的关系，企业不再是"他们的公司"，而是"我们的公司"。他认为，组织成员共有的目的、愿景与价值观是构成共识的基础。心理学家马斯洛晚年从事杰出团体的研究，发现他们最显著的特征是具有共同愿景与目的。正如弗利茨（R. Friz）所说，"伟大的愿景一旦出现，大家就会舍弃琐碎的事情"（彼得·圣吉，1994）。共同愿景让人明确将要达到和需要创造的未来。

### 8.1.3　愿景型领导

Nanus（1992）认为，愿景型领导通过可实现的、可信的、有吸引力的未来目标，激励内部所有人共同努力，从而使组织更成功、更美好。愿景型领导者在工作中扮演四个角色：方向制定者（direction setter）、变革推动者（change agent）、发言人（spokesperson）和教练（coach）。领导者首先是方向制定者，要建立对每个人都有吸引力的愿景；其次是变革推动者，负责推动内部环境的变化以使愿景能够在未来实现；再次是发言人，领导者和愿景要表达组织的未来是有价值的、有吸引力的和令人兴奋的；最后是教练，领导者是团队建设者，赋予组织中每个人力量，以使他们充满激情地实现愿景。

Sashkin（1988）将愿景型领导者视为一种能为组织创造并有效实施愿景的领导者。愿景型领导者具有三个关键特征：（1）有所需的特定个性和认知以创造愿景，包括对权力的需求以及清晰化和简单化的认知能力；（2）理解组织中的关键要素，并将其包含在愿景中，愿景内容应包括应对变化（环境、市场和产品技术）、理想目标（理想的条件或过程）以及员工合作等关键维度；（3）有展现愿景的能力，使得他人想要共同实现愿景，在战略层面要表达组织的哲学并被下属理解，在战术层面要提出相应的政策和计划，在个人层面要集中注意力，亲自与下属沟通，证明自身的可信，对下属表示尊重并愿意承担风险。

van Knippenberg 等（2014）认为，愿景型领导是领导者能够真正有效地动员和激励追随者追求集体目标的领导模式。他们认为愿景型领导是一个多维构念，包括愿景内容和愿景沟通。这个定义被大量研究沿用（Ateş et al.，2020；Kearney et al.，2019；Mascareño et al.，2020）。

鉴于愿景与领导力的内在联系，愿景型领导成为有效领导者的必然选择。Kotter 等（1992）深入调查了高效领导者的行动策略，发现这些行动策略包括四种：（1）创造出变革的需求，通过制造危机感，激发追随者的关注，使他们充满动力；（2）建立方向性的愿景，通过建立包括追随者需求的、令人信服的愿景，挑战现状，并使其他人投入到这一挑战中来；（3）就愿景进行广泛的沟通，包括鼓励公开的讨论，使用挑战手段来产生动机和愿景支持，通过领导者自己的行为来展示愿景包含的价值观；（4）鼓励下属管理者采取领导者行动来实现愿景，即对追随者授权，甚至鼓励追随者转变为领导者。

总的说来，愿景型领导包括三个核心要素：构建和创造愿景、有效地传播愿景、激励和授权组织成员为实现愿景而奋斗。

## 8.2　愿景共享的动态过程

Kohles 等（2012）发现，领导者提出的愿景要真正发挥作用，就必须"翻译"那些描绘梦想的愿景，让下属能够认同和接受，并同自身日常工作结合起来。遗憾的是，现有研究对愿景共享的动态过程的探索还非常匮乏。组织愿景最初是由领导者，特别是组织的创始者主导形成的，代表了他们所期望的组织未来图景。然而，仅仅提出组织愿景并不一定能发挥积极作用，使该愿景获得组织成员的认同、实现愿景的共享才是愿景发挥作用的关键。因此，探索组织愿景从确立到共享是一个什么样的过程，对深入认识和理解愿景型领导以及更好地指导实践都具有非常关键的意义。

自组织目标系统理论为理解愿景和愿景型领导提供了新的理论视角和人性基础，笔者与张庆红曾运用这一理论来分析组织愿景共享的动态过程。

首先，组织愿景的构建。愿景的建立和形成并非一蹴而就，而是组织的领导者或高层管理团队在组织发展的某个阶段，通过不断地构想和修订才逐渐建立起来的。而且，愿景是相对稳定的，但当组织面临较大的或根本性的变革时，愿景也有可能发生改变。不管在何种情境下，一旦最终确定了愿景，领导者接下来便会试图将其公之于众，纳入组织生命中，传播给每一位组织成员。对组织而言，当愿景符合组织发展的需要，并能够吸引员工为实现组织目标而努力时，它对组织就是有价值的。但是愿景如果要被组织成员共享，它必须具有一定的属性，能够被组织成员认同。因此，愿景领导力和愿景型领导的研究都必须考察组织愿景本身需要具备的特点，即愿景属性。

其次，组织愿景的认同。这里的认同既包括个体认同也包括群体认同。

组织愿景确立之后，要赢得成员的认同，就必须构建良好的组织环境和沟通机制来传播愿景，对愿景进行全方位的深入沟通，并将愿景融入组织的文化建设、制度建设和管理层的选拔中。通过全方位的愿景传播过程，组织成员对愿景的认知程度和信任水平不断提升，对其所指向的一系列组织目标的认识不断增强。当组织愿景所代表的组织目标与个人目标能够融合时，也就是说当实现愿景对组织成员有很高的个人价值和意义时，组织成员便自然会开始形成对组织愿景的认同。但这个认同过程往往不是单向的、一次性完成的，而是动态发展的。

最后，组织愿景的转化。当成员认同组织愿景之后，为实现愿景而努力对成员而言就是有意义的，组织愿景所指向的未来理想状态就会不断与员工个人心理目标系统融合在一起，既可能改变某些个人目标的强度，也可能改变个人心理目标的系统结构。因此，认同组织愿景并为之实现而努力的过程具有重塑员工心理目标系统的潜力。当愿景指向的目标能够与个体的心理目标相融合时，就为激活相应的心理目标，使其成为优势目标并进而形成动机提供了可能。在组织愿景及其实现进程的感召下，员工接收外部信息，内部不同心理目标之间经过竞争和协同，如果最终符合集体利益、与组织愿景协同的心理目标或心理目标群获得更多的资源支持，占据了主导地位，就会生成愿景追求动机，进而驱动员工为实现组织愿景而不懈努力。

需要注意的是，在上述愿景共享的过程中，存在两种自组织过程：其一是在组织系统中，愿景通过传播和沟通，最终被组织成员认同的过程。在此过程中，各种不同的力量相互竞争和协同，满足共享条件的愿景最终为组织成员所认同，而那些不具备共享条件的愿景则不能被认同。其二是在个体的心理系统中，愿景及其所指向的一系列未来目标作为外部信息，不断刺激个体的心理目标系统，那些与个人目标方向一致的未来目标能够刺激个体心理目标相互作用，使某些可以与组织愿景融合的心理目标在竞争和协同中脱颖而出，成为优势目标，并进一步转化为工作动机，促使个体追求组织愿景的实现。总的说来，在愿景共享的整个过程中，领导者运用鼓舞人心的组织愿景感召组织成员，使他们人格中的心理目标系统发生变化，促进组织—员工目标融合，从而导致追随者对组织愿景产生高度的认可，甚至必要时愿意为了实现组织愿景做出自我牺牲。因为在组织—员工目标高度融合的条件下，必要时为实现组织愿景献身是组织成员为自己的优势心理目标寻求自我实现的必然途径。

综上所述，我们系统地阐述了愿景得以共享的动态自组织过程。以往的愿景研究多聚焦于愿景沟通来探索其作用机制，但愿景沟通只是实现愿景共享的一个环节而已。目标动力学理论认为，指向未来的心理目标具有动力性，目标体系以一定的层级和动力性结构存在于人格世界中，它们赋予人们的行动以动力和方向，赋予生命以意义。通过上述分析可知，组织愿景要想得到组织成员的共享，激励员工为实现组织期望的未来状态而努力，就必须能够通过影响人的内在心理目标系统来激活与组织愿景实现有关的心理目标，形成动机以驱使组织成员为追求愿景实现而努力。因此，要实现愿景共享，必须具备三个基本条件：第一，愿景对组织和成员而言都是有价值的。对组织而言，愿景能够起到未来目标引领的作用，促进组织适应和组织成长；对成员而言，愿景能够起到感召鼓舞的作用，促进个体目标实现和个人成长。第二，通过愿景沟通和讨论，组织成员能够有效获取愿景信息，促使愿景在组织中得到广泛认同。第三，愿景具有实现的路径，组织成员能够在愿景可以实现的期望中受到鼓舞，并增强实现愿景的信心。

明确愿景共享的动态自组织过程及其实现条件，有利于我们完整地理解愿景共享过程中组织成员对愿景属性的要求和愿景共享后产生的积极效应。

# 8.3　共同愿景的基本属性

## 8.3.1　共同愿景基本属性的理论分析

如何对愿景进行科学研究？在内容上，组织愿景如同个人理想，一定是个性化的，很难找到一个统一的模板，也不可能存在什么规律。相关研究的结果之间差异很大，很难将这些结果进行整合，也没能研发出被广为引

用和参考的测量工具。在此背景下，一些学者转向研究愿景属性。Baum 等
（1998）发现愿景需要具备 7 种属性：简洁性、清晰性、抽象性、挑战性、
未来取向、稳定性、鼓舞性。此外，他们还通过结构化访谈探索其他没有提
及的愿景属性，但未发现可靠的结果。

从现有文献来看，有关愿景内容的研究比有关愿景属性的研究更为丰
富。究其原因，主要是组织愿景内容的资料容易收集，所以容易研究，但它
也随着组织职能、行业性质、领导者个性、外部环境的不同而千差万别，很
难找到统一的标准。相对而言，我们认为愿景属性更具抽象性和一般性，能
够超越内容的差异，体现愿景创造的共性和规律。

本节主要基于前文阐述的愿景共享的动态自组织过程及其实现条件，对
共同愿景的基本属性进行理论分析。正如前文所言，愿景要得到个体和群体
的认同以及实现共享，必须具备的基本条件之一是：愿景对组织和成员而言
都是有价值的。同时，愿景是组织的愿景，要形成影响力必须得到成员的认
同和内化，并与员工的心理目标系统形成有效的联结，甚至重塑员工的心理
目标结构。因此，笔者与张庆红从组织和员工两个角度出发，综合考察共同
愿景的基本属性，并对其因子结构进行统计检验。

1. 组织视角的愿景属性分析

对组织而言，愿景的价值体现在它能够起到未来目标的引领作用，使组
织拥有聚焦愿景进行决策和促使员工凝心聚力、共赴愿景的能力。在复杂多
变的外部环境和各种各样的诱惑面前，组织愿景能够引领组织发展的方向，
促进组织适应内外部环境，实现组织可持续成长。从员工共享的动力性过程
出发，组织愿景要实现目标导向功能和凝聚功能，需要具备前瞻性、可实现
性、社会取向性和组织协同性四种基本属性。

前瞻性。愿景要具有前瞻性，关注组织的未来发展。领导者要想构建能
够引领组织发展方向的愿景，必须洞察内外部环境，着眼于未来，为组织绘
制未来蓝图。

可实现性。可实现性是指组织愿景具有实现的可能性。愿景代表的是组
织的未来目标或渴望实现的未来图景，可以引导组织未来的发展。这种未来

目标只有具备实现的可能性，才能持续吸引组织成员为之实现而努力。

社会取向性。社会取向是指愿景要反映组织的社会责任感，愿意为社会和利益相关者创造价值，并符合社会的主流价值观和道德规范。组织置身于社会环境中，组织的生存发展离不开社会各方面的支持。愿景的社会取向性能够确保组织在社会环境中获得持续生存与发展的合法性，使组织得到社会和公众的认可和支持，这是组织的立身之本。

组织协同性。愿景的组织协同性是指组织愿景要与组织的文化、战略方向和组织能力等因素相协调。愿景只有具备组织协同性，组织才能具备实现愿景的信心与能力，这也是愿景得到组织成员认同和支持的重要条件。否则，组织愿景可能会妨碍甚至危害组织成长。

2. 员工视角的愿景属性分析

目前，有关愿景的理论研究多聚焦于组织内部，强调领导者的重要性，理由是领导者在愿景的形成和沟通过程中发挥着主导的作用。然而，我们认为，只有被组织成员认同和共享的愿景，才能激励他们为了集体利益和组织目标付出努力。因此，我们也需要从员工的角度出发，探索组织愿景需要具有什么样的特征或属性，才能够被组织成员认同和共享。

从自组织目标系统理论出发，我们认为组织愿景要想得到组织成员的认同和共享，除了需要具备前瞻性、可实现性、社会取向性和组织协同性四种属性之外，还需要具备鼓舞性、简洁性、包容性和目标融合性四种基本属性。

鼓舞性。愿景对员工必须具有感召力和鼓舞性，组织愿景所表达的组织未来目标要能够打动员工，与员工的个人目标方向相一致，以确保组织成员认同该愿景。

简洁性。组织愿景需要有表达的简洁性，易于被组织中不同文化水平的成员理解和掌握。

包容性。组织愿景需要具有包容性，能够吸引不同价值追求的组织成员。在现实生活中，每个员工都有各自的心理目标系统，组织愿景只有赢得绝大多数组织成员认可，并与每个人的工作息息相关，才能促使员工形成共同的努力。

目标融合性。目标融合原则要求领导者在设计愿景时需要考虑员工的心理目标，保证员工为组织目标而努力的过程也有利于实现自身多样化的目标，这样员工才会有持久的工作动力和热情。愿景的目标融合性就是指组织愿景必须有潜力与组织成员的心理目标实现融合。

综合以上分析，从组织和员工两个视角出发，我们认为愿景被组织成员共享需要具备以下八种基本属性：前瞻性、可实现性、社会取向性、组织协同性、鼓舞性、简洁性、包容性和目标融合性。

## 8.3.2　共同愿景基本属性的实证研究

### 1. 共同愿景基本属性的定性探索

在本节，我们将围绕"真正能够得到成员认可、被成员共享的组织愿景具有什么样的属性或特征"这一研究问题，采用焦点小组访谈和内容分析法这两种定性研究中的常用方法（Duriau et al.，2007）来探索共同愿景的基本属性。

我们在一家研究型大学商学院的在职人员培训班上进行焦点小组访谈，学员是来自企事业单位的普通员工或基层管理者，大多数具有 3 年以上工作经验。共有 85 人参与小组访谈，他们自发形成了 19 个 3 到 6 人不等的小组，平均小组规模为 4.5 人。研究者将讨论的背景材料和问题分发给各小组，请各小组结合自身的工作经历和观察，讨论在企事业组织中通常能够被组织成员认同和共享的组织愿景具有哪些属性或特征，以及这些属性分别具有哪些不同的表现。

各小组进行 30 分钟的现场讨论，半数以上成员赞同的条目可保留，由此形成小组的回答，并指定一名小组成员记录和报告讨论结果。我们收集了所有小组的讨论结果之后，按照科学规范的程序要求对这些文本材料进行内容编码，得到以下结果（见表 8 - 1），并且在编码中达到了内容饱和。

表 8-1 共同愿景的不同基本属性出现的频次及其百分比统计

| 共同愿景的基本属性 | 出现次数 | 占总数百分比 | 典型条目 |
|---|---|---|---|
| 目标融合性 | 14 | 19.4% | 融合员工的未来目标 |
| 鼓舞性 | 13 | 18.1% | 鼓舞人心的 |
| 社会取向性 | 10 | 13.9% | 具有社会责任感 |
| 组织协同性 | 10 | 13.9% | 与组织发展方向一致 |
| 可实现性 | 8 | 11.1% | 可实现的 |
| 前瞻性 | 6 | 8.3% | 具有前瞻性 |
| 抽象性 | 6 | 8.3% | 不是很具体 |
| 包容性 | 5 | 6.9% | 与全体成员利益相关 |
| 总计 | 72 | 100% | |

通过焦点小组访谈，我们共收集到 72 条有效的共同愿景属性的条目，最终归纳出共同愿景的八种基本属性。表 8-1 展示了共同愿景的八种基本属性在本研究项目库中出现的频次及相应的百分比。在这八种属性中，目标融合性和鼓舞性出现的次数最多，二者相加占到了整个项目库的 37.5%。除此之外，其他基本属性按照出现次数的多少排序分别是社会取向性、组织协同性、可实现性、前瞻性、抽象性和包容性。

与预期不太一致的是，内容分析的结果显示：抽象性取代简洁性成了共同愿景的基本属性之一。仔细分析，二者具有密切联系，也许正因为抽象才能实现简洁。抽象性是指组织愿景描述的未来图景并非具体目标，而是留有一定想象空间的蓝图，让组织成员对未来充满想象，并有动力为这一未来而努力。因而，我们推论抽象性也能够促进愿景的共享，并将其纳入后续的定量研究中。

2. 共同愿景基本属性的结构探索与测量

在前文中，我们通过理论分析和基于焦点小组访谈的定性研究，提出了共同愿景的八种属性及其具体表现，在此基础上我们提取出 44 个典型条目进入后续的结构探索。所有研究过程遵循了量表开发的一般程序（Hinkin，1995，1998）。在本研究中，我们先后在一所国内研究型大学商学院多个在职 MBA 班学员中进行问卷调查，获取了两个独立的研究样本。其中，样本一用于探索性因子分析，样本二用于验证性因子分析。

在样本一中，使用统计分析软件 SPSS 20.0 对测量项目的因子结构进行探索性因子分析及初步的信度检验。最后，保留了 24 个意义清晰且在各自因子上载荷值较高的项目，它们分别归属于 6 个特征根大于 1 的因子，且余下所有成分的特征根均小于 1。此时因子分析形成的 6 个因子累计方差解释率达到了 62.00%，因子结构的效果较为理想。

根据各因子载荷较高项目的内容，这 6 个因子依照特征根由大到小的顺序分别被命名为鼓舞性、包容性、社会取向性、组织协同性、可实现性和目标融合性，具体项目在各个因子上的载荷值详见表 8-2。

表 8-2　共同愿景基本属性的探索性因子分析（N=204）

| | 项目 | 因子 1 | 因子 2 | 因子 3 | 因子 4 | 因子 5 | 因子 6 |
|---|---|---|---|---|---|---|---|
| 因子 1：鼓舞性 | 1. 鼓舞人心的 | 0.82 | 0.08 | -0.07 | 0.03 | 0.01 | -0.03 |
| | 2. 符合大部分成员的价值观 | 0.81 | -0.01 | -0.21 | 0.06 | -0.03 | 0.17 |
| | 3. 能够满足成员的精神诉求 | 0.73 | 0.13 | 0.11 | -0.10 | -0.09 | 0.05 |
| | 4. 被大多数组织成员认同 | 0.69 | -0.01 | 0.06 | 0.06 | 0.10 | -0.04 |
| | 5. 令人向往的 | 0.50 | 0.13 | 0.16 | 0.03 | 0.29 | -0.12 |
| 因子 2：包容性 | 6. 将组织的全体成员包括在内 | 0.17 | 0.76 | 0.09 | -0.07 | -0.02 | -0.19 |
| | 7. 组织成员能够平等参与愿景实现 | 0.08 | 0.74 | -0.06 | 0.02 | 0.002 | 0.05 |
| | 8. 与每个成员的工作都息息相关 | -0.11 | 0.73 | 0.05 | 0.14 | -0.10 | 0.06 |
| | 9. 要求发展结果公平惠及全体成员 | 0.15 | 0.66 | -0.01 | -0.01 | -0.01 | 0.16 |
| 因子 3：社会取向性 | 10. 有利于人类福祉 | -0.002 | 0.06 | 0.86 | -0.13 | -0.01 | 0.04 |
| | 11. 能够促进行业与社会进步 | -0.11 | 0.22 | 0.80 | -0.07 | 0.10 | -0.05 |

续表

| | 项目 | 因子1 | 因子2 | 因子3 | 因子4 | 因子5 | 因子6 |
|---|---|---|---|---|---|---|---|
| 因子3：<br>社会取向性 | 12. 能为社会做出应有的贡献 | −0.09 | −0.05 | 0.75 | 0.18 | −0.06 | 0.16 |
| | 13. 具有社会责任感 | 0.25 | −0.28 | 0.60 | 0.25 | −0.12 | 0.05 |
| 因子4：<br>组织协同性 | 14. 传达使命感 | 0.13 | −0.12 | 0.15 | 0.74 | −0.05 | −0.09 |
| | 15. 与组织文化一脉相承 | 0.24 | −0.003 | −0.03 | 0.72 | −0.08 | −0.10 |
| | 16. 描述组织的长远目标 | −0.05 | 0.09 | −0.25 | 0.71 | 0.06 | 0.21 |
| | 17. 能满足组织发展的需要 | −0.24 | 0.17 | 0.16 | 0.69 | 0.09 | 0.01 |
| 因子5：<br>可实现性 | 18. 有可想象的具体内容 | −0.06 | −0.11 | −0.02 | −0.06 | 0.84 | 0.13 |
| | 19. 实现起来有一定难度和挑战性 | −0.10 | −0.01 | −0.01 | 0.28 | 0.66 | −0.13 |
| | 20. 有可想象的实现空间 | 0.04 | 0.08 | 0.004 | 0.02 | 0.63 | 0.01 |
| | 21. 有合理性 | 0.17 | −0.10 | −0.02 | −0.15 | 0.60 | 0.05 |
| 因子6：<br>目标融合性 | 22. 能够融合组织与员工的利益 | 0.01 | −0.13 | 0.19 | −0.08 | 0.09 | 0.82 |
| | 23. 能把组织发展与个人成长结合起来 | 0.13 | −0.004 | 0.01 | 0.05 | 0.03 | 0.75 |
| | 24. 融合员工的未来目标 | −0.04 | 0.22 | −0.01 | 0.04 | −0.05 | 0.71 |
| 统计量 | 初始特征根 | 7.13 | 2.26 | 1.60 | 1.45 | 1.31 | 1.23 |
| | 方差解释率 | 29.73% | 9.40% | 6.67% | 6.06% | 5.45% | 4.70% |

我们对每一个因子进行信度分析，并考察属性之间的相关系数。表8-3展示了6个因子各自的Cronbach's α系数、各个因子的均值、标准差及两两相关系数。从表中可以看出，可实现性的Cronbach's α系数为0.66，略低于通常认可的标准0.7，其他5个因子的Cronbach's α系数都在0.7以上，符合管理学研究中通常认可的适当标准。从相关分析则可以看出，各因

子之间的相关系数都处于低度到中度相关之间。这表明，虽然不同的因子之间具有一定的关联，但它们又相对独立地存在。综合信度分析和相关分析的结果，我们初步认为本研究中经由探索性因子分析形成的 24 题项六因子结构有可能是一个良好的共同愿景基本属性测量工具，值得继续进行信度和效度检验。

表 8-3　共同愿景基本属性不同维度的描述性统计与相关系数

| | 均值 | 标准差 | 1 | 2 | 3 | 4 | 5 | 6 |
|---|---|---|---|---|---|---|---|---|
| 1. 鼓舞性 | 4.13 | 0.66 | （0.83） | | | | | |
| 2. 包容性 | 3.81 | 0.82 | 0.60** | （0.80） | | | | |
| 3. 社会取向性 | 3.84 | 0.74 | 0.43** | 0.30** | （0.78） | | | |
| 4. 组织协同性 | 4.15 | 0.63 | 0.51** | 0.41** | 0.46** | （0.76） | | |
| 5. 可实现性 | 4.18 | 0.53 | 0.35** | 0.16* | 0.29** | 0.26** | （0.66） | |
| 6. 目标融合性 | 4.29 | 0.64 | 0.46** | 0.42** | 0.29** | 0.34** | 0.20** | （0.74） |

注：样本量 $N$=204；括号内为各变量的 Cronbach's α 系数；* $p$＜0.05，** $p$＜0.01（均为双尾检验）。

为了进一步检测共同愿景基本属性量表的结构效度，本节将借助统计软件 LISREL 8.7 在样本二（样本量 $N$=211）中进行验证性因子分析。因为新加入 2 个"可实现性"的题项，所以在进行验证性因子分析之前，我们首先对比"可实现性"的 6 个题项，通过计算不同组合的 Cronbach's α 系数来确定最优结构。结果表明，当剔除原题项"实现起来有一定难度和挑战性"，纳入新增的 2 个题项"有一定的现实基础"和"有未来实现的可能性"时，可实现性的 5 题项结构的 Cronbach's α 系数为 0.67，优于原 4 题项结构（Cronbach's α = 0.66）和其他结构。然后，我们对新的 25 题项六因子结构进行验证性因子分析。

验证性因子分析的模型拟合指数如表 8-4 所示。RMSEA 值为 0.05，CFI、NFI 和 NNFI 指数都等于或大于 0.90，达到了可接受标准。综合来看，该共同愿景基本属性的六因子结构与样本数据之间有着较为理想的拟合水平。

表 8 - 4    验证性因子分析的模型拟合指数

| 卡方 $x^2$ | 自由度 $df$ | RMSEA | CFI | NFI | NNFI |
|:---:|:---:|:---:|:---:|:---:|:---:|
| 402.90 | 260 | 0.05 | 0.96 | 0.90 | 0.95 |

最后，为了检验共同愿景基本属性 6 个维度之间的区分效度，我们对其他可能的因子结构（包括一因子结构、二因子结构、三因子结构、四因子结构和五因子结构）也进行了验证性因子分析，并比较这些结构与六因子结构在拟合程度上的差异。分析结果显示，仅有某些五因子结构达到可接受水平，但其拟合效果也都显著劣于六因子结构模型。因此，通过模型比较，我们认为共同愿景基本属性的 6 个维度可以较好地区分开来。

3. 结果讨论

本节的主要研究目的是探索共同愿景的基本属性，并开发其测量量表。通过定性研究、探索性因子分析和验证性因子分析，我们认为，共同愿景的基本属性包含鼓舞性、包容性、社会取向性、组织协同性、可实现性和目标融合性 6 个维度，并得到了一个由 25 个题项构成的六因子测量工具。结果表明，六因子结构与样本数据之间有非常好的拟合程度，各个题项的因子载荷也达到了良好的水平；同时，共同愿景基本属性的六因子之间有着较好的区分效度。这一系列的分析结果表明，本研究开发的 25 题项六因子共同愿景基本属性量表具有较好的信度和效度。

鼓舞性，即愿景要具有感召和鼓舞组织成员的能力；包容性，即愿景有潜力将所有组织成员都团结在内；社会取向性，即愿景要体现出社会责任感和服务社会的意识；组织协同性，即愿景要与组织本身的文化和发展方向相一致；可实现性，即愿景对于组织和员工而言有实现的可能性；目标融合性，即愿景能够融组织与员工个人目标于一体，既有利于组织发展，又能促进员工愿望的实现。上述六种属性既有所区分又相互关联，其中鼓舞性、包容性、可实现性、目标融合性都与感召并激励组织成员认同和投身愿景有关，社会取向性、组织协同性与目标融合性都与组织的可持续发展有关。明确这些属性及其内在联系有助于指导愿景构建，并形成一套更加完善的愿景理论模型。

定性研究中的前瞻性和抽象性未能出现在因子分析的结果中，主要是因为前瞻性的内容隐含在鼓舞性、目标融合性等因子中，其反映条目与最后获得的六因子测量条目有一定的语义重合，由于交叉载荷较高，被删除了。抽象性可能是因为不够符合人们对组织愿景的期待，其测量项目积聚成因子的能力不足，最后也被删除了。值得说明的是，我们这里探讨的是共同愿景的基本属性，是在一般意义上可以被员工共享的愿景都应该具备的属性。

综上，我们基于目标动力学理论，结合组织愿景的研究，开发了一个共同愿景的基本属性理论，对理解共同愿景的作用机制以及设计和沟通愿景都具有指导意义。具体说来，本研究的理论贡献有以下三个方面：

第一，基于目标动力学理论，系统阐述了愿景共享的动力性过程，提出和发展了一套有关促进愿景共享的愿景属性（即共同愿景的基本属性）的分析框架，为今后的愿景研究提供了新的理论基础。尽管早期的管理学者们已经指出愿景的重要性，但直到近些年一些学者才试图将研究注意力聚焦到愿景本身。在这段并不长的发展过程中，有关愿景现象的理论和实证研究都还比较少，学者们对于组织愿景现象的认识仍旧处于比较模糊和探索的阶段。在这一背景下，为愿景研究建立理论分析框架对推动研究发展具有基础性作用。本章在已有文献和深刻考察愿景现象的基础上，进一步聚焦于愿景共享，系统地探讨了共同愿景的基本属性。并通过理论分析、定性探索和因子分析，得出鼓舞性、包容性、社会取向性、组织协同性、可实现性和目标融合性六种愿景属性，我们将其统称为共同愿景的基本属性。相比于已有的愿景研究，本研究在一定程度上拓展了愿景共享的理论内涵，从而有助于深化对于愿景领导的理论认识。

第二，开发和检验了一套信度和效度良好的共同愿景基本属性量表，为今后的相关研究提供了测量工具。当前愿景研究的发展受到制约的另一个重要原因是缺乏合适的测量工具。这使得现有愿景研究大多停留在案例、实验或者理论分析的层面，难以进行较高质量的定量研究。鉴于此，本研究在理论框架开发的基础上，遵循 Hinkin（1995，1998）建议的量表开发程序，得到了一个 25 题项、六因子共同愿景基本属性量表，而且具有良好的信度和效度。这为未来的愿景研究提供了可行的技术支持。

第三，有助于丰富和推动员工与动机视角下的愿景理论研究。领导视角是以往愿景研究的重要分析视角。诚然，领导对愿景的形成和传播具有非常重要的作用，但从愿景的作用机制来看，愿景的有效性归根结底是要对广大组织成员产生影响，因而从员工视角入手才更能够认清愿景的性质和作用机制。本研究进行的理论分析和实证研究有助于推动和丰富员工与动机视角下的愿景研究，并为领导和员工视角的整合提供了理论基础。

本研究的结果对领导实践也有着丰富的启示：

第一，在构建组织愿景时，需要从组织成员的心理目标属性和内容出发，明确愿景共享的心理过程及其动力来源。要认识到愿景本身并没有动力，其作用是凝心聚力，组织愿景团结和激励员工的力量来源于愿景与员工心理目标系统的动力性联结，能够为员工心理目标系统的运动变化提供可期望的资源或条件。因此愿景的动力还是来源于员工的心理目标。

第二，并非美好的组织愿景都可以产生感召力和激励作用，具备鼓舞性、包容性、社会取向性、组织协同性、可实现性和目标融合性的愿景容易获得员工的认同和共享。因此，在构想组织愿景时，需要注意保证愿景的内容能够体现出这些基本属性。

第三，在沟通组织愿景时，不要只是简单地介绍愿景的内容，而是需要从员工的心理目标出发，设计合适的形式，让员工切实感受到所沟通的愿景具备这些基本属性。

第四，从愿景共享的角度来理解领导过程，能够为领导力开发提供崭新的理论基础和操作思路，并且能够更有效地促进领导效能的提升。从愿景的视角来看，领导力并不维系在某一位领导者身上，领导力在本质上是影响组织成员形成和努力实现共同目标的能力，共享愿景是提升这一能力的核心环节。在新的时代背景下，组织中的领导者要努力通过塑造和共享组织愿景的方式培育自己对组织成员的影响力。在这一过程中，领导者也需要认识到，运用愿景感召员工并不仅仅像单向地构建和传播愿景那样简单，共享愿景是一项真正的人心工程。

## 8.4　共享愿景提升领导效能的作用机制

共享愿景与领导有效性密切相关。对于理论研究而言，知其然还要知其所以然，打开愿景效应背后的"黑箱"是愿景研究者一直以来坚持不懈努力的重点。

### 8.4.1　共享愿景作用机制的文献分析

共享愿景如何作用于员工绩效和组织发展？按照中介机制的内容，共享愿景的作用机制在微观层面（个人与团队）包括社会认知机制、动机机制和行为中介三类，在宏观组织层面包括认知机制（例如促进组织学习和改进决策等）和社会机制（例如增强组织成员间的合作和企业社会责任等）两类。

*1. 微观层面的愿景作用机制*

在社会认知机制方面，当员工有了集体的目标和价值观，员工会感受到他人更具有合作性，增加对同事的信任。Tsai 等（1998）在一项访谈研究中发现，共享愿景可以增加部门间的信任，其原因在于共享愿景使组织成员可以期望其他成员都为集体目标而工作。共享愿景可以被视为一种联结机制，拥有共同愿景的组织成员更有可能成为共享或交换资源的合作伙伴（Tsai et al.，1998），因而共享愿景有助于促进组织内的资源整合和合理利用。

在动机机制方面，首先，共享愿景代表了成员一致达成的对组织未来目标或理想状态的期望，它提高了成员的工作意义感和工作热情。Sun 等（2019）通过实证研究发现，共享愿景有助于提升员工的工作意义感，原因在于愿景在组织成员间共享，有助于员工形成与愿景有关的信念，对自己的任务、组织内的问题和潜在的解决方案有清晰的认识，因而更能体验到工作的意义。Wong 等（2009）研究发现，共享的组织愿景可以促进部间的合作依赖，通过形成合作目标，进一步促进跨职能团队的组织公民行为。其次，共享愿景为组织或团队中的成员提供了一致的目标和战略方向，因而能够增加集体参与和集体投入。原因在于，在具有强烈共享愿景的组织中，员工可能会表现出共同的目的感，选择一致的目标和战略，且他们可能会在认知和情感上更紧密地联系在一起，并有动力去实现集体目标。最后，团队共享愿景能促进非正式领导者的涌现，进而提升团队个人绩效和团队整体表现（Zhang et al.，2012）。因为在有强烈共享愿景的团队中，成员有共同的目的感和一致的目标，更有动力致力于实现团队的集体未来。由于对团队目标的共识，成员更愿意在适宜条件下带领团队，团队成员也更有可能追随能够帮助他们实现愿景的人。

在行为中介方面，共享愿景可以通过影响员工的行为来影响工作结果。首先，共享愿景有助于成员间的信息共享。Li 等（2014）通过实证研究发现，共享愿景有助于成员间的信息共享，因为具有相似价值观或愿景的成员更有可能依据集体利益来调节自己的行为，拥有共享愿景的成员更有可能知道如何与他人互动，从而更好地避免沟通中可能出现的误解，有更多机会自由交换有价值的信息。Nguyen 等（2018）研究发现，共享愿景能够促进知识共享，进而提升公司绩效。Prieto-Pastor 等（2018）研究发现，共享愿景有助于促进知识的整合，原因在于共享愿景使得成员之间相互理解，形成对工作的准确解释和期待，因而成员能够预测其他团队成员需要什么来完成任务。其次，共享愿景有助于引领组织中的员工主动参与学习。沈鹤等（2018）对科技型小微企业的研究表明，共享愿景对获得式学习有着显著的促进作用，而获得式学习又能有效地推动企业管理创新。原因在于愿景的共享能够引领企业成员为共同目标而奋斗，提高企业成员对企业整体利益的自觉维护，促使企业成员立足个体实践积极搜寻外部知识和信息，提高组织学习的水平。Berson 等（2015）研究发现，共享愿景能够提升组织学习氛围，进而提高利益相关者对组织结果的评价。

2. 宏观组织层面的愿景作用机制

研究发现，共享愿景在宏观组织层面主要通过以下三类中介变量对企业绩效产生影响。

首先，共享愿景有助于促进组织学习和集体内部知识的整合，提升企业的能力和绩效。宫俊梅等（2019）发现，共享愿景有助于组织的利用式创新，进而对组织绩效带来积极影响。宋春华等（2017）发现，共享愿景有助于企业的双元创新，进而提升企业国际化绩效。García-Morales 等（2009）研究发现，共享愿景会通过影响组织学习，进而影响组织创新和绩效。Chen 等（2020）在针对绿色产品开发的研究中发现，体现绿色理念的共同愿景会提升组织在绿色环保维度上的吸收能力，而这种吸收能力又能进一步提升绿色产品的研发绩效。

其次，共享愿景影响企业的战略决策，有助于提升企业的战略决策质量，对企业绩效产生积极影响。汪丽（2006）发现，共享愿景与决策质量之间存在显著的正向关系。原因在于，共享愿景可以促进决策制定者之间的信息共享，有效地控制决策者的机会主义倾向。Eldor（2020）的研究表明，共享愿景能够提高组织中的集体参与度，进而有效地提高组织的服务质量和顾客满意度。

最后，共享愿景还可以通过增强组织成员间的合作、促进企业履行社会责任来改进组织绩效。Wong 等（2005）发现，在组织拥有共同愿景时，伙伴关系中的人可能更容易相信彼此同属于共享重要价值观和抱负的内部团体，更容易致力于互利共赢。Chi-hsiang（2015）研究发现，创业团队共享愿景的形成会通过促进组织的内部整合，对初创企业的绩效起到积极影响。Torugsa 等（2013）针对中小企业的研究发现，共享愿景能推动企业在环境保护责任上表现得更积极，进而提升组织的财务绩效表现。Glaveli 等（2018）发现，共享愿景能够提升企业社会效能，进而提升企业利润。

总之，现有研究探讨了共享愿景如何通过社会认知、动机、工作行为和社会互动方面的中介变量产生领导效能，取得了积极的研究成果，对认识共享愿景的作用机制具有良好的价值。但目前相关研究也存在两点明显不足：第一，实证研究的理论基础比较薄弱；第二，对共享愿景起作用的动力学机制缺乏有效的分析。因此，下面我们将运用自组织目标系统理论来简要分析共享愿景神奇效应的动力学机制。

## 8.4.2　共享愿景作用机制的目标动力学探索

愿景为什么能够如此神奇和有效？对这一问题虽然已经有一些理论探讨，但尚缺少严谨的理论解释。Shamir 等（1993）认为，领导者需要将下属的需要、价值观、偏好和渴望从关心个人利益转向关心集体利益，从而使追随者对领导者的使命与愿景有高度的认可，愿意为了组织使命做出自我牺牲。这样一种领导效应赖以产生的心理过程和社会过程是什么？下属为什么能实现这样一种转变？

Burns（1978）和 Bass（1985）曾根据马斯洛的需要层次理论提出变革型或魅力型领导者能够将下属的需要从较低层次提升到较高层次；Burns（1978）也主张这样的领导者能提高下属的道德水平和公正性；House（1977）、Burns（1978）和 Bass（1985）还提出另一种解释：这样的领导者能成功地激励下属为团队、组织的目的牺牲个人的自我利益。然而，这样一些理由都是在描述领导效应，而不是在解释领导效应。问题的关键是这些效应是如何产生的？而且，Burns（1978）和 Bass（1985）所依据的马斯洛需要层次理论并没有得到实证研究的支持，反而被大量的研究结果否定了。需要的 ERG 理论的出现就是对马斯洛需要层次理论的重要修正。

Shamir 等（1993）为了解决魅力型领导理论基础不足的问题，也曾以人的自我概念为基础，借鉴社会认知理论（Bandura，1986）、身份理论（Stryker，1980）和社会身份理论（Tajfel et al.，1985；Ashforth et al.，1989），构建了一个以动机的社会认知理论为基础、以自我概念为核心的解释模型，虽然该模型对自我概念与领导的关系以及动机与领导的关系进行了比较深入的理论挖掘，但自我概念并不是一个清晰简洁的理论构念，它是指包含与个体自我相关的意象、观点、图示、原型、理论、目标和任务等内容的一系列动态的诠释体系，当初将它引入动机理论是为了克服需要理论难以解释动机存在个体差异的弊端（Markus et al.，1987）。这使得 Shamir 等（1993）所提出的理论模型的简洁性和逻辑的完备性都有明显不足，难以很好地回答魅力型领导效应赖以产生的心理与社会过程。

在西方的动机心理学中，人类动机产生的基础主要有需要、目标设置、社会认知、成就目标、未来目标、自我概念、调节点、内部动机等。可以说，强调理性和个人利益的西方动机理论以及作为其理论基础的社会认知理论和需要本能论在遭遇新魅力型领导理论所描述的领导实践时都处于尴尬的境地。一方面，从实际发生的领导实践来讲，新魅力型领导理论描述的现象是客观的，在强大的愿景感召下，追随者确实在动机与人格上发生了显著的质的转变与超越（例如宗教信徒、革命战士等）；另一方面，当代动机与人格心理学理论并没有为这样一种影响提供严谨的理论基础。马斯洛曾经明确地说，他的需要层次理论解释不了革命者的行为。因此，在心理动力学理论和愿景型、魅力型领导实践之间存在一个显著的难以跨越的鸿沟。如果不跨越这一理论鸿沟，我们就不可能架起联系动机理论与愿景型领导实践的桥梁。理论突破路在何方？

根据自组织目标系统理论，指向未来的心理目标具有价值性、相对稳定性、文化选择性、自我生长性和寻求自我实现的本性，心理目标系统以一定的层级和动力性结构存在于人格世界中，它们赋予人们的行为以动力，赋予生命以意义，心理目标结构的变化是情绪情感的来源。自组织目标系统理论为我们揭示出一个更加积极主动的、具有可塑性的人格世界：个体可以在后天的社会活动中选择性地接受一定的文化影响，并形成相应的心理目标系统和行为策略体系，自主地追求理想实现和人格发展。个体渴望实现的未来目标是最容易打动人、驱动人、改变人的动力性因素。因此，领导者可以通过选择个人目标与组织愿景协同的成员，通过变革和塑造组织文化，促进员工个人目标与组织目标的融合，并借此连接组织成员，形成利益共享、发展共生和命运共荣的组织共同体，从而在人的内心深处激发和培养员工的工作动机，促使员工主动与领导者的愿望以及组织愿景保持一致。正是在这一过程中实现了组织愿景共享，形成了共同目标。因此共同愿景的形成在本质上是领导者运用鼓舞人心的组织愿景感召组织成员，使他们人格中的心理目标系统发生转换与协同，实现组织愿景和个人目标的高度融合。在个体层面，其理想状态是在组织愿景的强大感召下，员工对组织文化高度认同和信奉，组织愿景重塑了员工的心理目标系统，从而使员工实现了人格动力系统的自我超越，成为组织愿景虔诚的信徒和追随者，把实现组织愿景作为自己的人生理想，在此人格动力结构下，员工在必要时可以随时为实现组织愿景献身；在组织层面，组织愿景与员工心理目标相互融合的理想状态即组织领导力的理想状态——"万众一心、同心同德"。次一级水平的目标融合状态是实现组织愿景可以为实现员工个人目标输入资源，包括生存资源、成长资源、情感关系资源、职业发展资源等。在此条件下，在个体层面，员工为了获取实现个人目标所需要的资源，愿意为实现组织目标而努力；在组织层面，几乎所有员工都以组织愿景为中心，只要领导者的决策正确，工作目标服务于组织愿景，激励机制公平，有胜任力的员工就愿意为实现组织目标而努力。

当然，我们也必须看到，并非领导者设计的组织愿景都会成为共同愿景，一个愿景得以共享需要具备一定的基本属性，即鼓舞性、包容性、社会取向性、组织协同性、可实现性和目标融合性，也需要有效的愿景共享过程来推动。愿景共享是一个持续的社会心理过程，需要满足三个过程性条件：第一，领导者对实现愿景的真诚性；第二，有效地传播愿景；第三，在学习与变革中不断校准和有效推进愿景实现进程，同时，领导者还需要在组织内部构建和完善促进愿景实现进程的社会动力机制。

# 第 9 章

# 组织领导力生成的动力机制与社会结构观

在组织与战略研究领域，共同愿景被视为组织的重要资源。Nahapiet 等（1998）将社会资本划分为结构、关系和认知三个维度，认为共同愿景体现了组织成员的集体目标和共同渴望，是社会资本的认知维度，可以被视为一种联结机制，有助于帮助组织中的不同部门整合资源（Tsai et al., 1998）。这一观点为一些学者所认可。我们认为把共同愿景视为社会资本认知维度的积极意义是注意到共同愿景具有资源属性和社会联结能力，但是仅有这一认识是很不够的。如果看不到共同愿景与员工动机的联结，就难以解释共同愿景强大的动机功能和组织成员在实现愿景过程中表现出来的坚韧性和持久的热情。为了更加深入和准确地理解共同愿景的领导功能，在本章我们将超越领导力的心理动力学理论，从领导力的社会动力学视角出发，分析存在于组织之中的、促使组织成员追寻组织愿景的社会动力机制。

## 9.1 组织领导力的理想状态及其社会结构

促使人们追寻组织愿景的社会动力机制是什么？本尼斯等（2008）认为是组织社会结构。组织社会结构的本质是什么？从组织内部看，组织社会结构是内隐地存在于组织成员之中的一张无形的社会网络，看不见，摸不着。对组织社会结构进行分析可以有多种视角，例如文化视角（把组织社会结构等同于组织文化）、意义视角（"意义之网"）、利益视角（尊重和维护谁的利益）、权力视角（尊重谁的意志和意愿）、互动关系视角（公平性和参与性如何）等。上述每一种视角都具有局限性，如何整合不同的视角或者提出一种整合性视角，以便更加完整地分析组织领导力形成的社会动力机制？我们发现自组织目标系统理论（目标动力学）和组织—员工目标融合的思想可以为探讨这一问题提供更加坚实的理论基础。

根据目标动力学理论关于个人目标与动机、情感、人格、人性关系的分析，指向未来的心理目标具有价值性、相对稳定性、文化选择性、自我生长性和寻求自我实现的本性。心理目标系统以一定的层级和动力性结构存在于人格世界中，它们赋予人们的行为以动力，赋予生命以意义。目标动力学理论主张，人生活的意义在于不断地实现心中的目标，不断形成新的目标，并由此体验生活的快乐与幸福。

心理目标作为个体心理系统的吸引子，蕴含着个体渴望实现的未来状态，是个体行为的动力来源，它们组织和驱动着个体的心理活动与行为，这决定了人在本质上是一种由心理目标驱动的、自主寻求意义的观念性生命。因此，领导者要想激发和培养员工为实现组织愿景而奋斗的积极性、主动性和创造性，必须深入理解和充分调动员工内心的动力之源，促使员工围绕组织目标凝心聚力、同心协力，以此驱动其工作行为，从而在实现组织目标的过程中同心同德、众志成城。因此，组织领导力的最高境界或理想状态是"万众一心、同心同德"（见图 9-1），就是组织的所有成员都把组织目标作为自己的目标，即"万众"只有"一心"，没有其他优势目标，并且在实现组织目标的过程中自觉遵循同一套理念与规范，即既"同心"又"同德"。

"万众一心、同心同德"组织状态的出现说明在所有组织成员中形成了一种典型的组织社会结构：组织成员拥有共同的价值认同和终极目标追求，形成了一个共同的精神家园，拥有共同的事业追求和共同的利益追求。这个共同目标在个体的心理目标系统内占据了绝对优势地位，从而可以驱使或协同其他心理目标。什么样的领导模式能够达到这一境界？从我们已知的领导实践来看，魅力型领导似乎比较接近，但是魅力型领导对魅力型领袖的依赖度太高，因此是不稳定的，也不可能成为终极稳态。只有脱离了特定魅力型领袖个人的超强影响，使共同愿景深入组织成员的精神世界，融入人的灵魂

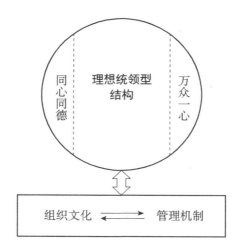

**图 9 - 1　组织领导力理想状态下的组织社会结构**

深处和生命之中，才可能实现这一境界。因此，我们把这一组织社会结构称为理想统领型结构。理想统领型结构既包括共同理想融入了员工个人的心理目标并与其实现协同，也包括共同理想统领了所有组织成员的个人目标。其基本特点是：

（1）组织愿景具有共同愿景的基本属性（包括鼓舞性、包容性、社会取向性、组织协同性、可实现性和目标融合性 6 种属性），而且深入人心，因而在组织成员中形成了被大家高度认同的共同目标。

（2）组织愿景成功地融入组织成员个人的心理目标系统，并占据统领地位，从而重新塑造了成员的人格动力系统，促使员工实现了自我超越，使几乎所有成员心理系统的相空间出现了几乎相同的奇异吸引子。

（3）由于奇异吸引子对初始条件敏感和具有信息性的特点，不同奇异吸引子之间存在相互协同与竞争关系，从而使组织成员对与共同愿景一致的事物或事件很容易达成共识，对与其不一致的事物或事件也会十分敏感，因此必然会出现强组织文化和大家共同认可及共享的意义评价体系，并对与共同愿景不一致的事物或事件快速形成共同的排斥甚至斗争倾向。

（4）为共同愿景的实现而奋斗是组织成员工作和生活意义最重要的来源，因此组织愿景成为大家共同投入的对象和共同追求的理想目标。

（5）成员衡量自己是否幸福与快乐的标准主要与组织愿景实现进程有关，获得幸福和成长的主要方式就是为实现组织愿景做出贡献。

（6）共同愿景成为组织系统的奇异吸引子，从而深深地影响着组织决策和判断是非的标准。是否有利于实现大家的共同愿景成为组织和个人决策的依据，对实现共同愿景有利的方案很容易达成一致意见，而对阻碍共同愿景实现的方案也很容易达成否定性意见。

（7）领导者信任组织成员，在实现共同愿景的进程中，组织成员也很容易产生彼此信任，并乐意进行协作和提供支持。

因此，我们认为，理想统领型结构的本质特点是以组织成员的共同目标为核心来团结和激励员工，维护和发展的是组织成员共同的意义体系和目标体系，组织成为其所有成员的精神家园。当然，理想统领型结构的形成与运作并非易事，它对组织文化和领导者的要求很高，对组织成员的选择和教育水平要求也很高，它要求全体成员超越个人目标追求，团结和奋斗在共同理想的旗帜下。

## 9.2    理想统领型结构的预测效应和中介作用

根据以上分析我们可以预测：理想统领型结构会对员工产生一系列的积极影响，例如提升积极的工作态度（例如组织认同、工作满意度等），增强工作激情，促进主动工作行为，减少工作中的消极心理状态（例如消极情绪），改进工作绩效等。

而且，由于新魅力型领导行为（包括魅力型领导、变革型领导、愿景型领导）都注重组织成员共享愿景在领导过程中的强大作用，因此它们会通过促进理想统领型结构的形成来提升领导力。也就是说，理想统领型结构会在新魅力型领导行为与员工结果变量的关系中起到中介作用。同时，由于理想统领型结构包含并超越了 LMX，因此在个体层面，理想统领型结构的中介效应会超越 LMX 的影响。

为了检验上述推论，我们进行了一项问卷调查研究，具体情况如下。

1. 样本与程序

我们在高新技术企业中收集了 259 人的有效样本，有效回收率为 76.0%。在有效样本中，男性占比为 71.0%；平均年龄为 32.5 岁，标准差为 6.35；在教育程度方面，本科学历以上（含本科）占比为 76.1%；被调查者以普通员工和基层管理者为主，二者共占 97.3%。

问卷调查分为三轮进行，每轮调查的间隔时长为半个月，第一轮调查由员工评价直属上司的变革型领导、愿景型领导和自己的人口统计学信息；第二轮调查要求员工报告自己所在团队符合理想统领型结构的程度以及自己与团队领导者的关系质量；第三轮调查由员工报告自己工作中的情绪耗竭、主动工作行为、工作激情、工作满意度和组织认同。为了保证样本质量，每一轮问卷都设有注意力检测项目，用于筛选有效问卷。

2. 测量问卷

在所调查的变量中，除了愿景型领导和理想统领型结构的测验量表是我们自己修订或开发的之外，其余量表均为国内外运用成熟的量表。对于没有成熟中文版本的问卷，我们遵循标准的"翻译—回译"程序（Brislin, 1980），将英文量表翻译成中文量表，确保翻译的意思准确和便于理解。本研究的所有量表均采用李克特 7 点量表，1 为非常不符合，7 为非常符合。

变革型领导：运用 Bass 等（1996）开发的变革型领导量表，典型题项有"我的领导表达对实现目标的信心"等。本研究中，该量表的 Cronbach's α 系数为 0.98。

愿景型领导：在实证研究中，研究者最常用 Conger 等（1994）开发的魅力型领导量表中的远见卓识维度来度量愿景型领导，共包括 6 个题项。由于该量表没有完整地反映愿景型领导的内涵，我们在本研究中运用修订后的 12 题项两因子量表来测量愿景型领导。其中有 6 个题项来自 Conger 等（1994）开发的魅力型领导量表中的远见卓识维度，典型题项有"领导能够提出鼓舞人心的团队目标""领导能够持续地产生关于团队未来的新构想"等，我们根据项目内容将这 6 个题项构成的因子命名为愿景型领导的"愿景创造"维度；另外 6 个题项构成另一个因子，命名为"愿景实施"，该因子是我们遵循标准的量表开发程序开发的（Hinkin，1998）。新开发的 6 个题项是：向员工说明实现愿景对他们的价值；在沟通中强调愿景的重要性；与员工一起沟通讨论愿景；改变阻碍愿景实现的思想观念；选拔和培养能够促进愿景实现的人才；为员工实现愿景提供支持。它们在因子分析中独立成为一个新的因子。在本研究中，测量愿景创造维度的 6 个题项 Cronbach's α 系数为 0.96，测量愿景实施维度的 6 个题项 Cronbach's α 系数为 0.96，量表总体 12 个题项的 Cronbach's α 系数也是 0.96。

理想统领型结构：其测验包括 1 个因子、5 个题项，即"在我们团队，全体成员目标一致""为了实现团队目标，我们万众一心""我们有优秀的团队文化""团队成员在工作中相互支持，相互信任""团队的未来与所有成员都息息相关"。这些题项是我们根据理想统领型结构的概念内涵与特征编制的，并依据因子分析（包括 EFA 和 CFA）的结果进行了项目选择。在本研究中，该量表的 Cronbach's α 系数为 0.94；一因子的特征根大于 1，可以解释总变异的 79.7%。

LMX：采用 Graen 等（1995）开发的 LMX 量表，共 7 个题项。典型题项有"我的直接上司了解我工作上的困难及需要""我很清楚我的直接上司是否满意我的工作表现"等。在本研究中，该量表的 Cronbach's α 系数为 0.92。

情绪耗竭：采用 Maslach 等（1986）开发的工作倦怠的情绪耗竭维度，共 6 个题项。在本研究中，该量表的 Cronbach's α 系数为 0.95。

工作激情：采用 Marsh 等（2013）开发的 6 题项和谐式工作激情量表，典型题项有"我的工作让我经历各种各样的体验"等。在本研究中，该量表的 Cronbach's α 系数为 0.91。

工作满意度：测验包括 3 个题项，即"总的来说，我对自己的工作非常满意""我对自己从事的工作类型感到满意""大体说来，我喜欢在这儿工作"。改编自 Cammann 等（1983）开发的整体工作满意度测验，我们用"我对自己从事的工作类型感到满意"替换了其中的一个反向题项。在本研究中，该量表的 Cronbach's α 系数为 0.90，一因子可解释总变异的 83.1%。

主动工作行为：运用 Frese 等（1997）开发的 7 题项主动工作行为量表，典型题项有"我会迅速抓住机会以实现我的目标"等。在本研究中，该量表的 Cronbach's α 系数为 0.90。

组织认同：采用 Mael 等（1992）开发的组织认同量表，典型题项有"当有人批评我们的组织时，感觉就像是对我个人的指责""我很在意其他人怎么看待我们的组织"等。在本研究中，该量表的 Cronbach's α 系数为 0.95。

控制变量：本研究选择了下属的性别、年龄、职位层级作为控制变量。

3. 数据分析

各研究变量的相关分析结果如表 9 - 1 所示。从表中可以看出，理想统领型结构同变革型领导、愿景型领导都有显著的中度相关（$p < 0.01$）；理想统领型结构同组织认同、工作满意度、工作激情、主动工作行为都有显著的中等水平的正相关（$p < 0.01$）；理想统领型结构同情绪耗竭有显著的中等水平的负相关（$p < 0.01$）。

表 9 - 1　新魅力型领导、理想统领型结构及其效果变量的相关分析

| 变量名称 | 变革型领导 | 愿景型领导 | 理想统领型结构 | LMX | 情绪耗竭 | 主动工作行为 | 工作激情 | 工作满意度 | 组织认同 |
|---|---|---|---|---|---|---|---|---|---|
| 变革型领导 | (0.98) | | | | | | | | |
| 愿景型领导 | 0.81** | (0.96) | | | | | | | |
| 理想统领型结构 | 0.68** | 0.60** | (0.94) | | | | | | |
| LMX | 0.68** | 0.58** | 0.74** | (0.92) | | | | | |
| 情绪耗竭 | -0.18** | -0.21** | -0.35** | -0.30** | (0.90) | | | | |
| 主动工作行为 | 0.47** | 0.39** | 0.52** | 0.49** | -0.28** | (0.90) | | | |
| 工作激情 | 0.42** | 0.43** | 0.51** | 0.51** | -0.42** | 0.62** | (0.91) | | |
| 工作满意度 | 0.40** | 0.40** | 0.54** | 0.50** | -0.42** | 0.58** | 0.69** | (0.90) | |
| 组织认同 | 0.39** | 0.39** | 0.53** | 0.49** | -0.36** | 0.65** | 0.70** | 0.80** | (0.95) |

注：样本量 $N=259$；**$p < 0.01$（双尾检验）；括号内数字为 Cronbach's α 系数。

在控制参与调查的员工的性别、年龄、职位层级三个变量后，统计结果显示：

第一，变革型领导与理想统领型结构之间存在显著的正向关系（$\beta = 0.68$，$p < 0.001$）；愿景型领导与理想统领型结构之间存在显著的正向关系（$\beta = 0.80$，$p < 0.001$）。

第二，理想统领型结构与主动工作行为、工作激情、工作满意度以及组织认同均存在显著的正向关系（$p < 0.001$）；理想统领型结构与情绪耗竭存在显著的负向关系（$p < 0.01$）。

第三，控制 LMX 对上述 5 种员工结果变量的影响后，理想统领型结构的预测效应在 0.01 显著性水平上依然显著。

第四，在个体层面，在愿景型领导分别同员工的主动工作行为、工作激情、工作满意度、组织认同、情绪耗竭的关系中，理想统领型结构均具有显著的中介作用（$p < 0.01$）；而且在控制 LMX 的中介作用后，在愿景型领导分别同员工的主动工作行为（$\beta = 0.33$，$p < 0.001$）、工作满意度（$\beta = 0.35$，$p < 0.001$）、组织认同（$\beta = 0.34$，$p < 0.001$）、情绪耗竭（$\beta = -0.25$，$p < 0.05$）的关系中，理想统领型结构的中介效应依然显著。

第五，在个体层面，在变革型领导分别同员工的主动工作行为、工作激情、工作满意度、组织认同、情绪耗竭的关系中，理想统领型结构均具有显著的中介作用（$p < 0.01$）；而且在控制 LMX 的中介作用后，在变革型领导分别同员工的主动工作行为（$\beta = 0.32$，$p < 0.001$）、工作激情（$\beta = 0.27$，$p < 0.01$）、工作满意度（$\beta = 0.40$，$p < 0.001$）、组织认同（$\beta = 0.40$，$p < 0.001$）、情绪耗竭（$\beta = -0.32$，$p < 0.01$）的关系中，理想统领型结构的中介效应依然显著。

第六，在愿景型领导与员工的工作满意度、组织认同的关系中，LMX 与理想统领型结构存在相对独立的中介效应；在变革型领导与员工的工作激情、工作满意度、组织认同的关系中，LMX 与理想统领型结构存在相对独立的中介效应。

4. 研究结论

理想统领型结构作为领导力的理想状态对应的组织社会结构，是一个不同于 LMX 的领导力变量，在领导行为和领导效能变量之间存在显著的中介作用，而且其中介效应超出了 LMX 的作用效果，因此具有重要的理论意义和实践价值，尤其是为发展关系视角、社会结构视角和社会动力学视角的领导理论提供了新的视野和新的逻辑生长点。

## 9.3　组织社会结构的其他基本形态

从目标动力学理论的分析和上述实证研究的结果可以看出，组织领导力生成的关键是组织愿景、领导者目标、追随者目标三者通过动态互动与融合形成共同愿景，其背后存在一种社会动力机制，即组织社会结构，它是存在于组织内部领导者与组织成员之间以及组织成员相互之间的一种社会性互动关系网络。组织领导力理想状态的出现对领导者、组织文化、组织成员以及组织所处的环境都有特殊的要求。在现实组织中，由于受到上述四方面条件的限制，这样一种理想状态可能很难出现，于是就会出现其他几种可能的基本结构形态。

从理论分析来看，在不同组织中，由于管理文化、制度体系、组织结构以及管理风格的差异，导致组织目标、领导者目标、员工目标三者在动态社会互动中的地位存在不同，因而影响组织领导力生成的组织社会结构在不同的企业中可能存在不同的形态。

通过研究领导文献与实践，我们发现企业中存在两种基本的、相互矛盾并相互作用的组织社会结构形态：领导者与组织目标占主导地位的"控制服从型结构"和员工目标占显著优势的"自主支持型结构"。在领导者与员工两者的目标力量相对均衡的条件下可以形成"平等参与型结构"。

许多传统企业的管理方式强调服从、控制、法律雇佣关系和资源限制（戈沙尔 等，2008），其核心是以权力为中心，于是形成了典型的控制服从型结构，并通过控制导向的人力资源管理体系得到加强。相反，现代领导力研究强调授权赋能、员工自主和组织支持，强调领导者对员工的服务（服务型领导），主张员工和团队的自我管理、自我领导，这些主张在领导实践中会促进一种新的组织社会结构的形成，即自主支持型结构。

从国际来看，20世纪90年代之后，典型的控制服从型结构已经越来越不被认可，但纯粹的自主支持型结构对企业的管理机制和管理层的要求都较高，转型期容易带来一些难以控制和混乱的问题，从而导致许多企业在组织变革和管理创新中出现了一种新的、更容易形成的组织社会结构，即平等参与型结构。例如，戈沙尔等（2008）发现20世纪90年代自我更新企业强调纪律、支持、信任和拓展，这一管理行为特征便反映了组织控制与员工自主相对均衡的社会结构。均衡是一个不断走向稳态的动态博弈与演变过程，而不是一成不变的。随着员工自我控制、自我领导能力和工作自主性的增强，它可能走向自主支持型结构，例如海尔基于小微或自主经营体自我领导的网状结构；也可能演变成失序状态，在获得新的权力控制后重回控制服从型结构。

综合以上分析，除了与组织领导力的理想状态相对应的理想统领型结构之外，我们又提出另外三种组织社会结构形态，即控制服从型结构、平等参与型结构和自主支持型结构。现分别介绍如下。

1. 控制服从型结构

在现实世界中，一种常见的极端情况是，企业领导者所设计的组织目标体现的只是少部分人的未来追求，尤其是管理层或者股东的目标追求，组织目标同普通员工的未来和利益没有紧密的联系，员工和企业之间更多建立的是一种低质量的交易型雇佣关系。在这样的组织中，员工的心理目标实现进程受阻，员工缺乏主人翁心态，工作的主动性和工作动力的持续性都不够，组织公民行为缺乏。但是，管理层从企业发展的角度出发，会要求员工努力工作，关心企业的长远利益。因此，在这种情况下，为了保证员工有一定的工作积极性和责任心，管理层会制定一些或一整套制度体系来规范和约束员工的行为，并利用员工对组织的资源依赖要求员工服从，对员工的行为进行控制，对达不到绩效要求或不遵守公司纪律、破坏公司规范的员工给予惩处或开除，但这不足以调动员工的积极性。从自组织目标系统理论视角进行分析，在这种情况下，只有管理者的目标追求有可能获得尊重，员工除了薪酬需求得到一定满足之外，其他心理目标都可能难以从组织中获取资源。他们主要的工作行为是服从管理者的指令，完成被分配的工作任务，遵循公司的规章制度，履行自己基本的工作职责，获得薪酬制度规定的经济报酬。显然，这样一种管理模式并不符合人性要求，尤其是难以满足内在目标和复合性目标的自我实现要求，因此必然会导致员工一定程度的抵制，这一模式也会促使员工在正式组织之外通过非正式组织来满足自身的基本需求。为了维护公司的组织秩序，使生产经营活动能够正常进行，上下级之间的控制和反控制就成为最典型的结构特点，从而使管理层难以摆脱对权力的依赖。我们把这样一种组织社会结构称为控制服从型结构，它与本尼斯等（2008）所说的规范式组织基本相似。但从人的本质属性和社会发展视角看，这种组织规范只是一定文化和经济发展水平下的产物，在社会发展的历史进程中是不可持续的。

　　控制服从型结构的主要特点是：决策的基础是上级指示，而非员工讨论；权利的来源是上级和资源分配规则；员工在工作中力求达到符合要求，并尽量避免偏离上级的指示和承担风险；在控制方式上重视遵循规章制度和奖惩机制；不同职位间的关系是上下级关系，重视等级差异，人际关系的结构化特征突出；员工成长的主要方式是遵循现有秩序和规则等。在控制服从型结构中，人的行为完全取决于一套明确的规则和政策，这些规则和政策在本质上体现了权力的要求，因此控制服从型结构的核心特点是以权力为中心，掌握权力的领导者设计组织规则和意义体系。

　　2. 平等参与型结构

　　在 20 世纪 80 年代之前，控制服从型结构在企业中是极其普遍的。20 世纪 80 年代中期之后，随着管理思想的发展，企业的管理模式也发生了深刻的变革。在管理层与员工的关系中，权力的作用逐渐下降，以人为中心的管理和员工激励成为新的管理潮流。在管理中能否提升员工的满意度和工作生活质量成为评价人力资源管理水平的重要标准，同时企业不断探索新的管理模式以调动员工的积极性、主动性和创造性。于是组织中管理层和员工之间的关系、员工和组织之间的关系以及企业和社会的关系都在发生着深刻的变革。在这种情况下，倡导员工参与管理、强调提升组织公平、重视收益分享的管理理念不断融合到企业管理实践中，授权赋能、对员工提供支持、营造相互尊重和相互信任的组织氛围在企业管理实践中开始流行起来。这些管理的新思想和新实践塑造了一种新的组织社会结构，我们把它称为平等参与型结构，它基本类似于本尼斯等（2008）所说的平权式组织。从自组织目标系统理论的视角来分析，平等参与型结构意味着：组织中不同层级成员的愿望获得相应的尊重，人和人之间变得比较平等，维护组织公平成为组织坚持的管理原则并渗透到组织的各项管理制度中，领导者成为组织公平的代言人和实践者。与理想统领型结构相比，平等参与型结构在一定程度上体现了组织—员工目标融合的理念，尊重了人性的基本特点和一定的个性化需求，但目标融合的水平相对有限，远未达到"万众一心"的水平，当然这对企业文化的要求也会低一些。

参照本尼斯等（2008）对平权式组织特点的研究，结合上述分析和我们对企业管理实践的了解，我们认为企业中的平等参与型结构具有以下主要特点：决策是基于相对平等的讨论做出的，员工参与和建言在决策中会起到实际作用；权利的来源是大家共同的愿望和诉求；在工作中力求尊重成员的意见，并尽量避免达不成一致意见；在控制方式上主要依靠的不是权力，而是成员的大局意识、责任心和组织氛围；不同职位之间更加重视平等和相互尊重；加入团队合作是员工成长的主要方式。

3. 自主支持型结构

自主支持型结构是现代企业管理中出现的一种新型的组织社会结构，是伴随着员工以及团队的自我管理和自我领导发展起来的，是自组织管理发展的结果。稻盛和夫创造的阿米巴管理模式以及海尔的"人单合一"管理模式都是典型的自组织管理模式。这一管理模式改变了员工和企业的关系。例如，在海尔，小微公司或自主经营体与企业签订利润贡献契约，企业对平台上的小微公司或自主经营体提供资源支持、管理信息系统支持、职能平台

支持和品牌支持等；不同的自主经营体或小微公司之间是一种收益分享的
协作关系；团队内部自主经营、自负盈亏、独立核算、价值分享、团队协
作、相互信任和相互负责。这样一种组织社会结构形态有些类似于本尼斯等
（2008）所说的个人化组织。

自主支持型结构的主要特点是：决策的基础是员工个人或小团队内心的
想法，而非上级指示；权利的来源是员工和小团队的看法和感受；员工在工
作中力求自我实现，尽量避免违心地做事；在控制方式上是根据自我认知和
目标来行动；在上下级互动关系中更加强调个人的意愿；员工成长的方式
是自己选择喜欢的工作并加入合适的团队，按照自己的意愿和组织规范行
事。授权、信任和创业精神是自主支持型结构的重要特点。自主支持型结构
在平台型企业中比较常见，员工和企业之间的关系相对比较松散，以贡献契
约和大家一致认可的规范为主，重视充分尊重员工的个人意愿，为充分发挥
员工的聪明才智和主观能动性提供资源支持和舞台，实现员工和企业的共同
成长、共同发展。在本质上，自主支持型结构所形成的是组织成员心理目标
系统网络，每个人的心理目标系统是一个节点，每个节点都与企业的资源平
台有着紧密的联系，若干节点之间可能会积聚成一个小团体，由此形成一张
高度扁平化的大网。自主支持型结构重视的是员工内心的真实想法和真实愿
望，有共同想法和共同愿望的可以合作，鼓励员工按照自己的能力和意愿选
择并进行工作，并分享自己和团队创造的价值。"我的价值我创造，我的价
值我分享""人人都是（自己的）CEO"，海尔的这些说法比较典型地反映了
自主支持型结构的特点。

## 9.4　差序型结构：组织社会结构的杂糅形态

社会文化会影响人的价值观念、行为规范和心理目标，也会影响企业的
管理文化。一个国家的企业，其组织社会结构在一定程度上会受到社会文化
的影响。陈俊杰等（1998）认为，透过"关系"可以比较直接地抓住中国
社会区别于西方社会的根本特征。中国社会的特殊性在于，整个社会都是围

绕社会关系网络进行结构化的，而社会关系网络又镶嵌在不同的关系基础中（Fu et al.，2006）。因此，"关系"作为中国社会的特殊现象，引起了海内外众多学者的研究兴趣。

中国文化中领导者—下属关系的形成原则和结构属性与西方有显著的不同。在 LMX 理论中，西方领导者与下属的社会交换基本依据公平、公正的原则进行（Scandura，1999）。Scandura（1999）发现，在西方组织中，LMX 关系不会破坏分配公平，因为这种关系是建立在个人贡献基础之上的。该研究还同时强调，如果管理者能在分配过程和同所有人的沟通中保持公正的话，圈内成员与圈外成员就能毫无矛盾地共存。这一点与中国人社会互动中的关系颇有差异，在中国社会，一些领导者会将关系纳入领导过程，对下属进行差异化判断，且这一关系包含了工作之外的更全面的社会关系网络（Takeuchi et al.，2020）。

关系作为两个或多个个体间直接的独特联系（Tsui et al.，1997），是中国社会主要的动力性特征之一（Luo，1997）。关于中国社会人际关系的理论探讨，基本可以分为三个方面：关系类型、结构属性、运作方式与发展模式（Chen et al.，2004）。

有研究考察了中国社会中关系在领导者—下属互动中的作用（Hui et al.，1997；Law et al.，2000）。例如，Law 等（2000）用实证研究考察了中国企业中上司—下属关系对上司决策的影响，结果显示：中国企业中的上下级关系是有别于西方文献中的 LMX 关系和下属忠诚于上司的不同概念；在控制绩效水平后，它对晋升和奖金分配决策仍然有额外的解释能力。这表明，关系确实对上司的人事决策产生了独特的影响。Zhang 等（2017）发现，LMX 作为角色内关系的指标，有利于个人和组织的匹配，进而减少离职倾向；而上下级关系则代表了角色外的关系质量，有助于个人和上司的匹配，增加下属的帮助行为。邓玉林等（2021）发现 LMX 和上下级关系均能正向影响员工创新行为，但在中国情境下，相较于基于工作逻辑的 LMX，基于家族逻辑的上下级关系对员工创新行为有更强的解释力度。上述研究说明了关系与 LMX 有足够的区分效度，会对结果变量产生不同影响

（Takeuchi et al.，2020）。

需要注意的是，仅仅孤立地研究人际关系还不足以揭示中国人的关系本质，只有把个人不同的社会关系作为一个整体进行考察，才能深刻地理解中国人关系结构的复杂性及其特殊运作方式背后的文化模式和行为动机。

在组织中，领导者对不同下属予以差别对待的现象在中西方都存在，但其运作机制和效应是存在差异的，研究的理论基础也不同（来宪伟　等，2018）。在费孝通先生看来，中国社会人与人之间的关系属性不同于西方社会的关键方面是其差序格局特征（费孝通，1985）。费孝通先生的差序格局模型在关系研究中无疑是极富洞察力的。他认为，从基层看，中国社会是乡土性的。在乡土社会中，与西方社会的团体格局相比，社会关系是按照亲疏远近的差序来建构的，即所谓差序格局。他指出，差序格局是传统中国乡土社会最基本的结构特征。在差序格局下，"己"是中心，而中国的社会结构就是由己向外推出的、和自己有亲疏远近的一圈圈的关系网络。这个有差序的网络关系不是一个固定的团体，而是一个"范围"，这个范围可以由"己"来放来收，具有伸缩性和相对性。

以"己"为中心的差序格局在传统的中国社会实际上以家族血缘关系为中心，在此基础上形成的人际关系具有明显的排他性和封闭性。尽管当代中国发生了重大的社会变迁，但传统的差序格局模式赖以延续的社会文化条件仍然存在。在由传统乡土社会向现代组织社会转型的历史进程中，传统的差序格局模式被赋予了现代内涵，在企业等各类组织和社会生活中继续产生着显著影响（卜长莉，2003；边燕杰　等，2018；王晓霞，2000）。

杨国枢对中国人"关系"的差序格局进行了独到的分析，进一步丰富和发展了差序格局模型。杨国枢（2004）认为关系取向是中国人在人际网络中的一种主要运作方式。中国人的关系取向，在日常生活中最富有动力的特征是"关系中心"或"关系决定论"。在社会互动中，对方与自己的关系决定了如何对待对方及其他相关事项。在中国人的心目中，家人关系、熟人关系及生人关系三者间不只是亲疏程度的不同，而且对相关方有不同的社会心理意义，并遵循不同的人际规则（Tsui et al.，1997；Fu et al.，2006；杨国枢，2004；庄贵军，2012）。这些基本的区别决定了当事人互动的方式。就此而言，关系类型构成一种调节因素，它影响互动双方之间的对待方式与反应类型。例如，在家人关系中，彼此要讲责任原则，不太期望对方进行对等的回报（社会交换的预期最低）；在熟人关系中，相互要讲人情原则，以双方过去所存储的既有人情为基础，以自己觉得合适的方式与程度进行进一步的人情往来，期望对方适度的人情回报（社会交换的预期中等）；而在生人关系中，关系双方既无血缘关系，也无人情关系，因而比较会精打细算，对给与取的平衡或公道相当敏感，对回报的期望也比较高（社会交换的预期最高）。

杨国枢（2004）还进一步提出，中国社会三类关系的不同对待原则，可能导致不同的对待方式。在家人关系中，遇到任何事情都要全力保护（甚至包庇）自己的家人。在家族以外的场合，中国人常常采取特殊主义的态度与做法来对待自己的家人，对家人总是要优先考虑，对家人的困难总是努力关照。特殊主义不同于普遍主义，特殊主义认为组织乃至社会的规范、标准、规则或法律只适用于一般情形，必要时可以有例外，可以灵活运用，而判断是否必要的依据往往是关系的亲疏、权势的大小等。因此，在家人关系中易于形成一种无条件的依赖。在熟人关系中，基于人情的存在，中国人也会依据特殊主义的态度与做法来对待对方，但与家人相比，其程度低得多。彼此讲人情、可通融，易形成一种有条件的相互依赖，所谓条件包括对方的回报能力、双方彼此喜好的程度等。在生人关系中，既不讲责任，也不讲人情，只依双方的利害情形行事。生人关系主要讲利害、不通融，因而不会有相互依赖的情形出现。在现代中国组织中，生人关系的运作属于一种有条件的规则性运作，也就是公事公办。

随着改革开放的深入和社会经济、法律与文化的发展，单位组织在社会生活中的作用越来越普遍和突出，这使传统的差序格局的形式不断发生变化，地缘、业缘、学缘、利益交换等社会关系类型更广泛地进入差序格局，使社会组织中的关系结构变得更加复杂。

从上述扩展的差序格局理论模型出发，我们描绘出基于差序格局特征的领导者—下属互动关系模式（见图 9-2）。

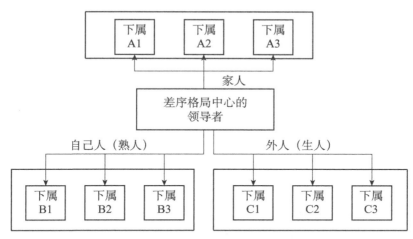

图 9-2　中国人差序格局背景下的领导者—下属关系模式

说明：图中 A、B、C 表示在领导者心目中，与相应下属互动时自己所要尽的义务及对待方式是不同的；与不同序列的下属互动会遵循不同的交换法则；A、B、C 三个序列是相对封闭的。

　　差序格局是中国人关系结构的社会事实，有其存在的社会文化与心理基础，在一定程度上发挥着积极作用（Chen et al.，2007；Farh et al.，1998；Fu et al.，2006；胡宁，2016；刘晓霞 等，2020），但其在社会生活和企业管理实践中导致的消极影响也不可忽视（Chen et al.，2009；Chen et al.，2004；陶厚勇 等，2015；王建斌，2012；赵卫红 等，2020）。研究发现，中国人在人际交往过程中关注"自己人—外人"的差别对待。郑伯埙（1995，2004）在研究华人企业组织中领导者与下属的关系时，发现领导者对"自己人"下属存在偏私现象，领导者通过亲、忠、才等标准对下属进行归类划分，由此实现差别对待。在企业管理中，当关系的差序格局同组织的稀缺资源配置机制结合起来时，资源配置与报酬分配的公平性问题就会凸显，权钱交易的腐败问题也容易产生，尤其是在领导者缺乏自律、权大于法的情境中更是如此。随着社会对公平正义的关注程度不断提升和人才成为企业竞争优势的重要来源，西方的团体格局在企业组织中越来越普遍，公平性与激励性在企业的资源配置和报酬分配中变得越来越重要，公平对待不同员工的要求不断提升。但差序格局与员工公平性诉求的矛盾在中国组织中依然普遍存在。例如，Chen 等（2004）采用问卷调查的方法研究了中国组织中管理者的关系实践（guanxi practices）是否导致组织成员的消极反应，结果发现：关系实践同员工对高层管理者的信任存在负向关系，而且，在二者的关系中，员工的组织公平感具有中介作用。因此，坚持组织公平原则至关重要。

我们认为，相比较于前文所分析的组织社会结构的四种基本形态（即理想统领型结构、控制服从型结构、平等参与型结构和自主支持型结构），差序型结构是一种杂糅的、嵌套性的组织社会结构。它在较大程度上类似于控制服从型结构，但领导者在与一部分家人和"自己人"的网络中也会存在某种程度上的平等参与型结构，甚至自主支持型结构。

下面来看一个真实案例①：

全勇，"70 后"男性，是一家中型互联网公司 Z 的负责人，有多年的管理经验。公司人员有 400 多人。全勇被选聘和任命为 Z 公司负责人时，正值 Z 公司的业务调整与变革期。为了尽快稳定局面、顺利开展工作，全勇先后将自己先前工作单位的部分同事、朋友共十余人带到 Z 公司任职，并让他们担任部门负责人或任职于核心岗位。受一些主客观因素的影响，这些新员工的录用薪资都高于 Z 公司其他同级人员，而且其中有个别人距离岗位素质要求有一定差距。全勇与老部下和朋友们在新公司相聚，心里非常高兴，对未来工作的开展也信心倍增。老部下和朋友们能在待遇明显提升的情况下到知名度更高、前景更好的 Z 公司工作，自然都满怀希望，干劲十足。

然而，机遇和挑战并存。Z 公司本身存在的一些问题慢慢浮现出来，同时由于文化与环境的不同，全勇和他带来的老部下们开始出现不适应的状态。为了应对困难，大家自发地组建了 H 微信群，互相寻求工作上的帮助和支持，有时会在群里吐槽 Z 公司的管理、某个部门负责人或员工，在中午或周末还会轮流组织聚会……全勇也在这个群里，刚

---

① 本案例由企业人士提供，文中人名和公司名称都做了化名处理。

开始他隐约觉得可能有些不妥，但看到这十几个同事都比较热衷于在群里沟通交流，同时这个群也确实能在一定程度上帮助大家缓解工作焦虑，有助于大家尽快适应新环境，于是就默许了。

仝勇自己逐渐越来越依赖该微信群，尤其是看到大家在群里如此热情地拥戴自己，他感到踏实和满足。仝勇也开始习惯在群里组织大家讨论和布置工作任务，群里成员积极响应，相互帮忙，当遇到问题时常能获得圈内人的额外资源或网开一面的支持。随着大家站稳脚跟，这十几人又陆续招聘了二十余位熟人来 Z 公司工作。这些新人同样薪资偏高，且部分人的能力与岗位要求之间存在差距，但对这些仝勇都默许了，因为他感觉"自己人"用得顺手，用得舒心。

业务慢慢地步入正轨，而此时公司开始在私下流传着"仝勇只信任和重用自己人"的议论，甚至还有一些 H 微信群里交流的截图流出。仝勇隐约知道了这样的议论，但他对此并未介意，毕竟自己带来的人用起来的确比外人顺手，且"自己人"对负责的任务更能执行到位。如果没有带来的这些人力挺，自己也难以坐稳位子。于是在外人看来，他难免会投桃报李，在分配资源时向"自己人"倾斜。

业务竞争中时有摩擦。一次，部门负责人赫巍来找仝勇，提出另一个部门负责人关力（仝勇的老部下）在某事的处理上存在问题，影响了其他团队的业务。仝勇心里明白关力的确有不妥的地方，但碍于面子只是先劝慰了来投诉的赫巍，说自己会批评关力，同时希望赫巍要胸怀宽广一些，工作中要多些包容。赫巍离开后，仝勇正想叫关力过来接受批评，却看到了微信群里关力正在说此事，吐槽了赫巍的各种不是，群里成员纷纷站队支持关力，还有人补充了不少赫巍的不是，大家一致说是赫巍在欺负关力。仝勇觉得此时如果再叫关力过来接受批评，可能会伤了"自己人"的心，何况赫巍也不是完全没有问题，于是就把批评关力的事放下了。赫巍在观察一段时间后发现关力依旧我行我素，甚至更加理直气壮，从此心里凉了半截。

后来类似的事情在其他团队也发生过几次。大家发现，只要问题涉及仝勇的老部下们，仝勇就总是大事化小、小事化了，最后不了了之；跟着仝勇带来的人干，资源多，工作更顺利，升职加薪也会快些……时间长了，一些部门负责人和员工看清了风向，主动站队，公司中的员工默默地分成了"仝勇的人"和"非仝勇的人"。年会上仝勇的一位老部下喝多了，公然说仝勇是他们的"大哥"，仝勇听后似乎很受用。

随着时间的推移，Z 公司在仝勇的领导下，公司业绩和发展一直起色不大，管理中也浮现出多种问题。陆续开始有部门负责人和员工离职，说到离职原因只是"呵呵"一句，而没有离开的人似乎干活也没有太大动力，对仝勇和他带来的人颇有微词。因其他部门负责人的逐渐疏远，仝勇只能更加依仗自己带来的人完成工作。一段时间后，由于仝勇带来的大部分人确实能力有限，同时薪资职位经过之前多次调整上升后已到达天花板，激励空间越来越小，这些人逐渐显现出疲态。部分老部下还表现出恃宠而骄的状态，在业务上挤压其他员工。有人开始觉得仝勇只会让"自己人"干活，开始和仝勇谈条件。与此同时，"自己人"之间也经常因资源利益分配等问题出现矛盾而找仝勇"评断家务事"，仝勇压力倍增，不堪其扰。老部下们逐渐对仝勇抱怨连连，而其他部门负责人都只是冷眼旁观，置身事外。一段时间之后，管理问题不断积累，Z 公司的业绩不断下滑，总部开始为 Z 公司面试新的负责人。

研读该案例可以发现，新上任的 Z 公司负责人仝勇逐步构建出差序型结构，仝勇与老部下和朋友们形成了一个情感联系比较密切、大家相互信任和支持的小圈子（平等参与型结构），而且占据了公司的部分核心岗位。虽然其中有一些人岗位胜任力不足，对公司的制度规范遵守不够，但他们不仅得到了"圈内人"的支持和信任，而且还在薪酬分配、职位晋升、荣誉奖励、工作机会、资源支持等诸多方面获得了特殊优待，仝勇也高兴地成为他们的"大哥"。对那些"圈外人"或非"自己人"的管理者和普通员工来说，组织不公平所带来的消极体验大大压缩了他们心理目标实现的空间并削弱了其对公司的归属感，破坏了组织—员工目标融合，因此他们不是离职就是消极怠工，而且在仝勇的"圈内人"内讧时隔岸观火，冷眼旁观。这一差序型结构最终损害了组织领导力并妨碍了企业发展，因此，总部最后不得不为Z公司选择新的负责人。即使对于仝勇的"自己人"来说，他们也没有实现与组织的目标融合，而是仅实现了与仝勇以及内部小群体的目标融合。即使他们有能力让公司的业绩在一段时间内显著提升，但发展的可持续性也是不够的。

## 9.5　组织转型与组织社会结构的变革

本尼斯等（2008）曾指出，如果一个组织要进行转型，它的组织社会结构也必须进行改变。显然，组织社会结构的转型并非易事，必须从组织的顶层开始，由CEO启动，并且得到董事会以及高层管理团队的全力支持。在组织社会结构的转型过程中，领导者需要阐明新的价值观和规范，提供新的愿景，形成新的意义和方向，并为其提供支持，使其制度化。

放眼当下，控制服从型结构在我国企业中还相当普遍，在建设世界一流企业的道路上必须对其进行变革。如何转变本土企业的控制服从型结构？下面通过一个小案例来分析说明可以采取的措施。

　　A公司是一家主营石油类产品的私营贸易公司，公司老总是一位转业军人。该公司成立于20世纪90年代初，由于抓住了几次好的市场机遇，公司年收入的规模发展很快，短短几年间，就由一家年销售额500万元的小企业，成长为年销售额近亿元的中型企业，员工人数也由原来的十几人迅速增加到200余人。企业有了大量的闲置资金后，开始走多元化经营道路。在企业发展的前期，公司的管理模式带有浓厚的军事化管理的风格，员工对公司和老板，必须做到说一不二的服从和快速响应。这一阶段的管理风格具有比较典型的服从、控制、限制、契约等特征。随着公司的发展和市场竞争加剧，对管理的要求也越来越高。为了有效应对市场环境的快速变化和公司发展的要求，公司老总领导了一系列及时有效的变革，其中也包括对管理风格和组织社会结构的变革。这些变革保证了该公司的正常运行，并使其在市场中立于不败之地。

A公司采取了哪些变革措施？

第一，灌输纪律。公司由原来的老总直接命令指挥、员工绝对服从转变为在制度纪律面前人人平等，员工们按照纪律和承诺从事工作。公司壮大之后，业务范围由原来的单一品种经营转变为多元化经营，单靠一个人的控制必然导致资源配置效率下降，错失市场瞬息万变的机会。因此，必须完善制度管理，减少人治，加强法治。为此，领导层制定了明确的公司目标、合理的制度体系和严明的纪律要求，从而为公司的生存发展提供了新的制度和文化基础。

第二，鼓励员工自我拓展。随着时间的推移，员工在工作中不断得到很好的锻炼和提高，工作的挑战性也大大下降了。另外，由于业务扩展，公司招聘了大量新员工，员工的教育水平有了显著提高。再加上就业大环境的改变，促使员工对自己有了更高的要求，更关心自己的职业能力发展和竞争力的增强。在公司内部和外部，竞争也日趋激烈。此时，公司管理层适时地加强了对员工自我拓展的引导和激励，激励员工设立更高的目标，增强工作挑战性，并由此获得更高的回报和认可。首先，让员工与企业共享远大目标。企业内部人人都相信，在一个有良心、有责任感和有雄心的公司里工作，个人的利益和发展同公司的繁荣发展是息息相关的。其次，使员工产生集体认同感。由于该公司不仅在经营方面取得了巨大成功，而且在商业道德和行为风格方面也树立了良好的口碑，员工在亲友中和在社会上都充满了自豪感和自信心，对集体的认同感大大加强。再次，增强员工个人的成就感。公司大量的业务需要不同员工负责，每个员工都清楚自己的工作职责及其与组织目标的关系。因此，每个员工都明白自己工作的意义和工作目标实现的价值。同时，公平透明的报酬分配体系也使员工可以合理地规划自己的目标，并预期获得自身劳动的价值。最后，迅速发展的公司业务为优秀员工的晋升提供了更多的机会。该公司老总重视为优秀员工搭建更大的舞台，同时又帮助他们充分地发挥作用，这一方面促进了员工的个人发展，另一方面也大大促进了公司的发展。

第三，建立信任。该公司老总深知信任和员工的智慧力量对公司发展的重要性。要想使一个手工作坊式的小公司发展成为一家现代化的大企业，必须依靠众人的力量、全体员工的力量。因此，必须根据公司发展的需要招聘不同的人才，并把他们分配到不同的岗位上，然后配以相应的责、权、利，在信任的基础上合理授权，增强各层次员工工作的自主性，同时又建立必要的考核制约机制、有效的激励机制和沟通决策机制，重视保障人员招聘、人员配置与晋升、报酬分配等人事决策的公平公正，使所有的员工都有积极的参与意识并拥有参与途径，同时不断提高他们完成本职工作和参与管理的能力。这些措施的实施增加了公司员工对公司、管理层和员工相互之间的信任度。

第四，发展支持。对员工的信任能否延续下去，这是管理中遇到的一个重要问题。如果受到信任的员工在完成自己的本职工作时没有获得必要的支持，工作业绩最终会受到影响，从而也会使这种信任变得脆弱甚至消失。因此，企业必须为员工提供必要的支持。本案例企业在变革过程中增强了一线经理的自主权，加强了对中层管理者的教育培训，定期召开经理人员工作情况通报会，鼓励和要求全体员工增强团队意识、加强协作等，这些措施发展了支持，有利于促进支持的形成。

这家私营企业通过上述措施的综合应用，比较快地克服了传统管理模式的不适应性，其组织社会结构也由控制服从型结构基本过渡到平等参与型结构与自主支持型结构的混合形态。这种变革大大提高了管理水平，增强了企业的竞争力。

由以上案例研究和企业变革的结果可以看出，在中国企业国际化经营越来越重要的时代，在知识型员工越来越看重自主与公平的时代，在人才竞争越来越激烈的时代，企业管理进步和组织领导力开发的重要性越来越突出，这需要高层领导者（尤其是一把手）着眼人性要求和企业的未来发展，自觉地反思组织内部的传统管理文化，增强学习现代先进组织文化的自觉性，深入观察组织社会结构特征与类型，在企业的组织转型中必须弱化和逐步改变传统的控制服从型结构和差序型结构，推动企业的组织社会结构向平等参与型结构与自主支持型结构方向转变。

建立平等参与型结构是改变控制服从型结构和差序型结构的基本方向，其核心是促进组织公平，包括促进组织内的分配公平、程序公平、结构公平和互动公平。本土管理研究表明，相比于西方组织，在中国企业中，因领导者产生的公平感知对员工的工作结果变量有着更强的预测效应（刘亚 等，2003），这意味着建立平等参与型结构对中国企业实践可能具有更加重要的现实意义。

如何提升组织公平？现有文献主要从事件（event-based）和实体（entity-based）两个方面展开研究（Cropanzano et al.，2017）。基于事件的研究指出，组织中发生的事件会对员工的公平感知和判断产生显著影响（Cropanzano et al.，2001），例如，求职申请、绩效评估、职位晋升、人员评优等即时事件都会影响员工对组织的分配公平和程序公平等方面的感知，进而影响其工作结果。基于实体的研究则认为组织中的实体（例如组织、同事或领导者）对组织公平的影响更为明显和深远（Choi，2008；Hollensbe et al.，2008），尤其是同时承担着组织代理人角色的领导者，他们对组织公平的塑造以及员工公平感的形成有更显著的影响。从领导的本质来分析，领导主要解决发展方向问题和人的问题，尤其是影响组织成员形成共同目标，并激励他们为实现该目标而努力。鉴于个体的自我驱动本性和社会比较倾向，领导者公平地对待员工个人和认可其贡献，是激励员工认同组织目标并为之实现而努力的重要心理基础。因此，我们认为，保护和促进组织公平是领导力的应有之义，公平领导行为应该在领导行为理论中占有一席之地。

我们对公平领导行为的研究表明（章凯 等，2020b）：公平领导行为包含公平激励、平等参与和坚守公平三个维度。其中，公平激励维度反映了领导者在报酬分配和日常管理中坚持公平原则，并鼓励员工的公平行为；平等参与维度反映了领导者在领导过程中以平等、开放的心态参与决策，建设民主参与机制，并公平地对待员工，同时也反映了领导者通过团结员工来共同维护和提升组织的公平性；坚守公平维度体现了领导者通过例外管理和底线要求来维护组织的公平性。根据公平领导行为的三因子结构，我们认为，公平领导行为是领导者旨在提升和维护组织公平的行为，公平激励、平等参与和坚守公平三个维度相辅相成，共同形成了领导者促进和维护组织公平的领导行为。

上述研究为领导者如何提升组织公平提供了有益的行为指导：（1）采取公平激励的行为，例如制定公平的人力资源政策，对做出贡献的员工依据公平的制度进行奖励，鼓励和表彰员工的公平行为等；（2）采取平等参与的行为，领导者通过平等地与员工相处和促进员工的民主参与，大幅降低职位权力的影响，一视同仁地对待下属，让员工与领导者一道成为保障和促进组织公平的重要力量；（3）采取坚守公平的行为，例如公开批评和处罚组织中存在的有损公平的行为，倡导员工之间相互监督，要求组织成员在工作中遵循公平原则等，避免组织公平遭到破坏，通过随时监控组织中不公平事件的发生，使不公平现象在组织中得到及时消除。

相对而言，建立自主支持型结构对组织文化、组织结构和领导者的要求更高，因此转型成功的难度也就更大，但转型之后对增强企业的竞争力和可持续发展也更加有利。

根据对海尔自我领导团队的案例研究，我们发现优秀的自我领导团队建立了典型的自主支持型结构，其实践体系包括：（1）在组建团队时赋予员工自主择岗的权利且进行"官兵互选"；（2）在成员中建立共同价值观，并共享具有挑战性的战略目标；（3）基于目标承诺建立工作契约，团队成员共创和共享价值；（4）发展服务型与支持型领导，相互之间主动合作和支持赋能；（5）促进组织和团队内部的公平公正，激励成员平等参与；（6）持续优化团队并激励成员成长；（7）保持团队的开放性和竞争性成长。海尔的团队自我领导实践取得了显著的成效，说明员工和团队的自我领导是发展组织领导力的重要途径。企业可以通过完善管理体系和构建自主支持型结构，促进组织—员工目标的全方位融合，从而实现组织领导力提升和企业的可持续发展。

第四篇

# 总结展望

第 10 章　领导协同论与领导实践的未来

本篇比较全面地总结了前 9 章研究的主要结论，正式提出了领导协同论，系统阐述了其主要理论观点。在此基础上，深入分析了该研究成果的理论贡献，讨论了本书研究存在的不足和未来可进一步拓展的研究方向。最后分析和讨论了新的领导理论体系和研究发现对企业推进组织变革和开发组织领导力的重要启示，揭示了领导实践创新的未来方向。

# 领导协同论与领导实践的未来

通过前文系统的文献分析、深入的理论探讨和规范的实证研究，我们对组织领导力的本质和生成机制构建了一套相对完整的理论逻辑，形成了一种新的领导理论，我们称之为领导力生成的协同论，简称"领导协同论"。这一新理论具有微观的目标融合论和宏观的社会结构论两个层面的逻辑架构：微观的"目标融合"（即组织—员工目标融合）是领导力生成的心理基础与理论根基，揭示了员工个人目标同组织期望与要求之间的动机协同是领导力生成的底层逻辑与核心条件，其理想状态是"万众一心，同心同德"；相对宏观的"组织社会结构"反映了群体和组织层面领导力生成的社会基础，揭示了领导者与追随者群体的社会动力协同在领导力生成中的重要作用，其最高形态是理想统领型结构。如果没有在组织或群体层面形成具有一定特征的、相对宏观的社会结构，只有局部或零星的人际动机协同（例如高质量的LMX），还不足以形成宏观层面的领导力。中国组织中的差序格局对组织领导力生成过程兼具建设性和破坏性作用即源于此。下面将在回顾前文各章研究结论的基础上，对领导协同论的观点体系进行总结，讨论其理论贡献和未来研究方向，并据此分析和展望领导力的未来实践方向。

## 10.1 领导力生成的动力学原理：领导协同论

总结前文各章的分析和论述，在此正式提出领导协同论，其基本观点如下：

（1）领导是感召和凝聚追随者形成共同目标，并激励和支持追随者积极主动地为实现共同目标而不懈努力的社会过程，它让追随者相信通过共同努力能够创造出一个更加美好的未来。这一过程包含五个基本要素：领导者、追随者、构建共同目标、追随者自我驱动、努力实现共同目标的协作性行动。其中，"共同目标"占据核心地位，是领导者与追随者共同渴望的未来。领导是人类一种更高级、更文明的管理方式。在组织管理中，它通过促进组织—员工目标融合增强员工对组织目标的认同与内化，形成共同目标，从而激发员工自我驱动，并为实现共同目标做出不懈的适应性努力。领导同权力行为存在本质区别。领导力是感召和激励追随者形成和努力实现共同目标的能力。领导力与权力既有本质区别，又相反相成，都是管理者需要的影响力。

（2）完整准确地理解个体心理目标系统和工作行为的动机机制是理解领导力的逻辑起点。心理目标是个体内心深处涌现出来并具有自我实现倾向和相对稳定的未来状态。心理目标是个体心理系统的奇异吸引子，是人格系统的动力成分，也是工作动机形成的心理基础。它们涌现于个体心理系统中，蕴含着一定的个人价值观念、行为规范和实现策略，具有未来导向性、价值性、相对稳定性、文化选择性、自我生长性和寻求自我实现的本性。生长成熟的心理目标都有一个目标子系统，包含一个目标族或目标树，由根目标和多层级的工具性任务目标组成。在心理目标的驱动下，个体渴望选择适宜的社会环境以促进心理目标走向实现。发展良好的个体有三类心理目标，即内在目标（含学习、创新、关系和自我实现）、外在目标（含物质生活、心身安全和均衡生活）和复合性目标（含职业发展和社会地位）。不同心理目标之间存在协同和竞争关系，在一定情境中，占优势的心理目标或相互协同的优势目标群形成动机，它（们）驱动和组织个体行为，朝着自己所包含的未来状态演进。领导正是支持人们在为实现组织目标而努力的过程中也促进个人目标的实现，促进大家齐心协力、自我超越、共谋发展、共享成功。

（3）领导的核心原则是促进组织—员工目标融合。组织—员工目标融合是领导力生成的根基，也是领导力的基因，因此是领导的核心原则。组织—员工目标融合包括利益共享、发展共生和命运共荣三重境界。从员工的视角看，组织—员工目标融合首先要求组织及其领导者转变管理观念，完整地理解组织的本质、人的本质以及管理发展的趋势和潮流，努力做到厚德载物，实现自我超越，把谋求与利益相关者的共生共荣作为经营和发展的出发点。从组织的视角看，开发组织领导力，关键是选择与组织价值观一致的员工，并通过机制和文化建设，促进员工共享组织愿景，形成共同愿景，并自觉地为实现共同愿景不懈努力。这要求指向未来的组织愿景具有鼓舞性、包容性、社会取向性、组织协同性、可实现性和目标融合性等基本属性。组织目标与员工目标相互脱节或背离，是员工缺乏工作自主性和积极性的重要根源，也是领导力瓦解的根源。

（4）领导力的最高境界和理想状态是"万众一心、同心同德"。领导力的这一理想状态是由人格动力系统（即心理目标系统）和人的本质属性决定的。心理目标作为个体心理系统的奇异吸引子，蕴含着个体渴望实现的未来状态，是个体行为的动力来源，它们驱动和组织着个体的心理活动与行为，这决定了人在本质上是一种由心理目标驱动的、自主寻求意义的观念性生命。因此，领导者要想调动员工的积极性和主动性，必须通过组织文化建设和激励机制建设，遵循目标融合原则，充分调动和凝聚员工内心的动力之源，促使员工围绕组织目标凝心聚力、同心协力，以此形成员工的自我驱动，从而在实现组织目标的过程中众志成城。因此，从目标动力学的理论逻辑出发，领导力的最高境界或理想状态是"万众一心、同心同德"。优秀的领导实践具有这一共同的收敛方向，说明领导力存在跨文化的共同原理和规律，建设全体成员共享和共同认可的组织文化是遵循领导规律的基本条件。

（5）促使人们追寻组织愿景的社会动力蕴含于组织社会结构之中。组织社会结构指潜在地存在于领导者与其所影响的组织成员之间以及组织成员相互之间的一种心理动力网络，具有社会性、动力性和文化性。组织社会结构是组织领导力涌现的社会基础，是组织目标、领导者目标和员工目标三者之间相互作用形成的结构性产物。它在本质上是组织成员共同嵌入的心理目标网络，是影响员工认同和追寻组织愿景的社会心理基础和动力来源。人是自主寻求意义的生命，促进组织—员工目标融合的组织社会结构为员工创造了工作的意义和努力的方向。组织社会结构蕴含着组织成员为什么要加入某一组织，他们为什么奋斗，以及工作中应该遵循什么组织规范等。组织社会结构的基本类型是有限的，根据生成领导力的能力由强到弱，其基本类型依次为理想统领型结构、自主支持型结构、平等参与型结构和控制服从型结构。在领导力的理想状态下，组织社会结构形态是理想统领型结构，即组织或群体中的成员万众一心、同心同德，为实现共同的未来目标而努力；在自主支持型结构下，员工或团队可以进行自我管理、自我领导，根据自身意愿行事，相互负责，信任合作，谋求共赢；在平等参与型结构下，员工在工作中平等参与，领导者民主决策，强调组织公平，重视收益分享；在控制服从型结构下，少数人的追求成为组织目标，管理以权力为中心，掌握权力的管理者设计组织规则和意义体系，员工被要求服从指令和接受控制。除此之外，还可能出现一些组织社会结构的混合形态或杂糅形态，中国文化背景下内外有别的差序型结构就是一种主要杂糅了控制服从型结构和平等参与型结构的杂糅型组织社会结构。

（6）加强组织文化建设，大力遏制控制服从型结构的存续，促进组织社会结构依次向平等参与型结构、自主支持型结构、理想统领型结构转变，这是未来企业组织领导力开发的基本方向。这一路径对组织文化建设提出了特定的要求。现代企业的组织文化作为一种先进的管理思想和管理模式，要求企业领导者在经营管理中坚持以人为本，兼顾员工、顾客、股东和社会四方利益，并着力于促进企业与利益相关者共生共荣、共同发展。

（7）领导力生成的过程模型。图 10-1 和图 10-2 分别表示领导者视角和组织系统视角下领导力生成的过程模型。从领导者的视角看，领导者的思想是愿景塑造和愿景共享的重要影响因素，直接影响领导力水平，因此在领导素质变量中增加了领导者思想。从组织系统的视角看，领导者因素不是组织领导力的唯一来源，组织文化（愿景、使命、价值观以及文化建设实践）、战略目标、制度体系（例如战略人力资源管理系统）以及与组织成员相关的关键事件等组织因素也是组织领导力的重要来源，由此形成基于组织文化和制度体系的领导实践。共同愿景在魅力型关系的形成中处于核心地位，因此第 1 章图 1 - 3 中的共同愿景和魅力型关系被"目标融合"（组织—员工目标融合）替代了，同时增加了新的理论元素"组织社会结构"。

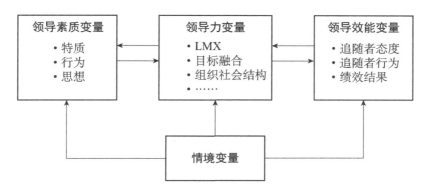

图 10 - 1　领导者视角下领导力生成的过程模型

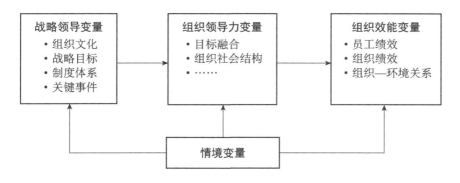

图 10 - 2　组织系统视角下领导力生成的过程模型

## 10.2　对领导力研究的理论贡献

前文对领导力进行了深入系统的探索和研究，为群体和组织领导力的生成机制构建了一套逻辑比较完整的新理论，即领导协同论，并从对象反思、底层逻辑、动力机制三个层面对该理论的基本逻辑和观点体系进行了系统阐述和实证检验。本书的研究实现了文献分析与哲学反思相结合，理论推导与实证检验相结合，理论创新与领导实践研究相结合，对理解新时期的领导力以及明确企业的组织变革方向与路径都有丰富的启示。

总的说来，本成果的学术贡献表现在以下四个方面：

第一，我们着眼于从复杂性理论看待组织与人，基于目标动力学理论这一全新的动机与人格理论，融合人的根本属性与组织复杂性的双重视角，为发展群体和组织领导力研究提供了新的理论基础和科学方法论。

第二，通过探讨领导力的本质及其生成的底层逻辑和动力机制，构建了领导协同论，促进了新时期领导学理论的发展，也为开创中国管理学派做出了显著贡献。

第三，微观层面的目标融合论（个体动机协同）和相对宏观层面的社会结构论（社会动力协同）为领导理论和研究的发展开辟了崭新与广阔的空间。

第四，研究获得的组织—员工目标融合量表、共同愿景属性量表、愿景型领导行为量表、理想统领型结构量表等关键概念的新量表为今后的进一步研究提供了技术支持。

具体说来，本成果的理论贡献如下：

（1）回归根本，重新揭示了领导力研究的科学问题和所需的哲学基础。

第一，明确了领导理论研究的基本问题和突破方向。分析现有文献，我们发现，领导理论需要同时回答好两个基本问题：第一，如何领导？即有效的领导方式或模式具有哪些特点或要素？这是领导实践问题。第二，为什么某种领导方式是有效的？或者说是什么导致某种领导方式能够产生领导力？这是领导规律问题。对于领导学科的发展来说，虽然解答前者能够为解答后者提供基础，但解答后者比解答前者更加基本和重要。如何领导？这一过程具有很强的艺术性、情境性；而某种领导方式为什么能够生成领导力？这一问题的答案会具有更强的规律性、科学性，对领导力开发具有更强的指导意义。我们把领导学看作研究领导力的本质、生成与运作机制及其在组织中实现方式的科学。我们认为，如果致力于发展领导理论，就不能满足于仅仅探索有效的领导模式和检测其效能，而必须深入探究领导力生成的心理基础、社会基础及其动力学机制，并在跨文化研究中寻找领导力背后可以跨越不同文化的科学规律。

第二，揭示了领导力的本质，并据此划定了领导现象的边界及其与权力的关系，纠正了对领导力概念的认识误区。我们认为，领导是感召和凝聚追随者形成共同目标，并激励和支持追随者积极主动地为实现共同目标而不懈努力的社会过程；领导力是影响人形成和努力实现共同目标的能力。而权力是指影响他人的行为，以使他人按照影响者的意愿行事的能力，它来源于人们对资源或获取资源途径的依赖。因此，领导力与权力有着本质区别。分析还认为，领导力同领导素质和领导效能也存在本质区别。领导力强调感召和激励人形成和努力实现共同目标的能力，领导素质着眼于领导者自身的特质和行为，领导效能强调管理实践的结果。把组织效能视为领导力，这是过去领导理论的一大误区。一些学者还在此基础上把领导力看作"影响力"（influence），其实"影响力"还是指领导效能，即带来什么影响。这种错误认识导致了对领导力的世俗化理解，混淆了领导与辱虐管理、威权管理等其他管理方式，也混淆了领导力和权力。此外，我们整合了西方领导研究文献中"leadership"的两种不同含义，即影响能力和领导过程。我们认为，领导过程（例如领导行为或领导实践模式）与领导力是表里关系，领导过程是孕育领导力的社会实践过程，在二者的关系中，领导力是核心，是领导实践的灵魂。这些新的认识为突破领导力的认识误区和开发系统的领导理论提供了更准确的概念内涵和事实边界。

第三，揭示了现有领导理论研究存在的主要问题。基于对领导文献的深入分析，我们发现，当前领导理论存在四大问题，即理论基础薄弱、自上而下单向影响的观念突出、整合视角的理论开发严重不足、线性的还原主义方法论盛行。我们认为，人是领导的主体，也是领导的对象，人的行为自主性和文化选择性决定了人性与文化在领导理论中必然应该占有基础地位。管理的人性化与个性化成为当今组织变革的主流趋势，这同领导力的本质和企业对领导力的呼唤是一致的。

纵观近百年的领导力研究，早期研究者由于历史条件的局限，尤其是领导实践局限于领导者的影响，员工的地位卑微和影响力微弱，研究者缺少洞察领导力本质的机会，很难提出好的领导理论。20 世纪 80 年代中期之后，随着企业竞争优势来源的变迁和社会文化的发展，企业中人的因素从人力成本走向人力资源、人力资本和人本身，管理不断回归人性，管理的人性化与个性化成为当今组织变革的主流。领导实践的创新无疑为研究带来了新的机遇，于是充满洞见的新领导理论便破土而出。但由于领导力研究发展至今仍然没有建立起完整的理论原型，领导理论不仅缺少逻辑起点，而且对领导力本质的认识缺乏应有的共识。学术精英的伟大洞见基本停留在概念开发和实践总结层面，缺少理论基础，很难演变成一套理论体系，因而使得领导理论的发展显得十分缓慢和无序。这也启迪我们，仅有洞见还不能满足发展领导理论的需要，为了促进领导理论的发展，必须开发好的理论基础。

第四，为发展领导理论澄清了理论的科学本质，揭示了领导理论发展的终极方向和领导力研究的科学信念。当今国际主流的管理学研究难以贡献高质量的理论，这已经成为管理学界的突出问题。为什么会出现这一困境？我们分析发现，管理学研究对理论本身的认识存在误区，对理论功能的认识也相当片面。我们认为，理论的使命在于帮助人们正确地解释和预测认识对象，并指导相关的社会实践；理论追求解释规律性，理论将现象看作其背后或之下的实体和过程的显现，这些实体和过程受特定的定律或原理所支配（Hempel，1966）。本书第 6 章揭示了组织领导力的理想状态，即"万众一心、同心同德"。发现这一优秀领导实践的收敛状态为构建普适性领导理论和发展本土领导力研究都提供了理论边界和方法论基础，对正确认识和处理人性和文化在领导力生成中的作用具有重要理论价值。

（2）深入剖析和构建了组织领导力生成的心理动力学基础和底层逻辑。

第一，创立了动机的自组织目标系统理论，为领导力研究提供了新颖、厚实的理论基础。从领导力的本质出发，如果要开发领导力，就需要同时处理好组织目标、领导者目标和员工个人目标的关系。自组织目标系统理论为深入和系统地探索群体和组织领导力的形成奠定了新颖、厚实的理论基础。该理论的人类心理的自组织模型、心理目标的吸引子理论、动机与人格的心理目标系统观、情绪的目标结构变化说、兴趣的自组织目标—信息理论、人性的"目标人"假设 6 个子理论为揭示领导力生成的心理基础和微观机制提供了崭新的逻辑起点。

第二，提出了心理目标的吸引子理论，进一步丰富和发展了个人目标理论和自组织目标系统理论。基于复杂性科学的吸引子理论和目标动力学关于人类心理的自组织模型，新提出了心理目标的吸引子理论。在非线性复杂系统中，有些状态（相空间中的点）同时满足终极性、稳定性和吸引性三个条件，这些状态集合构成动态系统的吸引子，它是一般复杂系统状态演化的方向和归宿；奇异吸引子是吸引子的一种，代表着耗散系统演化行为所趋向的终极状态或目标；耗散系统无论从某种状态开始变化发展，最终都会达到某个奇异吸引子。心理目标的吸引子理论认为，心理目标是心理系统的奇异吸引子，在适宜条件下，它们驱使个体发动、组织和维持一定的行为，使其所包含的未来状态走向现实，并在一定的条件下实现心理目标的生长与发展或形成新的心理目标。该理论进一步发展了动机的个人目标理论和目标动力学理论，也为修正和完善动机的成就目标理论提供了新的逻辑起点。

第三，分析和提出了组织领导力的理想状态，即"万众一心、同心同德"，明确了领导的核心原则是组织—员工目标融合。从目标动力学理论出发，组织—员工目标融合是领导力生成的动力学基础，也是领导实践需要坚持的核心原则。组织—员工目标融合一方面体现为组织与员工二者目标的协同性，另一方面体现为二者在实现目标过程中的相互促进和共同发展。研究发现，组织—员工目标融合有着三重境界：一是利益共享，主要体现为组织与员工在物质利益层面的目标融合；二是发展共生，主要体现为组织与员工在发展层面的目标融合；三是命运共荣，主要体现为组织与员工在精神层面的融合。从而促进员工在实现组织目标的进程中自我驱动，合作共赢。从领导实践的目标融合原则出发，我们揭示了组织领导力的最高境界或理想状态是"万众一心、同心同德"。优秀的组织领导实践存在收敛状态说明领导力背后一定是有跨越文化的基本原理和规律的，这为破除领导理论的文化性观念（即认为领导理论应该随文化不同而不同）提供了理论和事实依据。当然这并不意味着有效的领导实践没有文化差异。

第四，分析和揭示了组织愿景获得成员共享的动力过程和共同愿景需要具备的基本属性，发展和完善了愿景领导力的理论逻辑。在组织视角下，目标融合体现为员工共享组织愿景。共同愿景是指组织成员集体认同并渴望实现的组织愿景，它代表着组织成员共同向往和渴望实现的未来。共享愿景是组织愿景提升领导效能的重要机制。基于目标动力学理论，我们分析了组织愿景共享的动态过程，包括组织愿景的构建、组织愿景的认同和组织愿景的转化。上述过程是一种自组织过程，体现在两个方面，一是在组织系统中，愿景通过传播，最终被组织成员所认同的过程是一种自组织的社会心理过程；二是在个体的心理系统中，那些与个人目标方向一致的愿景目标能激活个体相应的心理目标，并进一步转化为工作动机，组织和驱动个体追求愿景的行为，这一过程也是自组织的。通过理论分析与实证研究，我们阐述了共同愿景的基本属性，包括鼓舞性、包容性、社会取向性、组织协同性、可实现性、目标融合性六种属性。从共享愿景和领导力的理想状态来看，领导力并不维系在领导者身上，领导力在本质上是影响组织成员形成和努力实现共同目标的能力，共享愿景是领导力开发的一个核心环节。

（3）深入探讨了组织领导力生成的社会动力机制，揭示了领导力理想状态背后的组织社会结构，发展了组织领导力的社会结构论。

我们提出，组织目标、领导者目标和员工目标之间相互作用形成组织社会结构，它是影响员工认同和追寻组织愿景的社会心理基础和动力机制。人是自主寻求意义的生命，促进组织—员工目标融合的组织社会结构为员工创造了工作的意义和努力的方向。理论分析和研究发现，在现实组织中存在几种不同的组织社会结构形态。首先，在领导力的理想状态下，组织社会结构是理想统领型结构，组织中的成员万众一心、同心同德，有着共同的理想和目标。其次，在现实组织中，还会出现其他三种基本的组织社会结构类型，按照生成领导力的潜力由弱到强依次是控制服从型结构、平等参与型结构和自主支持型结构。在这些基本组织社会结构形态之外，还可能出现混合或杂糅形态，例如中国文化情境下的差序型结构。组织领导力的社会结构论一方面为发展关系领导理论提供了全新的视角，另一方面也整合了本尼斯等

（2008）提出的组织社会结构思想和本书论述的目标融合思想，从而为开发群体和组织层面的领导理论提供了可靠的理论实体和动力学基础。

（4）为分析和整合现有领导概念和理论提供了新的理论基础，也为剖析和解决现有领导理论遗留的问题提供了广阔的思想空间。

第一，有利于我们从领导力生成的源头认识领导的特质理论和行为理论。领导的特质理论和行为理论遇到的最大难题是如何为领导特质和行为设立选择标准或边界。因为它们其实没有基本原理，也没有明确领导力的形成条件，对领导的概念界定也很难统一。一言以蔽之，它们并没有触及领导力的本质。在正统的领导行为理论看来，领导行为就是管理者行为，即上司的管理行为；这些行为可以分为不同的类型，例如二元模型，即任务导向和关系导向（王辉　等，2006；Wang et al.，2011），或三元模型，即关系导向、任务导向和变革导向（陈国权　等，2009）。文化对行为类型是有一定影响的，例如研究发现中国企业战略型领导有三类典型行为：理念塑造、制度规范和人情整合（张文慧　等，2013）。在领导行为理论视野下，相关文献广泛分析和检验了不同的领导行为（例如交易型领导、伦理型领导、支持型领导、矛盾领导等等）对领导效能的影响，行为形态越来越丰富，但并没有研究领导力是如何形成的，也没有试图揭示领导力的本质，关注的只是管理者或领导者在实践中的管理行为风格及其与结果变量的关系。领导行为研究在概念层面不断走向发散，而不是走向收敛，于是随着研究的发展，就越发找不到理论。领导特质研究也出现了类似的情形。

本书创立的领导协同论很容易为领导特质和领导行为找到收敛的边界，因为只有那些有利于促进组织—员工目标融合和领导者—下属目标融合的领导特质或领导行为才会促进领导力的形成。而那些阻碍或破坏目标融合的领导特质或领导行为也一定会阻碍或破坏领导力的形成，这样的特质和行为就不可以纳入领导特质或领导行为的范畴。在这一理论视野下，无论是领导特质还是领导行为，都不是管理者特质或行为的全部。正是在这个意义上，我们认为领导力与强调员工依赖和服从的权力在管理中有本质差别。根据本书的理论逻辑，我们可以进一步揭示二者形成机制的差异（见图 10 - 3）。图中"个人"指管理者，"职位"指管理者的管理职位，"目标融合型结构"包括第 9 章论述的平等参与型、自主支持型和理想统领型组织社会结构。

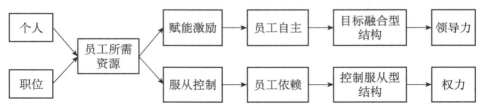

图 10-3　领导力与权力形成机制的差异示意图

　　因此，领导力背后必然具有包含特定内容的价值观。组织—员工目标融合或领导者—下属目标融合都是以个体心理目标的属性、内容以及心理目标系统的自组织为前提的。这就为现代企业的组织文化建设和领导力开发划定了边界，提出了要求，也指明了方向，例如坚持以人为本、兼顾利益相关者的利益和履行社会责任等。关于魅力型人格的研究为此提供了合适的证据，研究发现，魅力型人格包括领袖才智、公德世范和仁爱情怀三个基本要素（Zhang et al.，2013）。

　　第二，为理解领导魅力这一复杂的领导现象提供了新的理论逻辑和解释空间。如前所述，在理论视角上，魅力型领导既包括领导行为，也含有愿景和魅力型关系，如果深入研究下去，还会发现在魅力型领导下，领导力的形成也一定还包含自组织涌现过程和下属的追随过程。在现有的领导理论中，没有一个理论可以整合如此多的理论视角，从而使我们对领导魅力的理解变得十分困难。西方的动机理论也没有为理解魅力型领导的巨大效应提供理论支持。持续半个多世纪的魅力型领导研究一直没有构建出高质量的理论。根据本书阐述的目标动力学理论、组织领导力的理想状态和社会结构论，我们认为，领导魅力形成的核心是领导者运用鼓舞人心的组织愿景和富有感召力的组织文化武装追随者，使其心理目标系统发生转换升级，最终使领导者与追随者的心理联结网络趋近理想统领型结构，从而走向"万众一心、同心同德"的领导境界。换句话说，从领导者的领导力视角分析，魅力型领导是一种接近领导力理想状态的领导方式，单独从行为视角、关系视角、愿景视角、追随视角或自组织涌现视角出发，都不足以揭示其复杂的运作机制和异乎寻常的影响效果。

第三，可以为不同层面的领导力研究提供统一的理论逻辑。领导协同论不仅适用于分析群体和组织层面领导力的形成，也适用于分析上下级对偶关系层面（例如 LMX）的领导力，对研究员工或团队层面的自我领导也同样具有重要启示，在此就不一一论述了。

（5）本书研究领导力的方法论和理论成果为发展管理哲学提供了新的理论逻辑和个案素材。

第一，为探讨管理理论的本质和理论建构的方法提供了新的观点和成功个案。目前在组织管理学科内，基本公认的理论特征是：理论表明的是在相应的逻辑和假设前提下对于一系列概念之间关系的系统性解释，在这个系统中，概念与概念之间通过命题相联系，变量与变量之间则通过假设联系在一起（Ferris et al.，2012；陈昭全 等，2012）。这一定义界定了理论的形式，却没有界定理论的边界、本质、功能以及理论与实践的关系。在我们看来，对理论形式的片面认识和对理论本质的不求甚解，是管理学研究难以贡献出新理论的重要根源。在心理学的众多领域和自然科学中，这样一种理论界定是不可思议的。Hempel（1966）认为，理论追求解释规律性，并且一般地对于所讨论的现象提供更加深入和准确的理解；为此目的，理论将现象看作隐藏在它们背后或之下的实体和过程的显现，这些实体和过程受特定的原理或定律所支配。亨佩尔对理论内涵与功能的论述和分析虽然主要针对自然科学理论，但理论的本质特征不会随学科领域不同而改变，这一理论界定理应同样适用于组织管理学科。

这样说也许一些管理学者不会同意，因为人们往往认为，社会科学和自然科学的研究对象毕竟是有差异的，人有主观能动性，而自然科学的研究对象并没有这一特点。这种观点听起来似乎很有道理，其实不然。从推理过程分析，这类推理不是缺少大前提，就是找出不合适的大前提。人的主观能动性从哪里来？人的主观能动性本身也是一种客观现象，其背后必然有隐藏的实体、过程及其所遵循的原理。我们创立的自组织目标系统理论为揭示人的主观能动性的来源提供了理论基础，个体的主观能动性在根本上来自他们的心理目标及其系统的自组织、自我实现需求。本书构建的领导协同论揭示了领导力生成背后的实体（心理目标与组织社会结构等）、社会心理过程（心理目标的自组织过程和目标融合等）以及这些实体和过程所遵循的原理（包括心理目标的属性与运动规律、组织—员工目标融合发生的条件和境界、领导力的理想状态，以及组织社会结构的存续条件和演变方向等）。不管是我们开发的动机与人格的目标动力学理论，还是在此基础上开发的组织领导力理论，都与亨佩尔所描述的理论的本质相同，而且都是所在领域解释和预测功能更好的理论，也是具有实践指导意义的理论。因此我们有理由相信，大力推广亨佩尔的理论定义，对管理学研究的发展将具有深刻和广泛的积极作用。理论是什么？管理学文献对这一问题的认识该改变了。如果管理学者对理论的界定回到实事求是的科学轨道，管理学研究贡献理论的方式就会发生彻底改变。这样的范式改变在行为主义退出心理学并让位于认知心理学时就真实地发生过。

如何通过研究来构建理论？根据亨佩尔对理论的界定和我们构建理论的实践经验，关键是选择管理现象，并揭示现象背后形成现象的实体、过程及其所遵循的原理。因此亨佩尔的理论界定对构建理论具有重要的指导意义和方法论价值。

第二，为认识和处理管理实践与民族文化的关系以及文化与管理理论的关系提供了新的逻辑前提。在一些学者看来，管理实践和理论都必须与民族文化相匹配、相适应，只有与一国的文化传统相匹配的管理实践才最适合本土企业，构建管理理论应该去研究特定文化下的管理实践，并揭示其背后的情境性原理。从动机的自组织目标系统理论和领导协同论来看，这一说法估计是靠不住的。首先，管理实践或领导实践作为一种社会现象，必然会受特定社会情境文化的影响。在特定的管理文化下，确实有相应的管理模式能够更好地与之相对应、相匹配。例如在高权力距离的管理文化下，管理者更容易强调员工服从和加强对员工的控制。如果完全从文化出发，那么威权管理行为就应该有积极的管理效果并需要加以弘扬。但关于授权赋能效应的一项元分析结果显示（张建平　等，2021）：领导授权赋能与员工的工作满意度、组织承诺和主观幸福感显著正相关，与离职倾向、工作倦怠、工作压力显著负相关，与个体（团队）绩效及其各维度显著正相关，与反生产行为显著负相关；在东西方差异上，领导授权赋能与个体（团队）绩效、个体（团队）任务绩效的相关性均属东亚样本更强、欧美样本更弱。这项元分析研究说明，在东亚文化背景下，授权领导不仅可以带来积极的效果，而且其效果不亚于在西方文化环境下。

再如，变革型领导来自西方管理研究，变革型领导对西方员工的影响效果和对中国员工的影响效果有什么样的差异呢？国内外研究的元分析结果表明：文化背景确实能够显著调节变革型领导、LMX 质量、真实型领导、伦理型领导、交易型领导同员工敬业度的关系；而且在东方文化背景下，这些领导变量与员工敬业度的相关系数均比在西方文化背景下高。领导力研究的 GLOBE 项目在研究了全球 62 个国家和地区 825 个组织中的 18 000 名领导者后发现，无论是在哪个国家和地区，变革型领导的许多要素都与有效领导相关联，该研究项目发现全球适用的领导力要素有愿景、前瞻性、提供鼓励、值得信任、活力、积极性、主动性。我们发现，要完整地理解或解释这些研究结果，除了要考虑文化因素之外，还必须考虑人的本质属性这一因素。《中庸》开宗明义："天命之谓性，率性之谓道，修道之谓教。"忽略人的本质属性，只研究人所生存的文化环境，不可能构建出完整的领导理论。当然，在应用领导理论解决本土企业的管理问题时，如果完全不考虑本土文化情境，也同样会走弯路、犯错误。在领导力研究中，必须清楚领导实践是艺术性和科学性的统一，探究领导理论和应用领导理论设计或完善领导实践是两回事。

人在本质上是一种由心理目标驱动的、自主寻求意义的观念性生命。人既受社会文化的影响，又在选择与人性和自身个性相匹配的文化。因此，我们在研究文化与管理的关系时，必须要注意到人性的约束条件和人对美好未来的向往。本研究发现的组织领导力的理想状态为我们构建领导理论找到了明确的约束条件和收敛状态，并揭示了优秀领导实践共同蕴含的一个领导事实：领导是引导和激励追随者形成和努力实现共同目标，让追随者相信通过共同努力会创造出一个更加美好的未来。

总之，在管理哲学层面，我们要想处理好理论与文化的关系，首先要处理好理论与人性的关系以及文化与人性的关系。那些完全背离人性、落后于时代发展潮流的管理实践，终将退出历史舞台。在努力建设世界一流企业的进程中，认识到这一点对那些希望助力中国企业持续发展的学者而言尤其重要，对建构中国管理学的自主知识体系、话语体系和实践体系更加重要。

# 10.3　本书研究的不足与未来方向

综上所述，本书的研究创建了一套体系化的领导理论，相信对推进领导理论与实践研究具有重要价值。但也存在一些不足，在未来研究中仍需要继续完善和发展。同时我们的探索之旅对未来如何研究领导力和开发其他管理理论也提供了有价值的启示。

本书研究的不足方面主要表现在：第一，作为研究的理论基础，目标动力学理论本身还需要进一步检验和发展；第二，我们对领导力的一系列理论分析和建构尚未得到全面的科学检验和实践检验，未来需要加强实证研究和实践检验；第三，我们分析提出的组织社会结构的四种基本形态中有三种尚未开发有效的测量工具，对其成分和特征也未进行系统的探索，未来需要通过案例研究、定性研究以及问卷调查，进一步探索它们的结构成分、特征以及测量工具；第四，影响组织领导力的社会结构是不断演变的，通过纵向的案例研究，完整地考察企业组织社会结构变革与领导力提升的因果关系，这对进一步完善理论有重要价值。

本书创立的领导协同论为拓展和创新领导力研究开辟了广阔的空间。例如，就组织社会结构这一构念而言，第一，在定量研究方面可以加大对不同类型的社会结构与其他领导力变量或者组织有效性变量之间的关系研究，系统地考察和比较不同类型的组织社会结构的作用效果及其作用机制；第二，深入考察不同类型的组织社会结构的形成机制及其支撑条件，为变革和建设

组织文化，并通过组织文化建设开发领导力提供理论指导；第三，可以根据
特定的组织社会结构形成的条件，设计相应的领导实践和组织变革过程，推
动组织变革，更好地开发领导力；第四，通过对优秀企业领导实践的案例研
究和领导实践的设计研究，探索清楚形成和运作平等参与型结构、自主支持
型结构和理想统领型结构的最佳领导实践，这对促进理论与实践相结合并改
造企业领导实践具有突出的指导意义。此外，心理目标、组织—员工目标融
合、理想统领型结构、共同愿景的基本属性等新构念都可以拓展领导力研究
的新版图。

# 10.4　领导实践的未来

持续推进改革开放国策 40 余年，我国经济发展取得了举世瞩目的成就，
我国企业取得了巨大的发展，目前已经有一大批中国企业进入世界企业 500
强榜单。为了进一步推进民族复兴伟业，中央和地方政府开启了加快建设一
批"产品卓越、品牌卓著、创新领先、治理现代"的世界一流企业新篇章。
但是真正建成具备世界一流竞争力、盈利能力和创新发展能力的企业，还有
很长的路要走。当前企业数智化转型快速发展，人才竞争日趋激烈，劳动力
多元化问题更加突出，人才管理与战略领导力越来越重要。面向未来，企业
如何不断开发更高水平的组织领导力或战略领导力，为实现可持续发展提供
能力与动力？本研究成果也为此提供了丰富的实践启示。

第一，研究管理发展的历史演变，看清组织变革的时代潮流和未来方
向。认真钻研管理发展的历史，掌握管理演变的趋势和未来潮流，增强管理
思想的适应性和时代性。从企业管理的实践历史来看，管理者对待员工的态
度经历了五个阶段，即把员工看作工具、成本、人力资源、人力资本和人
（把人当人看，以人为本）。现代企业文化坚持以人为本，谋求员工和企业共
同发展、共生共荣、共享成功。如果从管理的方式来看，企业中人的管理经
历了经验管理、制度管理和文化管理三个大的历史阶段，其中制度管理包括
经验式制度管理和先进的企业文化指导下的制度管理两个子阶段。目前大多

数本土企业人的管理还处在经验管理或经验式制度管理阶段，距离真正的先进企业文化指导下的制度管理还有相当的距离，绝大多数企业还没有真正建立起现代组织文化。把老板文化混同为或视作企业文化的现象在国内企业还相当普遍。在企业全球化发展的今天，管理者需要深刻认识所在企业人的管理的真实水平和所处的历史方位，从实际出发，实事求是，增强前瞻性，否则在激烈的人才竞争或全球化发展中会处于不利境地。

第二，从领导的本质和领导力的理想状态领悟领导力开发的正确方向，坚持组织—员工目标融合的核心原则。本书的研究揭示了领导的本质与领导力的理想状态，认为领导是感召和凝聚追随者形成共同目标，并激励和支持追随者积极主动地为实现共同目标而不懈努力的社会过程，它让追随者相信通过共同努力能够创造出一个更加美好的未来；组织领导力的理想状态是"万众一心、同心同德"。同时我们从人的心理活动规律方面揭示了领导的核心原则，即组织—员工目标融合。开发领导力首先必须遵循目标融合的原则。目标融合存在三种境界：利益共享、发展共生和命运共荣。这为领导力开发指明了前进的方向和实践的路径，领导者需要重视、管理、支持并借力于员工的心理目标，通过完善激励机制，创造组织环境，达到齐心协力、众志成城的效果。首先，领导者要重视员工内心的渴望与期待，这要求管理向人性回归，重视个体心理目标驱动的自主性，有效授权，增强员工的自我驱动力。其次，对员工心理目标系统的适度管理是组织上下一心的关键。组织在选拔员工时，应考察其心理目标与组织目标的一致性或契合度，重视文化对心理目标的引导和凝聚作用，必要时合理调整员工的心理预期，促使员工形成与组织共创未来的心理目标。再次，完善激励机制，向员工借力。个体的心理目标系统蕴藏着巨大的能量，坚持目标融合原则的一个重要方面是向员工借力。组织如果能够设计好管理机制，利用好员工的力量，员工就可以实现自我驱动。最后，领导者需要支持员工，在激励员工为实现组织目标而奋力拼搏的同时，应尽可能为员工创造支持性条件，培育优秀的组织文化，形成具有吸引力、使命感和生命力的组织愿景、价值观及战略目标，关心员工心理目标的实现，全方位激励员工，实现凝心聚力、无为而治。

　　第三，重视选拔同现代领导思想和领导实践精神相匹配的管理层，用先进的领导理论武装和评价管理层。管理者所营造的组织环境对员工的心理和行为有深刻的影响，是一个企业成败的关键。现代企业文化作为一种先进的管理思想和管理模式，要求企业坚持以人为本，在经营和管理中兼顾员工、顾客、股东和社会四方权益，并真正谋求企业的可持续发展。领导协同论与现代企业文化的思想一脉相承，只有贯穿到管理层的选拔、培训、评价、晋升和淘汰中，全面考察领导者的德行、才智、情怀三方面的人格特征（莫申江　等，2010；孙健敏　等，2017；Zhang et al.，2013），才会获得真正的生命力，也才能够更好地促进组织领导力的提升。

　　第四，研究生存环境与管理对象，正确地理解新生代员工，增强变革的前瞻性和危机感。当今企业的生存环境和管理对象都发生了深刻变化。一方面，随着移动互联网和数字技术的发展，企业所处环境的不确定性和动态性显著增强。在这一环境中，持续创新、快速反应和客户满意对企业的生存发展愈加重要，需要企业更加充分地激励员工，调动员工工作的主动性、积极性与创造性，进而获得持续的竞争优势（曹仰锋，2014）。另一方面，随着越来越多的新生代知识型员工进入职场，企业的管理方式也遭遇越来越多的挑战。相比年长的员工，新生代员工更加注重自我价值的实现，对工作的自主性要求更高，更加强调平等关系和情感满足（李燕萍　等，2012）。要充分激励这些员工，需要领导者理解人格和人性，尊重员工的主体性，合理使用权力，提升领导力，激励员工积极主动地为实现组织目标贡献力量。

　　第五，系统思考，分层实施，建立企业领导力开发系统。企业领导力的开发包括三个层次：组织层面领导力的开发、各层级领导者领导力的开发，以及员工与团队自我管理与自我领导能力的开发。开发组织层面的领导力可以从以下几个方面着手：（1）构建积极健康的组织—员工关系；（2）完善激励体系，内在激励与外在激励两手抓；（3）以厚德精神推进企业文化建设；（4）完善企业制度体系和组织个性；（5）增强企业的社会使命感；（6）建立焕发激情的愿景与战略。开发领导者的领导力需要考虑以下方面：（1）促使领导者树立正确的权力观，合理使用权力；（2）建立有效的授权体系；（3）构建高质量的领导者—成员关系网络；（4）进行领导力培训。我们也对团队的自我领导实践体系进行了案例探索，研究结论对如何改进团队的自我领导也有一定的启发和借鉴价值。

第六，深入理解组织领导力背后的社会结构基础，从社会结构论的视角和逻辑掌握推进组织社会结构变革的方向与路径。本书的研究提出和检验了领导力生成能力逐渐递减的四种组织社会结构形态：理想统领型结构、自主支持型结构、平等参与型结构和控制服从型结构。中国企业中比较常见的差序型结构是一种杂糅了控制服从型结构与平等参与型结构的复合性社会结构。在控制服从型结构下，少数人的追求成为组织目标，管理以权力为中心，掌握权力的领导者设计组织规则和意义体系，员工被要求服从管理者和接受控制。这样一种社会结构不利于调动员工工作的自主性，不利于领导力的开发。因此管理者应该认识到，在企业可持续发展和创建世界一流企业的进程中，需要着力推进组织社会结构转型，从控制服从型结构或差序型结构逐步转向平等参与型结构和自主支持型结构。推动这样的组织变革，不是一件容易的事情，需要很多方面的配合协调才能实现。因此，变革的推动者需要学习和研究成功的组织社会结构变革案例，掌握有效的变革方式，把握变革的节奏和策略。

总之，组织领导力开发是一项人心工程，也是一项系统的组织工程。当前对大多数本土企业来说，首要任务是努力变革控制服从型结构，削弱和消除支持其存在的管理者基础、文化基础和制度基础，在此基础上逐步推进组织社会结构向平等参与型结构、自主支持型结构转变，最终走向理想统领型结构。在这一过程中，需要企业选择与新型组织社会结构匹配的管理者，弘扬具有人本精神和兼顾利益相关者利益的现代企业文化，塑造共同愿景，促进组织目标和员工目标的全面融合，建设与之相适应的组织文化和管理制度，最终实现组织、团队、领导者、员工四个层面领导力的协同开发和同频共振。这是中国企业成为世界一流企业的必由之路。

阿德勒，2012. 理解人性. 北京：中国城市出版社.

阿吉里斯，2007. 个性与组织. 北京：中国人民大学出版社.

巴纳德，2007. 经理人员的职能. 北京：机械工业出版社.

班杜拉，2001. 思想和行动的社会基础：社会认知论. 上海：华东师范大学出版社.

本尼斯，纳努斯，2008. 领导者. 北京：中国人民大学出版社.

彼得·圣吉，1994. 第五项修炼：学习型组织的艺术与实务. 上海：三联书店.

边燕杰，杨洋，2018. 改革开放 40 年中国社会学的发展历程. 西安交通大学学报（社会科学版），38(6).

卜长莉，2003."差序格局"的理论诠释及现代内涵. 社会学研究，18(1).

蔡玉麟，2016. 也谈中国管理研究国际化和管理理论创新：向张静、罗文豪、宋继文、黄丹英请教. 管理学报，13(8).

曹仰锋，2014. 海尔转型：人人都是 CEO. 北京：中信出版社.

曹仰锋，李平，2010. 中国领导力本土化发展研究：现状分析与建议. 管理学报，7(11).

曹元坤，许晟，2013. 部属追随力：概念界定与量表开发. 当代财经，(3).

陈春花，苏涛，王杏珊，2016. 中国情境下变革型领导与绩效关系的 Meta 分析. 管理学报，13(8).

陈国权，周为，2009. 领导行为、组织学习能力与组织绩效关系研究. 科研管理，30(5).

陈俊杰，陈震，1998."差序格局"再思考. 社会科学战线，(1).

陈晓萍，徐淑英，樊景立，2012. 组织与管理研究的实证方法. 北京：北京大学出版社.

达夫特，2008. 领导学：原理与实践. 北京：电子工业出版社.

邓玉林，吴洁，达庆利，2021.基于制度逻辑的不同上下级关系对员工创新行为的差异化影响机制研究.中国管理科学，29(9).

杜殿坤，1993.原苏联教学论流派研究.西安：陕西人民教育出版社.

杜艺珊，徐立国，席酉民，2021.下属在领导过程中的能动作用研究：概念、关系及机理.管理评论，33(10).

费孝通，1985.乡土中国.上海：三联书店.

弗洛伊德，2017.梦的解析.武汉：华中科技大学出版社.

戈沙尔，巴特利特，2008.以人为本的企业.北京：中国人民大学出版社.

格莱克.混沌：开创新科学.上海：上海译文出版社.

官俊梅，姚梅芳.学习导向对组织绩效的影响：以利用式创新为中介.工业技术经济，38(12).

哈肯，2010.信息与自组织：第2版.成都：四川教育出版社.

哈肯，2013.协同学：第4版.上海：上海译文出版社.

赫舍尔，1994.人是谁.贵阳：贵州人民出版社.

侯楠，彭坚，2019.恩威并施、积极执行与工作绩效：探索中国情境下双元领导的有效性.心理学报，51(1).

胡宁，2016.家族企业创一代离任过程中利他主义行为研究：基于差序格局理论视角.南开管理评论，19(6).

霍兰，2001.涌现：从混沌到有序.上海：上海世纪出版集团.

霍兰，2011.隐秩序：适应性造就复杂性.上海：上海科技教育出版社.

吉尔布雷斯，1988.权力的分析.石家庄：河北人民出版社.

贾良定，唐翌，李宗卉，等，2004.愿景型领导：中国企业家的实证研究及其启示.管理世界，(2).

贾旭东，何光远，陈佳莉，等，2018.基于"扎根精神"的管理创新与国际化路径研究.管理学报，15(1).

蒋柯，郭本禹，2016.麦独孤的行为研究主张与意动行为论.自然辩证法研究，32(6).

井润田，程生强，袁丹瑶，2020.本土管理研究何以重要？对质疑观点的回应及对未来研究的建议.外国经济与管理，42(8).

卡卡巴德斯，诺尔捷，阿布拉莫维奇，1999.成功在望：建立愿景.大连：东北财经大学出版社.

卡西尔，1985.人论.上海：上海译文出版社.

来宪伟，许晓丽，程延园，2018. 领导差别对待：中西方研究的比较式回顾与未来展望. 外国经济与管理，40(3).

李超平，时勘，2005. 变革型领导的结构与测量. 心理学报，37(6).

李福成，2010. 管理思想的演进路径与普适性的管理观. 社会科学辑刊，(2).

李曙华，2018. 奇怪吸引子及其哲学思考. 自然辩证法研究，32(7).

李效云，王重鸣，2004. 愿景式领导的关键特征研究. 心理科学，(3).

李秀娟，魏峰，2006. 打开领导有效性的黑箱：领导行为与领导下属关系研究. 管理世界，(9).

李燕萍，侯烜方，2012. 新生代员工工作价值观结构及其对工作行为的影响机理. 经济管理，34(5).

林琼，2003. 当前中国人内隐领导理论研究：来自深圳、广州、杭州的调查. 广州：暨南大学.

凌文辁，陈龙，王登，1987. CPM 领导行为评价量表的建构. 心理学报，19(2).

凌文辁，方俐洛，艾尔卡，1991. 内隐领导理论的中国研究：与美国的研究进行比较. 心理学报，(3).

刘豆豆，胥彦，李超平，2021. 中国情境下家长式领导与员工绩效关系的元分析. 心理科学进展，29(10).

刘军，宋继文，吴隆增，2008. 政治与关系视角的员工职业发展影响因素探讨. 心理学报，40(2).

刘小禹，2013. 领导情绪智力和团队情绪氛围对成员满意度的影响：一项跨层次研究. 经济科学，(3).

刘晓霞，刘梦，杨琳，2020. 关系亲疏与民营企业风险承担水平. 科研管理，41(11).

刘亚，龙立荣，李晔，2003. 组织公平感对组织效果变量的影响，管理世界，(3).

刘益，刘军，宋继文，等，2007. 不同情商水平下领导行为与员工组织承诺关系的实证研究. 南开管理评论，10(2).

刘毅，彭坚，路红，2016. 积极型追随力：概念，结构，量表开发与 Rasch 分析. 西北师范大学学报（社会科学版），53(1).

鲁利亚，1983. 神经心理学原理. 北京：科学出版社.

罗文豪，刘东，章凯，2021. 追随研究的演进及其在中国情境下的未来发展方向探索. 南开管理评论，24(2).

吕鸿江，韩承轩，王道金，2018. 领导者情绪智力对领导力效能影响的元分析. 心理科学进展，26(2).

马力，曲庆，2007. 可能的阴暗面：领导—成员交换和关系对组织公平的影响. 管理世界，(11).

马斯洛，1987. 动机与人格. 北京：华夏出版社.

麦独孤，1997. 社会心理学导论. 杭州：浙江教育出版社.

麦格雷戈，格尔圣菲尔德，2008. 企业的人性面. 北京：中国人民大学出版社.

孟昭兰，1989. 人类情绪. 上海：上海人民出版社.

莫申江，王重鸣，2010. 国外伦理型领导研究前沿探析. 外国经济与管理，32(2).

尼可里斯，普利高津，2010. 探索复杂性：第 3 版. 成都：四川教育出版社.

潘菽，1983. 教育心理学. 北京：人民教育出版社.

普里戈金，斯唐热，1987. 从混沌到有序. 上海：上海译文出版社.

钱学森，1982. 论系统工程. 长沙：湖南科学技术出版社.

秦光涛，1998. 意义世界. 长春：吉林教育出版社.

任孝鹏，王辉，2005. 领导—部属交换（LMX）的回顾与展望. 心理科学进展，(6).

容琰，隋杨，杨百寅，2015. 领导情绪智力对团队绩效和员工态度的影响：公平氛围和权力距离的作用. 心理学报，47(9).

沈鹤，余传鹏，张振刚，2018. 科技型小微企业管理创新引进机理研究：基于获得式学习视角. 科学学研究，36(5).

沈小峰，胡岗，姜璐，1987. 耗散结构论. 南京：上海人民出版社.

盛昭瀚，2019. 管理理论：品格的时代性与时代化. 管理科学学报，22(4).

石冠峰，梁鹏，2016. 知识型员工工作自主性对建言行为的影响：领导正直度被中介的调节模型构建与检验. 科技进步与对策，(6).

舒尔兹，1988. 成长心理学. 北京：生活·读书·新知三联书店.

舒斯特，2010. 混沌学引论：第 2 版. 成都：四川教育出版社.

斯托曼，1986. 情绪心理学. 沈阳：辽宁人民出版社.

宋春华，马鸿佳，郭海，2017. 学习导向、双元创新与天生国际化企业绩效关系研究. 科学学与科学技术管理，38(9).

孙春玲，张梦晓，安珣，2015. 维度分化视角下变革型领导对心理授权的激励作用研究. 中国软科学，(10).

孙健敏，陆欣欣，2017. 伦理型领导的概念界定与测量. 心理科学进展，25(1).

孙秀丽，王辉，赵曙明，2020.基于文化视角的中国领导学研究路径评述.管理学报，17(8).

陶厚永，胡文芳，李玲，2015.身份"差序格局"的测量及其效应研究.华东经济管理，29(6).

陶厚永，李薇，陈建安，等，2014.领导—追随行为互动研究：对偶心理定位的视角.中国工业经济，(12)，

勒内·托姆，1989.突变论：思想与应用.上海：上海译文出版社.

汪丽，2006.企业共同愿景与战略决策质量关系的实证研究.科学学与科学技术管理，27(10).

王宏蕾，孙健敏，2019.授权型领导的负面效应：理论机制与边界条件.心理科学进展，27(5).

王辉，2008.组织中的领导行为.北京：北京大学出版社.

王辉，刘雪峰，2005.领导—部属交换对员工绩效和组织承诺的影响.经济科学，(2).

王辉，牛雄鹰，Kenneth，2004.领导—部属交换的多维结构及对工作绩效和情境绩效的影响.心理学报，36(2).

王辉，忻榕，徐淑英，2006.中国企业CEO的领导行为及对企业经营业绩的影响.管理世界，(4).

王建斌，2012.差序格局下本土组织行为探析.软科学，26(10).

王晓霞，2000.当代中国人际关系的文化传承.南开学报，(3).

王雁飞，方俐洛，凌文辁，2001.关于成就目标定向理论研究的综述.心理科学，24(1).

维之，1991.论自我.北京：文津出版社.

吴春波，曹仰峰，周长辉，2009.企业发展过程中的领导风格演变：案例研究.管理世界，(2).

吴志明，武欣，2006.基于社会交换理论的组织公民行为影响因素研究.人类工效学，(2).

席酉民，2000.新世纪：中国管理科学界的挑战、机遇与对策.管理科学学报，(1).

谢文钰，程春梅，梁岩，2020.愿景型领导对团队绩效的影响.辽宁工业大学学报（社会科学版），22(4).

许志国，2000.系统科学.上海：上海科学家教育出版社.

颜泽贤，范冬萍，张华夏，2006.系统科学导论：复杂性探索.北京：人民出版社.

杨国枢.2004.中国人的心理与行为：本土化研究.北京：中国人民大学出版社，

尤克尔，2015.组织领导学：第7版.北京：中国人民大学出版社.

俞达，梁钧平，2002.对领导者—成员交换理论（LMX）的重新检验.经济科学，(1).

原涛，凌文辁，2010.追随力研究述评与展望.心理科学进展，18(5).

曾国屏，1996.自组织的自然观.北京：北京大学出版社.

张端民，2017.领导—成员交换与员工沉默行为：组织公平与传统性的作用.预测，36(3).

张建平，林澍倩，刘善仕，等，2021.领导授权赋能与领导有效性的关系：基于元分析的检验.心理科学进展，29(9).

张素雅，顾建平，2016.共同愿景能提高员工的创造力吗.贵州财经大学学报，(1).

张文慧，王辉，2013.中国企业战略型领导的三元模式.管理世界，(7).

张银普，骆南峰，石伟，等，2020.中国情境下领导—成员交换与绩效关系的元分析.南开管理评论，23(3).

章凯，2003.动机的自组织目标理论及其管理学蕴涵.中国人民大学学报，(2).

章凯，2004a.兴趣的自组织目标—信息理论.华东师范大学学报（教育科学版），22(1).

章凯，2004b.情绪的目标结构变化说与情感管理的发展.中国人民大学学报，(3).

章凯，2014.目标动力学：动机与人格的自组织原理.北京：社会科学文献出版社.

章凯，李朋波，罗文豪，等，2014b.组织—员工目标融合的策略：基于海尔自主经营体管理的案例研究.管理世界，(4).

章凯，林丛丛，2018.员工幸福感的心理目标实现进程说.管理学报，(6).

章凯，罗文豪，2015.科学理论的使命与本质特征及其对管理理论发展的启示.管理学报，15(7).

章凯，罗文豪，袁颖洁，2012.组织管理学科的理论形态与创新途径.管理学报，9(10).

章凯，孙雨晴，2020b.公平领导行为的构成与测量研究.管理学报，17(5).

章凯，仝嫦哲，2020a.组织—员工目标融合：内涵、测量与结构探索.中国人民大学学报，34(2).

章凯，吴志豪，陈黎梅，2022.领导与权力分界视野下威权领导本质的探索研究.管理学报，19(2).

章凯，张庆红，罗文豪，2014a.选择中国管理发展道路的几个问题：以组织行为学研究为例.管理学报，11(10).

赵卫红，张昊辰，曹霞，2020.身份差序格局对新生代农民工离职倾向的影响机制研究：基于制造业新生代农民工的调查数据.农村经济，(2).

郑伯埙，1995.家长权威与领导行为之关系：一个台湾民营企业主持人的个案研究.民族学研究所集刊，79(8).

郑伯埙，2004.本土文化与组织领导：由现象描述到理论验证.本土心理学研究，(22).

郑伯埙，周丽芳，樊景立，2000.家长式领导量表：三元模式的建构与测量.本土心理学研究，(14).

周浩，龙立荣，2004.共同方法偏差的统计检验与控制方法.心理科学进展，12(6).

周建波，2016.中国管理研究需要普适性与情境性创新：缘起蔡玉麟先生《也谈中国管理研究国际化和管理理论创新》.管理学报，13(9).

朱玥，王晓辰，2015.服务型领导对员工建言行为的影响：领导—成员交换和学习目标取向的作用.心理科学，38(2).

朱智贤，1987.心理学的方法论问题.北京师范大学学报（社会科学版），(1).

朱智贤，1989.心理学大词典.北京：北京师范大学出版社.

庄贵军，2012.关系在中国的文化内涵：管理学者的视角.当代经济科学，34(1).

21世纪100个科学难题编写组，1999.21世纪100个科学难题.长春：吉林人民出版社.

Affandi H, Raza N, 2013. Leaders' emotional intelligence and its outcomes, a study of medical professionals in Pakistan. Interdisciplinary journal of contemporary research in business, 5(7).

Akgunduz Y, Bardakoglu O, 2017. The impacts of perceived organizational prestige and organization identification on turnover intention: the mediating effect of psychological empowerment. Current issues in tourism, 20(14).

Alderfer C P, 1969. An empirical test of a new theory of human needs. Organizational behavior and human performance, 4(2).

Allport G W, 1995. Becoming: basic considerations for a psychology of personality. New Haven, CT: Yale University Press.

Ames C, 1992. Classrooms: goals, structures, and student motivation. Journal of educational psychology, 84(3).

Ames C, Archer J, 1988. Achievement goals in the classroom: student learning strategies and motivation process. Journal of educational psychology, 80(3).

Ansbacher H L, Ansbacher R R, 1956. The individual psychology of Alfred Adler. New York: Basic Books.

Ashforth B E, Mael F, 1989. Social identity theory and the organization. Academy of management review, 14(1).

Ashforth B E, Schinoff B S, Rogers K M, 2016. "I identify with her", "I identify with him": unpacking the dynamics of personal identification in organizations. Academy of management review, 41(1).

Ateş N Y, Tarakci M, Porck J P, et al., 2020. The dark side of visionary leadership in strategy implementation: strategic alignment, strategic consensus, and commitment. Journal of management, 46(5).

Avolio B J, Walumbwa F O, Weber T J, 2009. Leadership: current theories, research, and future directions. Annual review of psychology, 60(1).

Bacharach S B, 1989. Organizational theories: some criteria for evaluation. Academy of management review, 14(4).

Balkundi P, Kilduff M, 2006. The ties that lead: a social network approach to leadership. Leadership quarterly, 17(4).

Bandura A, 1986. Social foundations of thought and action: a social cognitive theory. Englewood Cliffs, NJ: Prentice-Hall.

Bandura A, 1991. Social cognitive theory of self-regulation. Organizational behavior and human decision processes, 50(2).

Barbuto J E Jr, Wheeler D W, 2006. Scale development and construct clarification of servant leadership. Group & organization management, 31(3).

Barney J B, Zhang S, 2009. The future of Chinese management research: a theory of Chinese management versus a Chinese theory of management. Management and organization review, 5(1).

Barrick M R, Mount M K, Li N, 2013. The theory of purposeful work behavior: the role of personality, higher-order goals, and job characteristics. Academy of management review, 38(1).

Barron K E, Harackiewicz J M, 2001. Achievement goals and optimal motivation: testing multiple goal models. Journal of personality and social psychology, 80(5).

Bass B M, 1985. Leadership and performance beyond expectations. New York: Free

Press.

Bass B M, 1990. Bass and Stogdill's handbook of leadership. 3rd ed. New York: Free Press.

Bass B M, Avolio B J, 1996. Multifactor leadership questionnaire. Palo Alto, CA: Consulting Psychologists Press.

Bass B M, Avolio B J, 2000. Multifactor leadership questionnaire. Redwood City, CA: Mind Garden.

Bastardoz N, Van Vugt M, 2019. The nature of followership: evolutionary analysis and review. Leadership quarterly, 30(1).

Baum J R, Locke E A, Kirkpatrick S A, 1998. A longitudinal study of the relation of vision and vision communication to venture growth in entrepreneurial firms. Journal of applied psychology, 83(1).

Benita M, Shechter T, Nudler-Muzikant S, et al., 2021. Emotion regulation during personal goal pursuit: integration versus suppression of emotions. Journal of personality, 89(3).

Bennis W G, Nanus B, 1985. Leaders: the strategies for taking charge. New York: Harper & Row.

Bennis W, Nanus B, 2003. Leaders: strategies for taking charge. New York: Harper collins.

Berson Y, Da'as R, Waldman D A, 2015. How do leaders and their teams bring about organizational learning and outcomes?. Personnel psychology, 68(1).

Berson Y, Shamir B, Avolio B J, et al., 2001. The relationship between vision strength, leadership style, and context. Leadership quarterly, 12(1).

Berson Y, Waldman D A, Pearce C L, 2016. Enhancing our understanding of vision in organizations: toward an integration of leader and follower processes. Organizational psychology review, 6(2).

Beyer J M, 1999. Two approaches to studying charismatic leadership: competing or complementary？. Leadership quarterly, 10(4).

Bjugstad K, Thach E C, Thompson K J, et al., 2006. A fresh look at followership: a model for matching followership and leadership styles. Journal of behavioral and applied management, 7(3).

Bragger J D, Alonso N A, D'Ambrosio K, et al., 2020. Developing leaders to serve and servants to lead. Human resource development review, 20(2).

Brass D J, Krackhardt D, 1999. The social capital of 21st century leaders//Hunt J G, Dodge G E, Wong L. Out-of-the-box leadership: transforming the 21st century army and other top performing organizations. Greenwich: JAI Press.

Brislin R W, 1980. Translation and content analysis of oral and written materials// Triandis H C, Lambert W W. Handbook of cross-cultural psychology. Boston: Allyn and Bacon.

Brockner J, Higgins E T, Low M B, 2004. Regulatory focus theory and the entrepreneurial process. Journal of business venturing, 19(2).

Broome G H, Hughes R L, 2004. Leadership development: past, present, and future. Human resource planning, 27(1).

Brower H H, Schoorman F D, Tan H H, 2000. A model of relational leadership: the integration of trust and leader–member exchange. Leadership quarterly, 11(2).

Brunstein J C, Schultheiss O C, Grässman R, 1998. Personal goals and emotional well-being: the moderating role of motive dispositions. Journal of personality and social psychology, 75(2).

Bryman A, 1992. Charisma and leadership in organizations. London: Sage.

Burns J M, 1978. Leadership. New York: Harper & Row.

Button S B, Mathieu J E, Zajac D M, 1996. Goal orientation in organizational research: a conceptual and empirical foundation. Organizational behavior and human decision processes, 67(1).

Cannon W B, 1926. Physiological regulation of normal states: some tentative postulates concerning biological homeostatics. Paris: Editions Medicales.

Cantor N, Markus H, 1986. Motivation and self-concept//Sorrentino R M, Higgins E T. Handbook of motivation and cognition, foundations of social behavior. New York: Guilford.

Carley K M, Lee U S, 1998. Dynamic organizations: organizational adaptation in a changing environment. Advances in strategic management: a research annual, (15).

Carsten M K, Uhl-Bien M, West B J, et al., 2010. Exploring social constructions of followership: a qualitative study. Leadership quarterly, 21(3).

Chaleff I, 1995. The courageous follower: standing up to and for our leaders. San Francisco, CA: Berrett-Koehler.

Chen C C, Chen X P, 2009. Negative externalities of close guanxi within organizations.

Asia Pacific journal of management, 26(1).

Chen C C, Chen X P, Huang S, 2013. Chinese guanxi: an integrative review and new directions for future research. Management and organization review, 9(1).

Chen C, Chen Y R, Xin K, 2004. Guanxi practices and trust in management: a procedural justice perspective. Organization science, 15(2).

Chen X P, Chen C C, 2004. On the intricacies of the Chinese guanxi: a process model of guanxi development. Asia Pacific journal of management, 21(3).

Chen Y F, Tjosvold D, 2007. Guanxi and leader member relationships between American managers and Chinese employees: open-minded dialogue as mediator. Asia Pacific journal of management, 24(2).

Chen Y S, Lin S H, Lin C Y, et al., 2020. Improving green product development performance from green vision and organizational culture perspectives. Corporate social responsibility and environmental management, 27(1).

Cheong M, Yammarino F J, Dionne S D, et al., 2019. A review of the effectiveness of empowering leadership. The leadership quarterly, 30(1).

Chi-hsiang C, 2015. Effects of shared vision and integrations on entrepreneurial performance: empirical analyses of 246 new Chinese ventures. Chinese management studies, 9(2).

Choi J, 2008. Event justice perceptions and employees' reactions: perceptions of social entity justice as a moderator. Journal of applied psychology, 93(3).

Colbert A E, Kristof-Brown A L, Bradley B H, et al., 2008. CEO transformational leadership: the role of goal importance congruence in top management teams. Academy of management journal, 51(1).

Collins J C, Porras J I, 1994. Built to last: successful habits of visionary companies. New York: Harper Collins.

Collinson D, 2006. Rethinking followership: a post-structuralism analysis of follower identities. Leadership quarterly, 17(2).

Conger J A, Kanungo R N, 1987. Toward a behavioral theory of charismatic leadership in organizational settings. Academy of management review, 12(4).

Conger J A, Kanungo R N, 1988. Charismatic leadership: the elusive factor in organizational effectiveness. San Francisco: Jossey-Bass.

Conger J A, Kanungo R N, 1994. Charismatic leadership in organizations: perceived behavioral attributes and their measurement. Journal of organizational behavior, 15(5).

Conger J A, Kanungo R N, 1998. Charismatic leadership in organizations. Thousand Oaks, CA: Sage. Pubns.

Conger J A, Kanungo R N, Menon S T, et al., 1997. Measuring charisma: dimensionality and validity of the Conger-Kanungo scale of charismatic leadership. Canadian journal of administrative sciences, 14(3).

Cropanzano R, Anthony E L, Daniels S R, et al., 2017. Entity justice and entity injustice//Moliner C, Cropanzano R, Martínez-Tur V. Organizational justice: international perspectives and conceptual advances. London: Routledge.

Crossan M M, Byrne A, Seijts G H, et al., 2017. Toward a framework of leader character in organizations. Journal of management studies, 54(7).

Crowe E, Higgins E T, 1997. Regulatory focus and strategic inclinations: promotion and prevention in decision-making. Organizational behavior and human decision processes, 69(2).

Dachler H P, 1992. Management and leadership as relational phenomena. Social representations and the social bases of knowledge(1).

De Charms R, 1968. Personal causation: the internal affective determinants of behavior. New York: Academic Press.

De Grandpre D D, Tucker D M, 1996. Emotion and the self-organization of semantic memory//Pribram K H, King J. Learning as self-organization. Hillsdale, NJ: Lawrence Erlbaum Associates, Inc.

De Hoogh A H B, Den Hartog D N, 2008. Ethical and despotic leadership, relationships with leader's social responsibility, top management team effectiveness and subordinates' optimism: a multi-method study. Leadership quarterly, 19(3).

Deci E L, Ryan R M, 1985. Intrinsic motivation and self-determination in human behavior. New York: Plenum Press.

Deci E L, Ryan R M, 1987. The support of autonomy and the control of behavior. Journal of personality and social psychology, 53(6).

Deci E L, Ryan R M, 1991. A motivational approach to self: integration in personality//Dienstbier R A. Current theory and research in motivation. Nebraska: University of Nebraska Press.

Deci E L, Ryan R M, 2000. The "what" and "why" of goal pursuits: human needs and the self-determination of behavior. Psychological inquiry, 11(4).

Deci E L, Ryan R M, 2014. Autonomy and need satisfaction in close relationships: relationships motivation theory//Weinstein N. Human motivation and interpersonal relationships. Berlin: Springer Netherlands.

Deluga R J, 1998. American presidential proactivity, charismatic leadership, and rated performance. Leadership quarterly, 9(3).

Den Hartog D N, House R J, Hanges P J, et al., 1999. Culture specific and cross-cultural generalizable implicit leadership theories: are attributes of charismatic/transformational leadership universally endorsed？. Leadership quarterly, 10(2).

Derue D S, Nahrgang J D, Wellman N, et al., 2011. Trait and behavioral theories of leadership: an integration and meta-analytic test of their relative validity. Personnel psychology, 64(1).

Doz Y L, Prahalad C K, 1987. A process model of strategic redirection in large complex firms: the case of multinational corporations. //Pettigrew A. The management of strategic change. Oxford: Basil Blackwell.

Drath W H, 2001. The deep blue sea: rethinking the source of leadership. San Francisco, CA: Jossey-Bass.

Dubin R, 1976. Theory building in applied areas//Dunnette D. Handbook of industrial and organizational psychology. Chicago: Rand McNally College Publishing Company.

Dulebohn J H, Bommer W H, Liden R C, et al., 2012. A meta-analysis of antecedents and consequences of leader-member exchange integrating the past with an eye toward the future. Journal of management, 38(6).

Duriau V J, Reger R K, Pfarrer M D, 2007. A content analysis of the content analysis literature in organization studies: research themes, data sources, and methodological refinements. Organizational research methods, 10(1).

Dweck C S, 1975. The role of expectations and attributions in the alleviation of learned helplessness. Journal of personality and social psychology, 31(4).

Dweck C S, 1986. Motivational processes affecting learning. American psychologist, 41(10).

Dweck C S, 1989. Motivation//Lesgold A, Glaser R. Foundations for a psychology of education. Hillsdale, NJ: Lawrence Erlbaum Associates, Inc.

Dweck C S, 1992. The study of goals in psychology. Psychological science, 3(3).

Dweck C S, Elliott E S, 1983. Achievement motivation//Hetherington E M. Socialization, personality and social development. New York: Wiley.

Dweck C S, Leggett E L, 1988. A social-cognitive approach to motivation and personality. Psychological review, 95(2).

Ehrhart M G, Klein K J, 2001. Predicting followers' preferences for charismatic leadership: the influence of follower values and personality. Leadership quarterly, 12(2).

Eisenberger R, Aselage J, 2009. Incremental effects of reward on experienced performance pressure: positive outcomes for intrinsic interest and creativity. Journal of organizational behavior, 30(1).

Eldor L, 2020. How collective engagement creates competitive advantage for organizations: a business-level model of shared vision, competitive intensity, and service performance. Journal of management studies, 57(2).

Elliot A J, Fryer J W, 2008. The goal construct in psychology//Shah J Y, Gardner W L. Handbook of motivation science. New York: The Guiford Press.

Elliot A J, Harackiewicz J M, 1996. Approach and avoidance achievement goals and intrinsic motivation: a mediational analysis. Journal of personality and social psychology, 70(3).

Elliott E S, Dweck C S, 1988. Goals: an approach to motivation and achievement. Journal of personality and social psychology, 54(1).

Emerson R M, 1962. Power-dependence relations. American sociological review, 27(1).

Emmons R A, Kaiser H A, 1996. Goal orientation and emotional well-being: linking goals and affect through the self // Martin L L, Tesser A. Striving and feeling: interactions among goals, affect, and self-regulation. Hillsdale, NJ: Lawrence Erlbaum Associates, Inc.

Farh J L, Tsui A S, Xin R, et al., 1998. The influence of relational demography and guanxi: the Chinese case. Organization science, 9(4).

Ferris G R, Hochwarter W A, Buckley M R, 2012. Theory in the organizational sciences: how will we know it when we see it？. Organizational psychology review, 2(1).

Festinger L, 1957. A theory of cognitive dissonance. Redwood City, CA: Stanford University Press.

Finkelstein S, Hambrick D C, 1996. Strategic leadership: top executives and their effects on organizations. Minnesota: West: St Paul.

Ford J K, Smith E M, Weissbein D A, et al., 1998. Relationships of goal orientation, metacognitive activity, and practice strategies with learning outcomes and transfer. Journal of applied psychology, 83(2).

Fornell C, Larcker D F, 1981. Evaluating structural equation models with unobservable variables and measurement error. Journal of marketing research, 18(1).

Förster J, Higgins E T, Bianco A T, 2003. Speed/accuracy decisions in task performance: built-in trade-off or separate strategic concerns？. Organizational behavior and human decision processes, 90(1).

Fu P P, Tsui A, Dess G, 2006. The dynamics of guanxi in Chinese high-tech firms: implications for knowledge management and decision making. Management international review, 46(3).

García-Morales V J, Verdú-Jover A J, Javier Lloréns F, 2009. The influence of CEO perceptions on the level of organizational learning: single-loop and double-loop learning. International journal of manpower, 30(6).

Gardner J W, 1990. On leadership. New York: The Free Press.

Gardner W L, Avolio B J, 1998. The charismatic relationship: a dramaturgical perspective. Academy of management review, 23(1).

Gawronski B, Payne B K, 2011. Handbook of implicit social cognition: measurement, theory, and applications. New York City, NY: Guilford Press.

Gerstner C R, Day D V, 1997. Meta-analytic review of leadership-member exchange theory: correlates and construct issues. Journal of applied psychology, 82(6).

Glaveli N, Geormas K, 2018. Doing well and doing good: exploring how strategic and market orientation impacts social enterprise performance. International journal of entrepreneurial behaviour and research, 24(1).

Goodwin V L. Bowler W M, Whittington J L, 2009. A social network perspective on LMX relationships: accounting for the instrumental value of leader and follower networks. Journal of management, 35(4).

Gottfredson R K, Wright S L, Heaphy E D, 2020. A critique of the leader-member exchange construct: back to square one. Leadership quarterly. Advance online publication.

Graen G B, 2006. In the eye of the beholder: cross-cultural lessons in leadership from project GLOBE: a response viewed from the third culture bonding (TCB) model of cross-cultural leadership. Academy of management perspectives, 20(4).

Graen G B, Scandura T A, 1987. Toward a psychology of dyadic organizing. Research in organizational behavior, (9).

Graen G B, Uhl-Bien M, 1995. Relationship-based approach to leadership: development of leader-member exchange (LMX) theory of leadership over 25 years: applying a multi-level multi-domain perspective. The leadership quarterly, 6(2).

Grant H, Dweck C S, 2003. Clarifying achievement goals and their impact. Journal of personality and social psychology, 85(3).

Gruenfeld D H, Inesi M E, Magee J C, et al., 2008. Power and the objectification of social targets. Journal of personality and social psychology, 95(1).

Guastello S J, 1998. Self-organization in leadership emergence. Nonlinear dynamics psychology and life sciences, 2(4).

Hackman J R, 1980. Work redesign and motivation. Professional psychology, 11(3).

Halbesleben J R, Bowler W M, 2007. Emotional exhaustion and job performance: the mediating role of motivation. Journal of applied psychology, 92(1).

Hall D T, Schneider B, Nygren H T, 1970. Personal factors in organizational identification. Administrative science quarterly, 15(2).

Hardy S A, 2006. Identity, reasoning, and emotion: an empirical comparison of three sources of moral motivation. Motivation and emotion, 30(3).

Harris J, 1996. Getting employees to fall in love with your company. New York: Amacom.

Harris T B, Li N, Kirkman B L, 2014. Leader-member exchange (LMX) in context: how LMX differentiation and LMX relational separation attenuate LMX's influence on OCB and turnover intention. The leadership quarterly, 25(2).

Hazy J K, Goldstein J A, Lichtenstein B B, 2007. Complexity systems leadership theory: an introduction//Hazy J K, Goldstein J A, Lichtenstein B B. Complex systems leadership theory. Mansfield, MA: ISCE Publishing.

Heider F, 1958. The psychology of interpersonal relation. New York: Wiley.

Hempel C G, 1965. Aspects of scientific explanation. New York: Free Press.

Hempel C G, 1966. Philosophy of natural science. New Jersey: Prentice Hall.

Henderson D, Wayne S J, Shore L M, et al., 2008. Leader-member exchange within the work group and psychological contract fulfillment: a multilevel approach. Journal of applied psychology, 93(6).

Herbst T H, Maree K G, 2008. Thinking style preference, emotional intelligence and leadership effectiveness. South African journal of industrial psychology, 34(1).

Herzberg F, Mausner B, Snyderman B B, 1993. The motivation to work. New Brunswick, NJ: Transaction Publishers.

Higgins E T, 1996. The "self digest": self-knowledge serving self-regulatory functions. Journal of personality and social psychology, 71(6).

Higgins E T, 1997. Beyond pleasure and pain. American psychologist, 52(12).

Higgins E T, 1998. Promotion and prevention: regulatory focus as a motivational principle. Advances in experimental social psychology, (30).

Hinkin T R, 1995. A review of scale development practices in the study of organizations. Journal of management, 21(5).

Hinkin T R, 1998. A brief tutorial on the development of measures for use in survey questionnaires. Organizational research methods, 1(1).

Hoffman B J, Bynum B H, Piccolo R F, et al., 2011. Person-organization value congruence: how transformational leaders influence work group effectiveness. Academy of management journal, (54).

Hoffman B J, Woehr D J, 2006. A quantitative review of the relationship between person-organization fit and behavioral outcomes. Journal of vocational behavior, 68(3).

Hogg M A, 2001. A social identity theory of leadership. Personality and social psychology review, 5(3).

Hogg M A, van Knippenberg D, 2003. Social identity and leadership processes in groups //Zanna M P. Advances in experimental social psychology. San Diego, CA: Academic Press.

Hollander E P, Julian J W, 1969. Contemporary trends in the analysis of leadership processes. Psychological bulletin, 71(5).

Hollensbe E C, Khazanchi S, Masterson S S, 2008. How do I assess if my supervisor and organization are fair？ Identifying the rules underlying entity-based justice perceptions. Academy of management journal, 51(6).

Holtschlag C, Masuda A D, Reiche B S, et al., 2020. Why do millennials stay in their jobs？ The roles of protean career orientation, goal progress and organizational career management. Journal of vocational behavior, (118).

Hosking D M, 1988. Organizing, leadership, and skillful process. Journal of management studies, 25(2).

House R J, 1977. A 1976 theory of charismatic leadership // Hunt J G, Larson L L. Leadership: the cutting edge. Carbondale, IL: Southern Illinois University Press.

House R J, 1999. Weber and the neo-charismatic leadership paradigm: a response to Beyer. Leadership quarterly, 10(4).

House R J, Aditya R N, 1997. The social scientific study of leadership: quo vadis？. Journal of management, 23(3).

House R J, Shamir B, 1993. Toward the integration of transformational, charismatic, and visionary theories // Chemers M, Ayman R. Leadership theory and research perspectives and directions. San Diego, CA: Academic Press.

House R J, Spangler W D, Woycke J, 1991. Personality and charisma in the US presidency: a psychological theory of leadership effectiveness. Administrative science quarterly, 36(3).

Howell J M, Shamir B, 2005. The role of followers in the charismatic leadership process: relationships and their consequences. Academy of management review, 30(1).

Hui C, Graen G, 1997. Guanxi and professional leadership in contemporary Sino-American joint ventures in mainland China. Leadership quarterly, 8(4).

Hull C L, 1952. A behavior system: an introduction to behavior theory concerning the individual organism. New Haven, CT: Yale University Press.

Hunt J G, 1991. Leadership: a new synthesis. Newbury Park, CA: Sage.

Idson L C, Liberman N, Higgins E T, 2000. Distinguishing gains from nonlosses and losses from nongains: a regulatory focus perspective on hedonic intensity. Journal of experimental social psychology, 36(3).

Ilies R, Judge T A, 2003. On the heritability of job satisfaction: the mediating role of personality. Journal of applied psychology, 88(4).

Jones J L, Davis W D, Thomas C H, 2017. Is competition engaging？ Examining the interactive effects of goal orientation and competitive work environment on engagement. Human resource management, 56(3).

Joo B K, Hahn H J, Peterson S L, 2015. Turnover intention: the effects of core self-evaluations, proactive personality, perceived organizational support, developmental feedback, and job complexity. Human resource development international, 18(2).

Joo B K, Lim T, 2009. The effects of organizational learning culture, perceived job complexity, and proactive personality on organizational commitment and intrinsic motivation.

Journal of leadership & organizational studies, 16(1).

Kalish Y, Luria G, 2021. Traits and time in leadership emergence: a longitudinal study. Leadership quarterly, 32(2).

Kearney E, Shemla M, van Knippenberg D, et al., 2019. A paradox perspective on the interactive effects of visionary and empowering leadership. Organizational behavior and human decision processes, (155).

Kellerman B, 2008. Followership: how followers are creating change and changing leaders. Boston, MA: Harvard Business Press.

Kelloway E K, Gottlieb B H, Barham L, 1999. The source, nature, and direction of work and family conflict: a longitudinal investigation. Journal of occupational health psychology, 4(4).

Kelso J A, 1995. Dynamic patterns: the self-organization of brain and behavior. Boston, MA: Massachusetts Institute of Technology.

Keltner D, Gruenfeld D H, Anderson C, 2003. Power, approach, and inhibition. Psychological review, 110(2).

Kerlinger F N, 1986. Foundations of behavioral science. New York: Holt, Rinehart, and Winston.

Kerr R, Garvin J, Heaton N, et al., 2006. Emotional intelligence and leadership effectiveness. Leadership & organization development journal, 27(4).

Kim J, Yammarino F J, Dionne S D, et al., State-of-the-science review of leader-follower dyads research. Leadership quarterly, 31(1).

Kirkpatrick S A, Locke E A, 1996. Direct and indirect effects of three core charismatic leadership components on performance and attitudes. Journal of applied psychology, 81(1).

Klein K J, House R J, 1995. On fire: charismatic leadership and levels of analysis. Leadership quarterly, 6(2).

Kohles J C, Bligh M C, Carsten M K, 2012. A follower-centric approach to the vision integration process. Leadership quarterly, 23(3).

Kotter J P, 1990. A force for change: how leadership differs from management. New York: Free Press.

Kotter J P, Heskett J L, 1992. Corporate culture and performance. New York: Free Press.

Kuhn T S, 1970. The structure of scientific revolution. Chicago, IL: University of

Chicago Press.

Larwood L, Falbe C M, Kriger M P, et al., 1995. Structure and meaning of organizational vision. Academy of management journal, 38(3).

Law K S, Wong C, Wang D, et al., 2000. Effect of supervisor-subordinate guanxi on supervisory decisions in China: an empirical investigation. International journal of human resource management, 11(4).

Lazarus R S, 1991. Emotion and adaptation. New York: Oxford University Press.

Leondari A, Syngollitou E, Kiosseoglou G, 1998. Academic achievement, motivation and future selves. Educational studies, 24(2).

Lewin K, 1935. A dynamic theory of personality. New York: McGraw-Hill.

Lewin K, Dembo T, Festinger L, et al., 1944. Level of aspiration // Hunt J M. Personality and the behavior disorders. New York: Ronald Press.

Li M, Wang Z, Gao J, et al., 2017. Proactive personality and job satisfaction: the mediating effects of self-efficacy and work engagement in teachers. Current psychology, 36(1).

Li N, Liang J, Crant J M, 2010. The role of proactive personality in job satisfaction and organizational citizenship behavior: a relational perspective. Journal of applied psychology, 95(2).

Li Y, Ye F, Sheu C, 2014. Social capital, information sharing and performance: evidence from China. International journal of operations & production management, 34(11).

Liao H, Rupp D E, 2005. The impact of justice climate and justice orientation on work outcomes: across-level multifoci Framework. Journal of applied psychology, (90).

Lichtenstein B B, Plowman D A, 2009. The leadership of emergence: a complex systems leadership theory of emergence at successive organizational levels. Leadership quarterly, 20(4).

Lichtenstein B B, Uhl-Bien M, Marion R, et al., 2007. Complexity leadership theory: an interactive perspective on leading in complex adaptive systems // Hazy J K, Goldstein J A, Lichtenstein B B. Complex systems leadership theory: new perspectives from complexity science on social and organizational effectiveness. Mansfield, MA: ISCE Publishing.

Locke E A, Latham G P, 1990. A theory of goal setting and task performance. Englewood Cliffs, NJ: Prentice Hall.

Locke E A, Latham G P, 2013. New developments in goal setting and task performance.

New York: Routledge.

Locke E A, Latham G P, 2019. The development of goal setting theory: a half century retrospective. Motivation science, 5(2).

Loi R, Chan K W, Lam L W, 2014. Leader-member exchange, organizational identification, and job satisfaction: a social identity perspective. Journal of occupational and organizational psychology, 87(1).

Lord R G, Foti R J, De Vader C L, 1984. A test of leadership categorization theory: internal structure, information processing, and leadership perceptions. Organizational behavior and human performance, 34(3).

Lord R G, Foti R J, Phillips J S, 1982. A theory of leadership categorization // Hunt J G, Sekaran U, Schriesheim C A. Leadership: beyond establishment views. Carbondale, IL: Southern Illinois University Press.

Luo Y D, 1997. Partner selection and venturing success: the case of joint ventures with firms in the People's Republic of China. Organization science, 8(6).

Mael F, Ashforth B E, 1992. Alumni and their alma mater: a partial test of the reformulated model of organizational identification. Journal of organizational behavior, 13(2).

Magee J C, Smith P K, 2013. The social distance theory of power. Personality and social psychology review, 17(2).

Manz C C, 1986. Self-leadership: toward an expanded theory of self-influence processes in organizations. Academy of management review, 11(3).

Marion R, Uhl-Bien M, 2001. Leadership in complex organizations. Leadership quarterly, 12(4).

Marion R, Uhl-Bien M, 2007. Paradigmatic influence and leadership: the perspectives of complexity theory and bureaucracy theory // Hazy J K, Goldstein J, Lichtenstein B. Complex systems leadership theory. New York: ISCE Publishing.

Markus H, Nurius P, 1986. Possible selves. American psychologist, 41(9).

Markus H, Wurf E, 1987. The dynamic self-concept: a social psychological perspective. Annual review of psychology, 38(1).

Mascareño J, Rietzschel E, Wisse B, 2020. Envisioning innovation: does visionary leadership engender team innovative performance through goal alignment？. Creativity and innovation management, 29(1).

Maslach C, Jackson S E, 1986. Maslach burnout inventory. 2nd ed. Palo Alto, CA: Consulting Psychologists Press.

Maslow A H, 1954. Motivation and personality. New York: Harper and Row.

McDougall W, 1914. The instincts of acquisition and construction // McDougall W. An introduction to social psychology, containing supplementary chapters of theories of action and on the sex instinct. Boston, MA: John W Luce & Company.

McGregor D, 1960. The human side of enterprise. New York: McGraw-Hill.

Mehra A, Smith B, Dixon A, et al., 2006. Distributed leadership in teams: the network of leadership perceptions and team performance. The leadership quarterly, 17(3).

Merton R K, Merton R C, 1968. Social theory and social structure. New York: Free Press.

Miao C, Qian S, Banks G C, et al., 2019. Supervisor-subordinate guanxi: a meta-analytic review and future research agenda. Human resource management review, 30(2).

Moore B V, 1927. The May conference on leadership. Personnel journal, (6).

Murrell K L, 1997. Emergent theories of leadership for the next century: towards relational concepts. Organization development journal, 15(3).

Nahapiet J, Ghoshal S, 1998. Social capital, intellectual capital, and the organizational advantage. Academy of management review, 23(2).

Nanus B, 1992. Visionary leadership: creating a compelling sense of direction for your organization. San Francisco, CA: Jossey-Bass.

Newman A, Schwarz G, Cooper B, et al., 2017. How servant leadership influences organizational citizenship behavior: the roles of LMX, empowerment, and proactive personality. Journal of business ethics, 145(1).

Nguyen N P, Ngo L V, Bucic T, et al., 2018. Cross-functional knowledge sharing, coordination and firm performance: the role of cross-functional competition. Industrial marketing management, (71).

Offermann L R, Kennedy J K, Wirtz P W, 1994. Implicit leadership theories: content, structure and generalizability. Leadership quarterly, 5(1).

Owens B P, Hekman D R, 2012. Modeling how to grow: an inductive examination of humble leader behaviors, contingencies, and outcomes. Academy of management journal, 55(4).

Padilla A, Hogan R, Kaiser R B, 2007. The toxic triangle: destructive leaders, susceptible followers, and conducive environments. Leadership quarterly, 18(3).

Parker S K, Collins C G, 2010. Taking stock: integrating and differentiating multiple proactive behaviors. Journal of management, 36(3).

Payne S C, Youngcourt S S, Beaubien J M, 2007. A meta-analytic examination of the goal orientation nomological net. Journal of applied psychology, 92(1).

Peterson S J, Walumbwa F O, Byron K, et al., 2009. CEO positive psychological traits, transformational leadership, and firm performance in high-technology start-up and established firms. Journal of management, 35(2).

Pintrich P R, 2000. Multiple goals, multiple pathways: the role of goal orientation in learning and achievement. Journal of educational psychology, 92(3).

Pintrich P R, Conley A M, Kempler T M, 2003. Current issues in achievement goal theory and research. International Journal of educational research, 39(4-5).

Pintrich P R, De Groot E V, 1990. Motivational and self-regulated learning components of classroom academic performance. Journal of educational psychology, 82(1).

Podolny J M, Baron J N, 1997. Resources and relationships: social networks and mobility in the workplace. American sociological review, 62(5).

Porath C L, Bateman T S, 2006. Self-regulation: from goal orientation to job performance. Journal of applied psychology, 91(1).

Prabhu V P, 2018. Organizational change and proactive personality: effect on job performance and job satisfaction. Journal of applied business & economics, 20(4).

Pribram K H, King J, 1996. Learning as self-organization. Mahwah, NJ: Lawrence Erlbaumm Associates.

Prieto-Pastor I, Martín-Pérez V, Martín-Cruz N, 2018. Social capital, knowledge integration and learning in project-based organizations: a CEO-based study. Journal of knowledge management, 22(8).

Rauch C F, Behling O, 1984. Functionalism: basis for an alternate approach to the study of leadership // Hunt J G, Hosking D, Schriesheim C A, et al. Leaders and managers: international perspectives on managerial behavior and leadership. New York: Pergamon Press.

Renninger K A, Hidi S, 2015. The power of interest for motivation and engagement. New York: Routledge.

Robbins S R, Duncan R B, 1988. The role of the CEO and top management in the creation and implementation of strategic vision // Hambrick D C. The executive effect: concepts and methods for studying top managers. Greenwich, CT: JAI Press.

Robert W R, 2000. The relationship between charismatic leadership behaviors and organizational commitment. Leadership & organization development Journal, 21(1).

Rosenhead J, Franco L A, Grint K, et al., 2019. Complexity theory and leadership practice: a review, a critique, and some recommendations. Leadership quarterly, 30(5).

Ryan R M, Deci E L, 2000. Intrinsic and extrinsic motivations: classic definitions and new directions. Contemporary educational psychology, 25(1).

Ryan R M, Deci E L, 2001. On happiness and human potentials: a review of research on hedonic and eudaimonic well-being. Annual review of psychology, (52).

Ryan R M, Deci E L, 2017. Self-determination theory: basic psychological needs in motivation, development, and wellness. New York: Guilford Publications.

Salovey P, Mayer J D, 1990. Emotional intelligence. Imagination, cognition and personality, 9(3).

Scandura T A, 1999. Rethinking leader-member exchange: an organizational justice perspective. Leadership quarterly, 10(1).

Scarantino A, 2014. The motivational theory of emotions //D'Arms J, Jacobson D. Moral psychology and human agency. Oxford, UK: Oxford University Press.

Schein E H, 1992. Organizational culture and leadership. 2nd ed. San Francisco, CA: Jossey-Bass.

Schein E H, 2010. Organizational culture and leadership. John Wiley & Sons.

Schneider M, Somers M, 2006. Organizations as complex adaptive systems: implications of complexity theory for leadership research. Leadership quarterly, 17(4).

Scholer A A, Higgins E T, 2012. Too much of a good thing？ Trade-offs in promotion and prevention focus //Ryan R M. The Oxford handbook of human motivation. New York: Oxford University Press.

Seibert S E, Crant J M, Kraimer M L, 1999. Proactive personality and career success. Journal of applied psychology, 84(3).

Seijts G H, Latham G P, Tasa K, et al., 2004. Goal setting and goal orientation: an integration of two different yet related literatures. Academy of management journal, 47(2).

Shah J, Higgins E T, 1997. Expectancy × value effects: regulatory focus as determinant of magnitude and direction. Journal of personality and social psychology, 73(3).

Shamir B, House R J, Arthur M B, 1993. The motivational effects of charismatic leadership: a self-concept based theory. Organization science, 4(4).

Sillince J A, Golant B D, 2018. Making connections: a process model of organizational identification. Human relations, 71(3).

Sims H P, 1977. The leader as a manager of reinforcement contingencies: an empirical example and a model //Hunt J G, Larson L L. Leadership: the cutting edge. Carbondale, IL: Southern Illinois University Press.

Sparrowe R T, Liden R C, 1997. Process and structure in leader-member exchange. Academy of management review, 22(2).

Sparrowe R T, Liden R C, 2005. Two routes to influence: integrating leader-member exchange and social network perspectives. Administrative science quarterly, 50(4).

Stam D, Lord R G, van Knippenberg D, et al., 2014. An image of who we might become: vision communication, possible selves, and vision pursuit. Organization science, 25(4).

Stewart G L, Courtright S H, Manz C C, 2019. Self-leadership: a paradoxical core of organizational behavior. Annual review of organizational psychology and organizational behavior, (6).

Stryker S, 1980. Symbolic interactionism: a social structural view. Menlo Park, CA: The Benjamin/Cummings Publishing.

Sturm R E, Antonakis J, 2015. Interpersonal power: a review, critique, and research agenda. Journal of management, 41(1).

Sun J, Lee J W, Sohn Y W, 2019. Work context and turnover intention in social enterprises: the mediating role of meaning of work. Journal of managerial psychology, 34(1).

Supeli A, Creed P A, 2014. The incremental validity of perceived goal congruence: the assessment of person-organizational fit. Journal of career assessment, 22(1).

Sutton R I, Staw B R, 1995. What theory is not. Administrative science quarterly, 40(3).

Tabachnick B G, Fidell L S, Ullman J B, 2007. Using multivariate statistics. Boston, MA: Pearson.

Tajfel H, Turner J C, 1985. The social identity theory of intergroup behavior // Worchel S, Austin W. Psychology of intergroup relations. Chicago, IL: Nelson-Hall.

Takeuchi R, Wang A C, Farh J L, 2020. Asian conceptualizations of leadership: progresses and challenges. Annual review of organizational psychology and organizational behavior, (7).

Torugsa N A, O'Donohue W, Hecker R, 2013. Proactive CSR: an empirical analysis of the role of its economic, social and environmental dimensions on the association between capabilities and performance. Journal of business ethics, 115(2).

Tourish D, 2018. Is complexity leadership theory complex enough？ A critical appraisal, some modifications and suggestions for further research. Organization studies, 40(2).

Tsai W, Ghoshal S, 1998. Social capital and value creation: the role of intrafirm networks. Academy of management journal, 41(4).

Tschopp C, Grote G, Gerber M, 2014. How career orientation shapes the job satisfaction-turnover intention link. Journal of organizational behavior, 35(2).

Tsui A S, Farh J, 1997. Where guanxi matters: relational demography and guanxi in the Chinese context. Work and occupations, 24(1).

Turner J C, Thorpe P K, Meyer D K, 1998. Students' reports of motivation and negative affect: a theoretical and empirical analysis. Journal of educational psychology, 90(4).

Uhl-Bien M, 2006. Relational leadership theory: exploring the social processes of leadership and organizing. Leadership quarterly, 17(6).

Uhl-Bien M, 2021. Complexity leadership and followership: changed leadership in a changed world. Journal of change management, 21(2).

Uhl-Bien M, Arena M, 2017. Complexity leadership: enabling people and organizations for adaptability. Organizational dynamics, 46(1).

Uhl-Bien M, Arena M, 2018. Leadership for organizational adaptability: a theoretical synthesis and integrative framework. Leadership quarterly, 29(1).

Uhl-Bien M, Marion R, 2009. Complexity leadership in bureaucratic forms of organizing: a meso model. Leadership quarterly, 20(4).

Uhl-Bien M, Marion R, McKelvey B, 2007. Complexity leadership theory: shifting leadership from the industrial age to the knowledge era. Leadership quarterly, 18(4).

Uhl-Bien M, Riggio R E, Lowe K B, et al., 2014. Followership theory: a review and research agenda. Leadership quarterly, 25(1).

van Knippenberg D, 2011. Embodying who we are: leader group prototypicality and leadership effectiveness. Leadership quarterly, 22(6).

van Knippenberg D, Sitkin S B, 2013. A critical assessment of charismatictransformational leadership research: back to the drawing board？. Academy of management annals, 7(1).

van Knippenberg D, Stam D, 2014. Visionary leadership// Day D V. The Oxford handbook of leadership and organizations. New York: Oxford University Press.

Van Vugt M, Hogan R, Kaiser R B, 2008. Leadership, followership, and evolution: some lessons from the past. American psychologist, 63(3).

Vancouver J B, Millsap R E, Peters P A, 1994. Multilevel analysis of organizational goal congruence. Journal of applied psychology, 79(5).

VandeWalle D, Brown S P, Cron W L, et al., 1999. The influence of goal orientation and self-regulation tactics on sales performance: a longitudinal field test. Journal of applied psychology, 84(2).

Vroom V H, 1964. Work and motivation. New York: Wiley.

Vveinhardt J, Gulbovaite E, 2017. Models of congruence of personal and organizational values: how many points of contact are there between science and practice？. Journal of business ethics, 145(1).

Waldman D A, Javidan M, Varella P, 2004. Charismatic leadership at the strategic level: a new application of upper echelons theory. Leadership quarterly, 15(3).

Wang H, Tsui A S, Xin K R, 2011. CEO leadership behaviors, organizational performance, and employees' attitudes. Leadership quarterly, 22(1).

Weiner B, 1990. History of motivational research in education. Journal of educational psychology, 82(4).

Whetten D A, 1989. What constitutes a theoretical contribution？. Academy of management review, 14(4).

White R W, 1959. Motivation reconsidered: the concept of competence. Psychological review, 66(5).

Wong A, Tjosvold D, Liu C, 2009. Cross-functional team organizational citizenship behavior in China: shared vision and goal interdependence among departments. Journal of applied social psychology, 39(12).

Wong A, Tjosvold D, Yu Z Y, 2005. Organizational partnerships in China: self-interest, goal interdependence, and opportunism. Journal of applied psychology, 90(4).

Yammarino F J, Spangler W D, Dubinsky A J, 1998. Transformational and contingent reward leadership: individual, dyad, and group levels of analysis. Leadership quarterly, 9(1).

Yang J, Gong Y, Huo Y, 2011. Proactive personality, social capital, helping, and turnover intentions. Journal of managerial psychology, 26(8).

Young M J, Morris M W, Scherwin V M, 2013. Managerial mystique: magical thinking in judgments of managers' vision, charisma, and magnetism. Journal of management, 39(4).

Yukl G, 2002. Leadership in organizations. 5th ed. New York: Prentice Hall.

Yukl G, 2013. Leadership in organizations. 8th ed. New Jersey: Pearson Education Inc.

Zaleski Z, 1992. Future time perspective and goals in human motivation: the functional view of goal. International journal of psychology, 27(3/4).

Zhang K, Luo W H, Lee B Y, 2013. Is leader charisma individual-centered or relationship-centered？ Empirical evidence from China. Frontiers of business research in China, 7(2).

Zhang Y, Xie Y H, 2017. Authoritarian leadership and extra-role behaviors: a role-perception perspective. Management & organization review, 13(1).

Zhang Z, Waldman D A, Wang Z, 2012. A multilevel investigation of leader-member exchange, informal leader emergence, and individual and team performance. Personnel psychology, 65(1).

Zhu J, Song L J, Zhu L, et al., 2019. Visualizing the landscape and evolution of leadership research. Leadership quarterly, 30(2).

图书在版编目（CIP）数据

领导力的本源与未来：领导力生成的动力学原理 /
章凯著 . -- 北京：中国人民大学出版社，2024.5
ISBN 978-7-300-32845-4

Ⅰ. ①领… Ⅱ. ①章… Ⅲ. ①领导学 Ⅳ. ① C933

中国国家版本馆 CIP 数据核字（2024）第 099814 号

**领导力的本源与未来——领导力生成的动力学原理**

章 凯 著

Lingdaoli de Benyuan yu Weilai —— Lingdaoli Shengcheng de Donglixue Yuanli

| | | | | |
|---|---|---|---|---|
| **出版发行** | 中国人民大学出版社 | | | |
| **社　　址** | 北京中关村大街 31 号 | | **邮政编码** | 100080 |
| **电　　话** | 010 - 62511242（总编室） | | 010 - 62511770（质管部） | |
| | 010 - 82501766（邮购部） | | 010 - 62514148（门市部） | |
| | 010 - 62511173（发行公司） | | 010 - 62515275（盗版举报） | |
| **网　　址** | http://www.crup.com.cn | | | |
| **经　　销** | 新华书店 | | | |
| **印　　刷** | 固安县铭成印刷有限公司 | | | |
| **开　　本** | 720 mm × 1000 mm　1/16 | | **版　　次** | 2024 年 5 月第 1 版 |
| **印　　张** | 17.25　插页 2 | | **印　　次** | 2025 年 10 月第 4 次印刷 |
| **字　　数** | 249 000 | | **定　　价** | 79.00 元 |